Unix考古学
Truth of the Legend

藤田昭人 著

ASCII
DWANGO

商標
本文中に記載されている社名および商品名は、一般に開発メーカーの登録商標です。
なお、本文中では ™・©・® 表示を明記しておりません。

まえがき

この本がどのような本なのかわからず、とりあえず「まえがき」を開いた方へ。

もし、書店でこのページを読んでいるのであれば、この本を買うべきかそうでないかがわかるので、まずは次の質問に答えていただきたい。

「Ken Thompson（ケン・トンプソン）と Dennis Ritchie（デニス・リッチー）を知っているか?」

「知っている」と答えた人、ぜひ本書を買ってほしい。そして、さらにコンピュータ史やインターネット史に詳しくなってほしい。

「知らない」と答えた人、IT 業界にいながらこの二人を知らないとは情けない。ぜひ本書を買って二人のことを知ってほしい。

なぜ、本書の「まえがき」にこのような質問をしたのか、少し説明をさせてほしい。

電話を発明したのは Graham Bell（グラハム・ベル）で、電球を作ったのは Edison（エジソン）。こんなことは小学生でも知っている。それが登場することで「世の中を変えた」製品の発明者は、さまざまなメディアを通じて子供のころから学習をしている。

しかし、自分たちが普段利用しているツールについての歴史は、あまりにも知られていない。たとえば「インターネット」もそうだ。私がここで説明をするまでもなく、インターネットはすでに誰でも利用しており、私たちの生活になくてはならないものになっている。そして、その多くは Linux に代表される Unix 系の OS（オペレーティングシステム）が支えている。

本書は、そんな Unix を中心にインターネットの歴史とその文化について解説している。前半は Ken Thompson と Dennis Ritchie の 2 人の人物を中心に Unix の誕生と発展について記載されており、後半からはインターネットや Unix から派生した BSD を中心に解説されている。

Unix の歴史というと、OS の話題だけになってしまうと思われるかもしれない。しかし、Unix の周辺には、インターネットや C 言語の誕生といった、単に OS だけにとどまらないさまざまな出来事が関係してくる。それらについても解説をされているので、技術的背景も自然とわかるだろう。

さらに、本書では単に Unix やインターネットの歴史を紹介するだけでなく「今日の文化」につながるようなさまざまな「当時の文化」にも触れているのも見逃せないポイントだ。開発者が「その年に何をプログラムしたのか?」ということは当然重要だが、当時のコンピュータを利用するユーザーが、どのような「文化」の中で過ごしていたのかを知ることは、とても重要だろう。

たとえば、ソースが公開されている（いた）ということなどは、現在のオープンソースに通じる。オープンソースが身近な存在になっているのは、このころの活動が徐々に「当たり前」になっていった

第 0 章　まえがき

ということなのだろう。

　「文化」という側面では、すでにこのときに Unix ユーザーの中で、コミュニティが形成されていたという点も見逃せない。開発・販売されたものについては販売元がサポートするのが当然だが、Unix の開発会社である AT&T が、さまざまな理由からユーザーサポートに熱心でなく、代わりに開発者である Ken Thompson、Dennis Ritchie がユーザーからの質問に答えたり、ユーザーのシステムに（勝手に）ログインしてメンテナンスをするなど、積極的にユーザーをサポートしていき、そこからコミュニティが生まれている。

　このような「コミュニティ作り」は現在の IT 事業者ではユーザー会を作るといった取り組みが当たり前になっており、Ken Thompson と Dennis Ritchie は、現代のコミュニティ作りを当初から行っていたことになる。このことは、（特に企業によるコミュニティ作りが活発となってきている現代では）もっと評価されてもよいだろう。

　今まで紹介をしてきたとおり、本書は Unix の歴史を書いた本だが、歴史の本だと、事実の羅列だけが書かれているような退屈な本になってしまうものもある。しかし、著者の藤田氏による解説は、本書のターゲットであるプログラマやインフラエンジニアにとっては非常に共感を覚えるような書き方となっており、読んでいて飽きさせない内容となっているのも本書の特徴だろう。

　最後に、人づてに聞いた話だが、著者の藤田氏は 1970 年代生まれよりも若い年代に本書を読んでほしいとのことだった。1970 年代生まれの人たちは、おそらく最初に触った OS が Windows であることも多いだろう。Windows は本書の最後に登場するるが、そこから IT の世界に入った人たちは、Linux は触ったことがあるかもしれないが Unix には触ったことがなく、Ken Thompson も Dennis Ritchie 知らない人も多いと思われる。著者の藤田氏は、そのような人たちこそ Unix の歴史と文化を知ってほしいと思っているのだろう。

　私もちょうど 1970 年代生まれなのだが、その年代の IT 業界のスターは、Bill Gates（ビル・ゲイツ）であり Steve Jobs（スティーブ・ジョブズ）である。これはコンピュータの世界がプログラマーのような技術者や研究者だけのものではなく、一般の人が利用できるようになりビジネスのものになったからだろう。

　現在では（当たり前だが）誰でもコンピュータでビジネス文章を作成し、iPhone などのスマートフォンの登場で 1 人に 1 台のコンピュータを使用できるようになっている。それらを商業的に成功させたのが、Bill Gates であり Steve Jobs である。私たちの年代では彼らの功績は非常にまぶしく、もともとのベースとなった Unix を築いた人たちには、あまり関心をもつことができなかったのだろう。

　しかし、私たちが現在のようなインターネット環境を享受できるのも、Unix とそこから派生した技術や OS のおかげだ。おそらく本書を読まれるのは（まだ購入されていない人も含む）、その多くがプログラマーやインフラエンジニアなどの IT 業界に属している人たちだろう。

　ただ、私たちは IT 業界に属していながら、Unix とそれに関係したインターネットの歴史や文化について詳しくは知らないと感じることがある。IT 業界と直接関係ない人たちであれば、それもしかたがないだろうが、普段から Linux や BSD などの Unix ライクな OS を触っており、インターネットサービスを開発している、いわば「業界の人間」でも「インターネットとそれを支える Unix（と、その派生 OS）がどのような歴史をたどったか？」について関心がない人も多いだろう。

　インターネットとそれを支える OS は当たり前の存在になってしまい、逆に関心がもてなくなってしまっている、ということもあるのだろう。しかし、自分たちがその業界にいるのであれば、自分たちの

使っている技術がどのような歴史をもって、どのような文化をもつようになったのか? さらに、それらの技術をどのような人たちが作っていったかを知ることは、自分たちがやっている仕事の意味を改めて知ったり、自分の仕事を周囲に説明するときに非常に有効だと思う。

　自分たちの仕事や意味を再発見するためにも、すべての年代のプログラマーやインフラエンジニアは本書を読むことを強く勧める。

P2P today
横田真俊

筆者について

名前：藤田 昭人（ふじた あきと）

Facebook : https://www.facebook.com/akito.fujita.50
GitHub　: https://github.com/m04uc513

ライセンス

This work is licensed under a Creative Commons Attribution-ShareAlike 4.0 International License
http://creativecommons.org/licenses/by-sa/4.0/

目次

まえがき		3
筆者について		6
ライセンス		6

第 1 章 プロローグ：Multics　　　　　**11**

1.1	Multics の開発 — Unix 誕生の契機	11
1.2	Project Whirlwind	12
1.3	ARPA	16
1.4	Multics	18

第 2 章 PDP–7 Unix　　　　　**23**

2.1	Ken Thompson と Dennis Ritchie	23
2.2	Multics Project 撤退直後の混乱	24
2.3	開発用コンピュータの調達	24
2.4	Space Travel	26
2.5	PDP–7 Unix	28
2.6	TMG	29
2.7	Programming Language B	29

第 3 章 First Edition Unix（Version 1 Unix）　　　　　**35**

3.1	私のグループ	35
3.2	起死回生の妙案	37
3.3	PDP–11	38
3.4	QED — Ken Thompson のバックキャリア	40
3.5	roff	43
3.6	First Edition Unix（Version 1 Unix）	45

第 4 章 Third Edition Unix（Version 3 Unix）　　　　　**47**

4.1	Small is Beautiful	47
4.2	1972–1973 の状況	51
4.3	C 言語の開発	56

第 5 章 デビュー　　　　　**59**

5.1	学会発表	59

7

目次

5.2	BBN の LISP 研究	62
5.3	PDP–10 の登場	66
5.4	デマンドページングによる仮想記憶	66
5.5	TENEX の人気	71
5.6	TENEX の評価	71

第 6 章　Programmer's Workbench　73

6.1	Fourth Edition Unix	73
6.2	1974 年から 1975 年の状況	73
6.3	Programmer's Workbench	77

第 7 章　Seventh Edition Unix（Version 7 Unix）　85

7.1	新たなスタンダード	85
7.2	Portable C Compiler（PCC）	87
7.3	Unix カーネルのポータビリティ	88
7.4	Interdata 8/32	90
7.5	Seventh Edition Unix の意義	91

第 8 章　Unix at Berkeley　93

8.1	Unix のサポート	93
8.2	UCB での Unix の導入	94
8.3	PostgreSQL の祖先 Ingres	99
8.4	そのころの Unix は?	100
8.5	50 Bugs	104

第 9 章　Berkeley Software Distribution　111

9.1	Unix 互換 OS	111
9.2	Pascal: モダンなプログラミング言語	112
9.3	Pascal 誕生	114
9.4	UNIX Pascal System	116
9.5	Editor for Mortals	117

第 10 章　UNIX 32/V　123

10.1	*BSTJ* UNIX 特集号	123
10.2	VAX–11/780 への移植	127

第 11 章　Third Berkeley Software Distribution（3BSD）　131

11.1	Richard Fateman と Macsyma	131
11.2	仮想記憶機能のサポート	133
11.3	Third Berkeley Software Distribution（3BSD）	135

第 12 章　ARPANET　137

12.1	ARPANET (1) — コミュニケーションデバイスとしてのコンピュータ	137

12.2	1969 年のアメリカ社会の情勢	141
12.3	ARPANET (2) — インターネット前史	143
12.4	DARPA と 4BSD	147

第 13 章　4BSD　151

13.1	DARPA からの支援	151
13.2	4BSD	156
13.3	4BSD のパフォーマンスチューニング	164
13.4	4.1BSD	165

第 14 章　4.2BSD/4.3BSD　169

14.1	4.2BSD	169
14.2	4.3BSD	198

第 15 章　ワークステーションのコンセプト　203

15.1	コンピュータのパラダイム	203
15.2	パーソナルコンピュータのコンセプト	204

第 16 章　AT&T と Unix ライセンス　215

16.1	オープンソースの文化	215
16.2	巨大企業 AT&T	216
16.3	独占禁止法訴訟と Unix ライセンス	219

第 17 章　Unix Wars　225

17.1	第 1 ラウンド：System V vs. BSD	225
17.2	第 2 ラウンド：UI vs. OSF	229
17.3	Unix Wars の最期	231

第 18 章　エピローグ　233

18.1	4.3BSD Tahoe	233
18.2	4.3BSD Reno	236
18.3	4.4BSD	242

付録 A　Unix 関連のトピック　243

A.1	*Hackers – Heroes of the Computer Revolution*	243
A.2	Digital Equipment Corporation（DEC）のコンピュータ	244
A.3	PDP（Programmed Data Processor）シリーズ	246
A.4	VAX–11	250

あとがき　255

初出一覧　261

索引　263

目次

Unix にまつわる簡単な年表

年号	Unix のリリース
1969 年	PDP–7 Unix
1970 年	
1971 年	First Edition
1972 年	Second Edition
1973 年	Third Edition, Fourth Edition
1974 年	Fifth Edition
1975 年	Sixth Edition
1976 年	
1977 年	
1978 年	32/V, 1BSD, 2BSD
1979 年	Seventh Edition, 3BSD
1980 年	4.0BSD
1981 年	4.1BSD
1982 年	
1983 年	4.2BSD
1984 年	
1985 年	Eighth Edition
1986 年	Ninth Edition, 4.3BSD
1987 年	
1988 年	4.3BSD Tahoe
1989 年	Tenth Edition
1990 年	4.3BSD Reno
1991 年	Linux 0.01
1992 年	Linux 0.99, 386BSD 0.0
1993 年	4.4BSD, FreeBSD 1.0, NetBSD 0.8
1994 年	4.4BSD Lite, Linux 1.00, 386BSD 1.0, FreeBSD 1.1, NetBSD 1.0
1995 年	4.4BSD Lite2, FreeBSD 2.0, NetBSD 1.1, OpenBSD 2.0

第1章
プロローグ：Multics

完成した先端技術が社会に紹介されるのはいつも突然ですが、その技術の開発はそれ相応の背景や必然により着手されるものです。「Unix」[*1] のアイデアはもともと 1960 年代末に AT&T [*2] の「Bell Telephone Laboratories（BTL）」[*3] に所属する若手研究員の胸のうちで暖められていたものです。しかし、当時の工学系のトップエリートである彼らのエンジニアとしての価値観の形成には、1960 年代のコンピュータサイエンス研究の動向が大きく影響したことは間違いないと思います。

1.1　Multics の開発 ── Unix 誕生の契機

1960 年代のコンピュータサイエンスをひとことで言い表せば「夢多き時代」と表現できます。巨額の開発投資を必要とするため、長らく「軍事目的」という限られた分野に発展していたコンピュータの技術開発は、1950 年代を迎えて徐々に民生化が進み（天文学的に高価だったのですが）商品として流通する段階に達していました。この革新的な機械の可能性を信じた当時の研究者やエンジニアの手により、今日のコンピュータサイエンスの基盤が確立されたわけですが、1960 年代はその彼らが（当時としては）非常に突飛な夢を追い続けていた時代といえます。

本章では、その突飛な夢の 1 つであった「Multics」を中心に、1960 年代のコンピュータサイエンスを概観していきます。Multics の開発は、Unix 誕生の契機を作ったばかりでなく、Unix の設計にかかわる下敷きでもありました。

今日、「コンピュータ」といえば、家電量販店に大量に陳列されている製品を思い浮かべるでしょう。「コンピュータのコモディティ化」はまさに現代を象徴するような光景といえるのかもしれません。し

[*1] 「Unix」表記について：「UNIX」という名称は登録商標（™）ですべて大文字を使用することになっていますが、本書では主に UNIX にかかわるコミュニティの歴史を取り扱うため、本文中では当時コミュニティにおいて慣例的に使われていた「Unix」（先頭の U のみ大文字）という表記を使用します。

[*2] AT&T：American Telephone and Telegraph company。電話の発明者として知られる Alexander Graham Bell （アレクサンダー・グラハム・ベル）らによって、1885 年に設立されたアメリカの民間通信業者。当時、すでに電話基本特許を楯にアメリカの電話事業独占権を取得していた Bell らは、長距離電話事業を独占する目的で AT&T を、電話関連技術での特許を支配するために Bell Telephone Laboratories（BTL）を設立しました。Unix ライセンスを保有する企業でもあります。1983 年の分割によりコンピュータ事業への参入が認められ Unix ビジネスを展開しますが、1993 年に関連部門を Novell に売却することによりこれらのビジネスから撤退しました。
The History of AT&T：http://www.corp.att.com/history/

[*3] Bell Telephone Laboratories（BTL）：いわずと知れたベル研究所（ベル研）です（後に Bell Laboratories に改称）。1925 年に AT&T と Western Electric のエンジニアリング部門として設立され、以来 6 つのノーベル賞受賞やトランジスタの発明などで数多くの輝かしい功績を残しています。
History of Bell Labs：https://www.bell-labs.com/about/history-bell-labs/

11

第 1 章　プロローグ：Multics

かし、今日のように個人によるコンピュータの所有が一般的になったのは比較的新しく、1970 年代にコンピュータを所有している個人といえばごく少数のホビースト（オタクともいいますね）だけでした。1960 年代はというと……、そんな個人は存在しませんでした。少なくとも日本では。

　「個人が所有する対話型コンピューティング環境」というコンセプトは、コンピュータサイエンスの研究者にとって長年の夢でした。コンピュータのハードウェア技術がそれなりに向上してきた 1960 年代、対話型コンピューティングを実現を狙った野心的なプロジェクトが数多く立ち上がったのは、必然だったといえます。

　1962 年に実現のための検討が始まった「Multics」も、その未来の新技術を体現する最も大きな成果として期待されたシステムでした。当時、「全米の工学系トップエリートが集まる MIT *4 の能力をもってすれば、この夢のシステムも実現可能だろう」という楽観的な考え方がまかりとおっていたことも事実でしょうが、それでも未知のシステムの開発のために、アメリカ政府の巨額の資金が突如投入されたことには、それなりの背景がありました。

1.2　Project Whirlwind

　対話型コンピューティングのコンセプトが、MIT において早期に認識されていた背景には「Project Whirlwind」の存在があります。「つむじ風」と名付けられたこのプロジェクトは、実は第 2 次世界大戦中から存在していました。

　一般によく知られていることですが、第 2 次世界大戦中は日本だけではなく、アメリカやイギリスにおいてもさまざまな分野で戦時動員が行われていました。特に、科学技術の軍事利用に関心の強かったアメリカやイギリスでは、大学の研究者や技術者を借り集めた動員研究の事例が多数あります。原子爆弾の製造を目的としたマンハッタン計画は最も有名な例ですが、コンピュータの世界では Alan Turing（アラン・チューリング）が参加したドイツの暗号技術である Enigma の暗号解析 *5 などが知られています。また、世界初の電子式コンピュータとされていた ENIAC の開発も、元は大砲の弾道計算をリアルタイムで行う機械としてアメリカ陸軍から依頼されたものでした。このように、1940 年代、1950 年代の主要な工学的な研究開発は、その軍事利用と密接な関係がありました。

リアルタイムフライトシミュレータ

　MIT の Project Whirlwind の目的は、今日でいう「リアルタイムフライトシミュレータ」の開発でした。アメリカ人のシミュレータ好きは有名で、後の宇宙開発においてもアポロ計画やスペースシャトル用の多数のリアルタイムシミュレータが作られましたが、この伝統は 1940 年代からのものです。「Whirlwind」は、第 2 次世界大戦中にアメリカ海軍から依頼された爆撃機のシミュレーションを行う装置で、おそらく爆撃精度を向上するには、リアルタイムフライトシミュレータによる訓練をパイロッ

---

*4 MIT：Massachusetts Institute of Technology（マサチューセッツ工科大学）。理工系の大学教育を受けた人には説明するまでもないぐらい有名な理工系大学です。次のサイトの 1945 年の Vannevar Bush（ヴァネヴァー・ブッシュ）の論文 "As We May Think" の発表から 2003 年の CSAIL 設立あたりまでが本書の内容と関連が深いです。
　　MIT HIGHLIGHTS TIMELINE：http://mitstory.mit.edu/mit-highlights-timeline/
*5 Enigma の暗号解析：この極秘プロジェクトは 2014 年に公開された映画 "The Imitation Game"（『イミテーション・ゲーム』）のメイントピックだったのでご存じの人も多いと思います。同性愛の嫌疑をかけられ不遇な死を遂げた Alan Turing（アラン・チューリング）に対して 2013 年に恩赦が与えられましたが、彼の特筆するべき業績を一般に広く知らしめたという意味で、この映画の果たした役割は大きかったと思います。
　　The Imitation Game：http://imitationgame.gaga.ne.jp/

トに積ませる必要があると考えられていたと推測されます。さらに Project Whirlwind には、それまで機種ごとにゼロから個別に開発されていた遊園地に設置されている遊具のような機械的シミュレータではなく、もっとリアリティが高く、構成を変更するだけであらゆる航空機の飛行状態が再現できる汎用的なリアルタイムフライトシミュレータが求められていました。

当初はアナログコンピュータの技術を活用した試作品が開発されましたが、実用に供するには精度が低く、あまりに融通の利かない代物だったため、別のアプローチが模索されました。その過程で開発メンバーの 1 人が ENIAC のデモンストレーションを見たことから、デジタルコンピュータの利用が検討されるようになったといいます。彼らが特に注目したのは ENIAC のプログラム内蔵方式で、これを活用すれば汎用フライトシミュレータが実現できるのではないかと考えられたようです。

デジタルコンピュータの技術を活用した新しいコンピュータ「Whirlwind」の設計は 1947 年に終わり、翌年の 1948 年から試作が始まります。Whirlwind は 1951 年に完成しましたが、すでに第 2 次世界大戦が終結していたこともあって、アメリカ海軍はそのシステムに関心を失っていました。しかし、このシステムがコンピュータの対話的利用の可能性を開発関係者に促したと思われます。

SAGE

幸運といってよいかどうかわかりませんが、アメリカ海軍というスポンサーを失った Project Whirlwind は、その時点ですでに別のスポンサーを見つけ出すことに成功していました。1949 年のソ連の原爆実験の成功で本格的な冷戦構造への突入が避けられなくなった当時のアメリカ空軍は、ソ連の爆撃機の原爆投下を防ぐために防空監視システムの整備を急ぐ必要がありました。そこで、当時のコンピュータの中でも高速に動作する Whirlwind に目を付けたのです。

Whirlwind
"Whirlwind 1" BY vonguard (CC:BY-SA 2.0)
https://www.flickr.com/photos/44451574@N00/2103090140/

第 1 章　プロローグ：Multics

　初期のデモンストレーションシステムでは、Massachusetts 州のコッド岬（Cape Cod）に設置された
レーダーと Whirlwind を直結し、レーダーに映る機影を追跡することが試みられました。この実験に
成功すると、次は本格的な警戒管制システムの研究へと移行し、そのための組織として MIT は 1951 年
に Lincoln Laboratory を設立します。この研究所で研究・開発されたのが、「SAGE（Semi–Automatic
Ground Environment）」と呼ばれる防空監視システムでした。

　SAGE の計画は、全米に 30 あまりの指令センターを設置し、おのおのの指令センターが担当する
地区に配置された数百のレーダーなどの情報を集め、敵味方識別などの解析をした後に、迎撃のため
に各所に通報をするとともに、指令センター内にある 150 台のオペレータコンソールにグラフィック
表示させるというものでした。宇宙開発映画などで敵機を捕捉するレーダーコンソールが登場します
が、SAGE はそのモデルとなったシステムだと考えるとわかりやすいかもしれません。このようなコン
ソールが最終的には全米に数千台の規模で設置される計画で、当時としては前例のない巨大システムで
した。

　SAGE のコンピュータシステムとして利用するには、Whirlwind の実行速度をさらに向上させる必
要がありました。そこで、最大のボトルネックとなっていたメインメモリのアクセス速度を改善するた
め、「磁気コアメモリ」と呼ばれる新しい記憶素子が開発されました。磁気コアメモリのおかげで約 2
倍の性能向上が図られた「Whirlwind II」[6] は、AN/FSQ–7 という名前で装備化され、IBM によっ
て 1957 年から製造が開始されました。

TX–0

　SAGE 以外にも、Project Whirlwind はコンピュータサイエンスに大きな影響を与えた成果を残
しています。MIT で Project Whirlwind の開発に参加した学生の中には、後に Digital Equipment
Corporation（DEC）の創業者となった Ken Olsen（ケン・オルセン）がいました。彼は Whirlwind が
採用したコアメモリをテストするためのコンピュータ「Memory Test Computer（MTC）」の開発者で
す。MTC は、コアメモリを始めとする Whirlwind で採用した新技術を用いたさまざまなパーツをテス
トする目的で開発されたものでした。さらに、1956 年には Whirlwind や MTC のアーキテクチャを継
承したトランジスタ製のコンピュータである「TX–0（Transistorized Experimental computer zero）」
を開発しました。TX–0 には電動タイプライターによく似た機構のコンソールが接続され、キーボード
からコンピュータを操作できました。

　MTC や TX–0 では、原則として Whirlwind に使用するパーツの診断プログラムが常時実行され
ていましたが、Lincoln Laboratory の一部の研究者には数時間単位での使用が許可されていました。
そして、TX–0 のユーザーの中には、後継の「TX–2」あるいは「Laboratory Instrument Computer
（LINC）」と呼ばれる科学実験に適したコンピュータを設計した Wesley Clark（ウェスリー・クラー
ク）が含まれていました。

　TX–2 が完成した 1958 年に MIT に移管され、TX–0 は伝説のハッカーマシンとなりました。また、
Ken Olsen 自身が創業した DEC が 1960 年に発表した初のミニコン「PDP–1」も、TX–0 のアーキテ
クチャを踏襲した製品でした。

---

[6] Whirlwind II：AN/FSQ–7 "Whirlwind II" & AN/FSP–8 Intercept Computer：
http://www.radomes.org/museum/equip/fsq-7.html

TX–0
"TX–0" © 2011, MIT Museum. (CC:BY-SA 3.0)
http://museum.mit.edu/150/23

タイムシェアリング

　対話型コンピューティングの実現に向けた取り組みは、どうだったのでしょうか？　1台のコンピュータを製造するのに天文学的費用が必要だったこの当時、個人によるコンピュータの占有は考えられないことでした。それが、1台のコンピュータを多くのユーザーで共同利用していた理由でもあります。しかし、個々のユーザーにとって共同利用はその使用法を著しく制限されることでもあったので、より制限の少ない共同利用のための仕組みが望まれていたのでした。この問題を抜本的に改善する「タイムシェアリング（Time Sharing）」の実現に向けた模索が始まったのは、1960年代初頭のころのようです。

　「1台のコンピュータを時分割して複数のユーザーで利用する」というタイムシェアリングのコンセプトを最初に言及したのは、ASCIIコードの父として知られるBob Bemer（ボブ・バーマー）が1957年に発表した論文だったといわれています。しかし、彼が突如思い付いた画期的なアイデアというわけではなかったようで、1950年代後半のこの時期には、MIT周辺でもすでにその可能性に対するある程度の根拠が伴った待望論がささやかれていたと推測されます。

　特に、既存のコンピュータの応答性の悪さに閉口していた人工知能の研究者のあいだでは、「Whirlwindのような」という形容でタイムシェアリングの必要性を主張する声は強く、事実「LISP」[*7] の

[*7] LISP：1958年にMITのJohn McCarthy（ジョン・マッカーシー）によって発明されたLISPは、その名のとおりリスト処理（LISt Processing）を得意とするプログラミング言語です。
　LISPが開発された背景には、その当時の人工知能（AI）の研究とのあいだに密接な関係があったといわれています。1950〜1960年代の人工知能研究では、その応用領域として言語学、心理学、数学といった分野が考えられていました。つまり、思考するコンピュータを作り出すためには、コンピュータはまずは人間が理解する言語や数式を扱えなければならないと考えられていたのです。そこで、これらに共通するリスト構造をもった記号データを扱えるプログラミング言語が開発されたのでした。
　このような経緯から、LISPは伝統的に人工知能のためのプログラミング言語としての地位を保ち続けています。

第 1 章　プロローグ：Multics

発明者として有名な John McCarthy（ジョン・マッカーシー）は、1957 年にタイムシェアリングシステムの試作を試みています。もっとも、MIT の学外ではタイムシェアリングに対する懐疑論が主流で、「バッチ処理のほうが優れている」との主張が強かったようです。

　この主張の違いは、明らかに両者の認識の違いからくるものでしょう。Lincoln Laboratory と Project Whirlwind の存在は、対話型コンピューティングの可能性と優位性をその周辺に十分認識させていました。しかし、Wesley Clark などはタイムシェアリングの導入によって個々の対話性能が著しく制限されてしまうことを懸念して、タイムシェアリングの導入には反対意見をもっていたといいます。この指摘は、後の 1970 年代末のワークステーション出現の際に、ワークステーション擁護論の一環として強く主張されたもので、その 20 年も前に同様の主張がなされたこと自体、驚くべきことだといえるでしょう。

　このように、MIT における Project Whirlwind の影響はたいへん大きなもので、今日の価値基準で判断すれば極めて先進性の高い主張に結び付いていました。といっても、1950 年代当時、「対話型コンピューティング」の主張は極めて少数の意見でしかありませんでした。ところが 1960 年代になると、この少数意見に対して突如多額の開発投資がなされることになります。

　なぜなら、ARPA が設立されたからです。

1.3　ARPA

　「ARPA（Advanced Research Projects Agency：国防総省高等研究計画局）」は、アメリカ政府の組織の名前です。現在では「DARPA（Defense Advanced Research Projects Agency）」という名称になっているので、そちらをご存じの人もいるかもしれません。「国防総省」という名前からもわかるように、軍事目的で設立された組織のようにイメージしがちですが、どういう目的で設立されたのか設立当初からよくわからない組織であったようです。

　1957 年 10 月のソ連による世界初の人工衛星スプートニク 1 号の打ち上げ成功は、いわゆるスプートニクショックと呼ばれる衝撃をアメリカに与えました。ロシアの Konstantin E. Tsiolkovskiy（コンスタンチン・E・ツィオルコフスキー）に始まる近代ロケット開発では、ソ連が着実に成果を重ねていたのに対し、アメリカは失策を繰り返していました。スプートニク 1 号の打ち上げも Tsiolkovskiy 生誕 50 周年を記念したものですが、それはアメリカの無策ぶりが露見した瞬間でもありました。なぜなら、ロケットの実用化は大陸間弾道弾（ICBM）の実現を意味するものであり、それは前述の SAGE を事実上無効化してしまうことを意味していたからです。

　このときのアメリカの動揺ぶりは滑稽なほどで、スプートニクショックの 4 か月後の 1958 年 2 月には ARPA を、そして同年 10 月には NASA（National Aeronautics and Space Administration）を創設しています。何のコンセンサスもなく宇宙開発を担うべき政府機関をこのように複数乱立させてしまった結果、機関のあいだでも機関の内部でも主導権争いが起こり、混乱状態に陥りました。この状況を収束させるため、1959 年 9 月に ARPA は宇宙開発に関する主導権を NASA に譲る決定がなされました。宇宙開発に対する国防総省の影響力を制限したい、という意向が働いたためです。

　本来の目的であった宇宙開発のミッションを取り上げられた ARPA では、核実験探知、弾道ミサイル、材料など、より軍事色の強い研究が行われるようになります。デジタルコンピュータに対する ARPA のアプローチも、指揮・統制（Command and Control）に関連する基礎研究を指向しました。近年のイラク戦争でアメリカ軍が使用した司令室と一兵士を結ぶ情報システムもこの研究の延長上にある成果と理解できるわけですが、冷戦下にあったこの時代には、核攻撃に対する迎撃、報復の自動化、

すなわち SAGE をさらに推し進めたシステムが期待されました。限られた時間の中で速やかに対応するアクションを起こし、かつ最終判断を人間に委ねるという二律背反する命題を解決するには、エンジニアリングだけでなく心理学など多岐の分野にわたる学際的な取り組みが必要だと考えられていたのです。

　この方針に基づいて、指揮・統制システム研究統括事務局が 1962 年に設立されました。その初代部長に就任したのが、J. C. R. Licklider（J・C・R・リックライダー）です。

J. C. R. Licklider

　今日では、ARPANET の生みの親として広く知られる Licklider ですが、本来は音響心理学を専門とする実験心理学者でした。しかしながら、第 2 次世界大戦中の動員研究の経験、あるいは 1940 年代のサイバネティクスのブームを経て、マンマシンシステムへの関心を深めたといいます。

　1950 年からは MIT に所属し、Lincoln Laboratory の研究者との密接に連携した活動を行っていたことから、Whirlwind や TX–0 といった Project Whirlwind の成果については承知していましたし、"man–machine interaction" の手段としての対話型コンピューティングにも強い関心をもっていたようです。1957 年に Bolt, Beranek and Newman（BBN）に移籍した後も彼はこの研究を継続し、当時試作段階にあった PDP–1 を利用して自らの手で対話型コンピューティング環境を開発しました。この時期に発表されたのが、著名な論文 "Man–Computer Symbiosis"（「人間とコンピュータの共生」）[8]です。こういった経歴をもつ Licklider は、指揮・統制システム研究統括事務局の責任者には適任でした。

　ただし、指揮・統制システム研究統括事務局そのものには、あまり多くの期待はされていませんでした。というのも、この部局のミッションである「指揮・統制システム」を数年以内に完成できるとは誰も考えていなかったからです。事実、この部局に割り当てられた予算は ARPA 総予算の 0.5 パーセントで、この数字からも ARPA 首脳陣の指揮・統制システムへの期待度がうかがえます。後の ARPANET 構築につながるこの部局の活動が多分に軍事利用目的から乖離しえたのは、ARPA という国防総省直轄の組織の意思決定の速さと、部局に対する期待度の薄さによるものでしょう。早い話が、「小銭はやるから勝手に遊んでこい」ということだったのかもしれません。

　低予算とはいっても、アメリカの政府支出に大きな割合を占める軍事予算の一部なので、研究向けの助成予算としては桁違いに大きなものでもありました。

Information Processing Techniques Office（IPTO）

　職務に着任した Licklider はまず、組織の名前を「IPTO（Information Processing Techniques Office：情報処理技術部）」に変更しました。おそらく、文民である Licklider が指揮・統制という名前がもつ軍事的色彩を嫌った結果だと思われます。また、部局のミッションを拡大解釈し、自らの構想に沿った少数の先進的な研究に対して重点的に支援を行いました。Licklider の構想は「Galactic Network Concept」と呼ばれるもので、多くのコンピュータを相互接続してリソースや情報を共有するという、今日のインターネットのビジョンを初めて提起したものでした。

　後に、ARPANET の構築とそれに伴う技術開発へと、IPTO はその活動の比重を移していくわけで

---

[8] "Man–Computer Symbiosis"（「人間とコンピュータの共生」）:
　　http://groups.csail.mit.edu/medg/people/psz/Licklider.html

第 1 章　プロローグ：Multics

すが（第 12 章で紹介します）、Licklider が着任した 1962 年の段階では、むしろタイムシェアリング研究に重点をおいた研究支援が行われました。その理由は、ARPA 上層部に対する説明において、効果的なタイムシェアリングによって実現される複数のプログラマーが同時に開発作業に従事できる経済的メリットという建前論と、複数のユーザーがリソースや情報を共有できる環境を得るという実質的なメリットの両者を狙ってのことだといわれています。Licklider の Galactic Network Concept では、タイムシェアリングで動く 1 台の大型コンピュータに複数のユーザーが参加する galaxy が形成され、最終的にはそのようなコンピュータ間を接続した Intergalactic Network が形成されると説明されていますが、まずは galaxy の実現から始めようということだったのでしょう。

　かくして、ARPA/IPTO の巨額の予算を背景に、タイムシェアリングは一躍 1960 年代のコンピュータサイエンスの重要な研究テーマとなりました。

1.4　Multics

　Licklider とかかわりの深い MIT も、ARPA/IPTO の研究支援を受けた一校です。実は、ARPA/IPTO が設立された 1962 年に、MIT ではすでに実験的なタイムシェアリングシステムが稼働していました。それが、「Compatible Time–Sharing System（CTSS）」[*9] です。

Compatible Time–Sharing System（CTSS）

　CTSS は MIT のコンピュータセンターの教授だった Fernando J. Corbató（フェルディナンド・J・コルバト）のグループが開発した、科学技術計算用大型コンピュータ IBM 7094 で動作するタイムシェアリングシステムで、1961 年には最初のバージョンが稼働していたとされています。7094 は、IBM の代表的なシステムである System/360 [*10] 以前のシステムで、本格的な OS（オペレーティングシステム）は存在せず、その代わりに「FORTRAN Monitor System（FMS）」と呼ばれる簡単なシステムソフトウェアが用意されていました。CTSS は、FMS との互換性を有するタイムシェアリングシステムで、"Compatible" とは FMS 互換を意味しています [*11]。

　CTSS の開発が始まった時期は定かではありませんが、MIT では 1960 年に学内コンピュータのタイムシェアリングシステムへの移行が議論されており、そのあたりには開発に着手していたと推測されます。実に 1 年足らずの期間で最初のバージョンの立ち上げに成功したということになりますが、開発期間を考えれば、その開発には Try & Error スタイルのアドホックなアプローチがとられたと思います。それゆえにか、後に Corbató は、CTSS について「タイムシェアリングのデモンストレーションシステム」と語っています。事実、CTSS は MIT が ARPA/IPTO の研究支援を受ける妥当性の根拠の 1 つとなりました。少なくとも Corbató にとっては、状況は望ましく展開していたことになります。

[*9] Compatible Time Sharing System（CTSS）：MIT の Fernando J. Corbató（フェルディナンド・J・コルバト）が率いたグループによって作られた初期のタイムシェアリングシステムの 1 つです。Corbató の「CTSS は Multics を開発するためのデモシステムみたいなもの」という発言からもわかるように、このグループが Muitics 開発チームの母体となりました。

[*10] System/360：1964 年に開発された IBM のメインフレーム用 OS。300 万ステップ以上の命令からなり、それまでの OS と比べて何倍も高い機能を備えていました。System/360 の登場により、ユーザーはたくさんのプログラムを連続して処理（バッチ処理）できるようになりました。それまでの、特定用途向けシステムとは逆に、360 度全方位の使用に耐えることを目標に開発されたため、この名前が付けられました。

[*11] 当時の FMS や CTSS の様子については、次のホームページに詳しく紹介されています。
The IBM 7094 and CTSS：http://www.multicians.org/thvv/7094.html

Project MAC

Project Whirlwind を運営する Lincoln Laboratory の存在や、タイムシェアリングの試作を行った John McCarthy を始めとする当時の人工知能研究の主要研究者がそろっていたこと、そして CTSS の開発実績から、MIT がタイムシェアリングの研究開発において ARPA/IPTO の支援を受けるにふさわしい大学であったことは明らかですが、実際には、タイムシェアリング研究に着手するように、再三の督促が Licklider から水面下であったようです。「Project MAC」は、ARPA/IPTO の研究支援を受けるため MIT が新たに組織したプロジェクトでした。

Project MAC ではプロジェクトの責任者の Robert Fano（ロバート・ファーノ）の下に、CTSS を開発した Fernando J. Corbató のグループと、人工知能研究の第一人者である Marvin Minsky（マービン・ミンスキー）のグループが配置されました。Project Mac 始動の際、Corbató は CTSS の開発にかかわった計算機センター周辺のスタッフを集め、後に Laboratory of Computer Science（LCS）となるグループを作ります。一方、Minsky は子飼いのハッカー集団である、かの有名な AI Lab [*12] をプロジェクトに引き入れました。

この 2 つのグループの不協和音は、「MAC」というプロジェクト名の解釈に象徴されています。Minsky のグループが "Machine–Aided Cognition" と主張するのに対し、Corbató のグループは "Multi–Access Computer" と主張していました。事実、当時両者はたいへん仲が悪く、Project MAC の進行中も Minsky のグループのメンバーが Corbató のグループの開発コードのハッキングを行ってはイタズラを仕掛けるといった行為が、日常的に起こっていました。

性質の違う 2 つのグループが Project MAC に起用された理由については、諸説あります。Project MAC について、「本来、タイムシェアリング開発のために用意された資金をうまくかすめとって人工知能研究に注ぎ込ませることに成功した」と、Minsky は吹聴してきました。が、ARPA/IPTO の本来のミッションである指揮・統制システムの開発という名目が必要だった Licklider は、その目的に合致した Machine–Aided Cognition と、実際に自分が欲していた Multi–Access Computer のどちらにも読み替えられるようにするために、MAC という言葉をあえて選んだという説もあります。ARPA/IPTO のミッションと整合のとりにくいタイムシェアリング開発の隠れ蓑のために人工知能研究を活用することにし、その分の予算を上積みしたというのが真相という解釈です。どちらがどちらに利用されたかはともかく、結果として ARPA/IPTO は、MIT に最高額である 300 万ドルの資金援助を行いました。

GE や BTL も開発に参加し、Project MAC はこれらの企業からも各種資源の提供を受けました。Project MAC は、まさしく優秀な人と巨額の金を惜しむことなく注ぎこんだ一大プロジェクトだったのです。

ちなみに GE とは、冷蔵庫や洗濯機で有名なあの General Electric です。当時、GE はコンピュータ事業部門をもっており、IBM の最大のライバルと目されていました。しかし、1970 年にコンピュータ事業部門を Honeywell に売却し、コンピュータ事業から撤退します。Project MAC や Multics との関

[*12] AI Lab：1959 年に設立された MIT の人工知能研究所。Multics Project とともに Project MAC の大きな成果とされています。ハッカー文化の発祥としても有名で、Richard Stallman（リチャード・ストールマン）も GNU Project を開始するまでは AI Lab に所属していました。
　　TIMELINE：http://www.csail.mit.edu/timeline/timeline.php

　　ちなみに、LCS と AI Lab は 2003 年に合体し、現在は MIT Computer Science and Artificial Intelligence Laboratory（CSAIL）を名乗っています。
　　ABOUT CSIAL：http://www.csail.mit.edu/about

第1章　プロローグ：Multics

係も、そのまま Honeywell に引き継がれました（付録を参照してください）。

　Multics の開発プロジェクトで、GE はコンピュータハードウェアを担当しましたが、実際には当時すでに製品化されていた GE–635 という製品をベースに、Multics が必要とする機能の追加を行いました。これが後に GE–645 と呼ばれる製品になります。開発のベースに GE–635 が選ばれたのは、それが CTSS が動作する IBM 7094 の競合機種で、そのアーキテクチャもよく似ていたからです。つまり、IBM と GE の激しいシェア争いがあったことがうかがえます。

　Project MAC は、1963 年に著名なコンピュータ科学者を招待した夏期研修を主催しました。このとき CTSS のデモンストレーションや将来のコンピューテングに関する議論が行われました。こういった議論を重ねて、Multics が目指すべきゴールを具体化していきます。1965 年秋には Project MAC が Multics に関する最初の 6 つの論文を発表します。これらの論文には、以降の OS に大きな影響を与える画期的なアイデアや提案が数多く含まれていました。しかし、同時にそのあまりにも野心的な内容には、その当時でも実現の可能性を危ぶむ声が聞かれました。

Project MAC の初期の開発

　大風呂敷を広げていた Project MAC ですが、Multics 開発の実態はどうだったのでしょうか？ BTL のスタッフがかかわった興味深いエピソードが残っています。

　論文発表の前年（1964 年）に、Project MAC は OS を記述するためのプログラミング言語として「PL/I」*13 を採用することを決定し、BTL がその準備に取り掛かりました。当時、PL/I は強力なプログラミング言語として知られており、その能力に疑問はもたれませんでしたが、その選定の最も大きな問題は、コンパイラを始めとする言語の処理系が世の中にまだ実在していなかったことでした。「FORTRAN」*14 に代わるプログラミング言語として PL/I の製品化を決定していた IBM でさえ、その時点では PL/I コンパイラの製品出荷をできずにいました。したがって、準備作業は PL/I コンパイラの開発から始まりました。

　準備作業を担当した BTL の Doug McIlroy（ダグ・マクロイ）と Bob Morris（ボブ・モリス）は、当初コンパイラの開発に手慣れた外部業者に PL/I コンパイラの開発を委託することにしました。しかし、外部業者の作業は遅々として進まず、開発に着手して 1 年近く経過しても意味ある成果が提示されないことに業を煮やし、Bob Morris は Doug McIlroy に自らの手で PL/I コンパイラの暫定バージョンを開発することを迫りました。けっきょく、1965 年春に「Early PL/I」の開発に着手することになります。

　危機的な状況ではありましたが、Early PL/I の開発を進めるうえで多少の好材料もありました。ま

---

*13 PL/I：PL/I (Programing Language One) は IBM が 1960 年代に開発したプログラミング言語です。PL/I は当時の主要なプログラミング言語であった FORTRAN と COBOL、および先進のプログラミング言語として注目されていた ALGOL という 3 つのプログラミング言語の特徴を取り入れた究極の汎用プログラミング言語として設計されました。つまり、1960 年代にコンピュータ市場をほぼ独占していた IBM は PL/I を掲げて、プログラミング言語の領域でも業界標準の地位を狙ったといわれています。残念ながらこの IBM の野望が達成されることはなかったのですが、Multics の開発に着手した 1960 年代の中ごろには、当時の IBM の影響力の大きさから「やがて PL/I が唯一のプログラミング言語になるであろう」と信じられていました。これが、PL/I が Multics の標準プログラミング言語に採用された最も大きな理由だったと思われます。

*14 FORTRAN：Formula Translator の略語で、1957 年に IBM の John Backus（ジョン・バッカス）らによって開発された言語です。数式をほぼそのまま記述できるという特徴をもち、科学技術計算の分野で長く利用されてきました。商業的に成功した最初のプログラミング言語で、型や関数の概念、DO/IF などの制御構造なども FORTRAN で一般的になりました。その一方で行指向が強く、BASIC は FORTRAN を基に作られたといわれています。

20

ず、外部業者の作業を待つあいだに Doug McIlroy と Bob Morris が PL/I コンパイラの実装に関して学習する十分な時間を得ていたこと、そして TI[*15] の Bob McClure（ボブ・マクルー）が作成した「TMG」と呼ばれるパーサージェネレータを手に入れていたことなどです。2 人は Dolores Leagus（ドロリス・リーガス）、Jim Gimpel（ジム・ギンペル）、Cleam Pease（クリーム・ピース）の応援を得て、遅れを取り戻すための懸命の努力を続けました。数か月後には、Early PL/I は動作するようになります。

1965 年に着手した Multics の開発ですが、以上のような PL/I コンパイラの開発の遅れにより、のっけからつまづくことになってしまいました。残りの開発スタッフは何をしていたかというと、MSPM（"Multics System–Programmer's Manual"）を書いていたのです。Multics の設計書に相当するこのドキュメントは、実に 3,000 ページにもおよぶ膨大なものでした。コンパイラが完成した後、今度はこのドキュメントが開発スタッフを苦しめることになったことでしょう。

BTL の撤退

すべての開発の実態がここで紹介したような状況だったわけではないでしょうが、1969 年になっても Project MAC は開発成果を提示できませんでした。その原因の一端は Multics が抱えている技術的課題の困難さがあったわけですが、プログラミングという行為自体が専門家のあいだでも十分に認知されていなかったこの当時、OS というソフトウェアの開発について BTL の首脳陣がどの程度理解できていたのか疑問が残ります。けっきょく、BTL は成果の上がらないプロジェクトにしびれを切らし、1969 年 4 月に Project MAC からの撤退を宣言することになります。しかし、BTL のこの撤退こそが、Unix 開発の契機となりました。

---

column

■ BTL 撤退後の Multics

BTL 撤退後の Multics についても紹介しておきましょう。1969 年の BTL 撤退の後、翌 1970 年には GE もコンピュータ事業から撤退しました。このため、「Multics の開発は失敗した」と理解している人もいるようですが、それは誤解です。Multics は完成しました。

BTL が撤退した 1969 年の夏、Consistent System と呼ばれる社会科学系の総合データ解析システムを開発するための Cambridge Project が立ち上がりました。このため、MIT 学内では 1969 年の 10 月から Multics の本格的な運用が開始されています。さらに、Multics の開発も Multics 上で行えるように、新しい開発ツールも作成されました。また、1970 年の GE 撤退の際、コンピュータ事業は Honeywell に売却されました。以降、GE に代わって Honeywell がその役割を引き継ぎました。そして、1973 年 1 月から、Honeywell 6180 の OS として Multics は販売されるようになりました。これが、Multics の事実上の完成と考えてよいようです。

その後の Multics ですが、大型コンピュータの OS であったため、Unix ほど大量の導入実績はありません。最終的に、84 サイトに導入されていますが、その中にはアメリカ陸軍、海軍、空軍

---

*15 TI：Texas Instruments。1930 年に石油探査の専門会社として始まった GSI（Geophysical Service Inc.）をルーツにもつ会社。1940 年代にエレクトロニクス事業に参入し、1958 年に世紀の発明といわれる IC（Integrated Circuit：集積回路）を発明しました。いわゆる TTL と呼ばれる IC はもともと TI の製品です。現在は DSP が有名で、半導体や制御機器を扱うメーカーとして世界中に展開しています。

第 1 章　プロローグ：Multics

の他に、General Motors、Ford、Volkswagen などの自動車メーカーも含まれます。皮肉なこと
に、AT&T 配下の Bell Canada も Multics のユーザーでした。そして、日本でも NEC や東芝に
Multics の導入実績があります。もっとも、これは 1970 年代のコンピュータ輸入自由化に伴う通
商産業省（現経済産業省）の指導により、NEC/東芝グループが GE 互換のコンピュータ開発に着
手したという事情によります。こういった経緯で、NEC の後の大型コンピュータ ACOS システ
ムには、OS として Multics が搭載されているモデルも存在しました。これだけの導入実績をもつ
Multics は、大型コンピュータの OS としては十分に成功したといえます。

　なお、これらの Multics マシンは現在すべてリタイアしています。最後の Multics マシンは、
2000 年 10 月 31 日に停止したそうです。約 30 年間稼働し続けた Multics は、コンピュータの世
界では長寿命の OS だったといえるのではないでしょうか?

第 2 章
PDP–7 Unix

Bell Telephone Laboratories（BTL）の Multics Project からの撤退は、プロジェクトにかかわっていた BTL の研究員にとって大きな衝撃でした。特に、Multics が実現するであろう理想のコンピューティング環境に憧れ、自らの手でそれを実現しようとしていた若手研究員にとって、プロジェクトからの撤退の決定はありえない話だったでしょう。しかしながら、現実にはこの研究所の一方的な決定を彼らは受け入れざるを得なかったのでした。このときにたまったフラストレーションこそ、後に彼らを Unix 開発へと駆り立てた原動力だったように思われます。プログラマーとしても優れていた若手研究員は、彼ららしい方法で実力行使にでました。本章では、こうした経緯で作られた幻の Unix プロトタイプ「PDP–7 Unix」について紹介します。

2.1　Ken Thompson と Dennis Ritchie

　Unix の開発について紹介する前に、まずオリジナルの研究版 Unix を開発したとされる著名な 2 人を紹介しましょう。1 人目は Ken Thompson（ケン・トンプソン）です。1943 年生まれですから、Unix を手がけ始めたころは 26 歳だったことになります。彼は 1966 年に BTL に就職しましたが、その当時からプログラミングの達人で、いきなり Multics Project に参加することになりました。BTL のスタッフとしては開発の初期のころからかかわっていた 1 人です。もう 1 人は Dennis Ritchie（デニス・リッチー）です。彼は 1941 年生まれですから、Unix を手がけ始めたころは 28 歳でした。彼が BTL に就職したのは 1968 年で、Ken Thompson の後輩に当たりますが、それ以前の学生時代からから BTL でアルバイトをしていたそうですから、Ken Thompson とは旧知の仲だったようです。

　彼らに限らず、コンピュータの世界での成功者にはコンビが多いです。たとえば、Google の Sergey Brin（セルゲイ・ブリン）と Larry Page（ラリー・ペイジ）であるとか、古くは Apple Computer の Steve Wozniak（スティーブ・ウォズニアック）と Steve Jobs（スティーブ・ジョブズ）や、Microsoft の Paul Allen（ポール・アレン）と Bill Gates（ビル・ゲイツ）などですね。もっと古くは、William Hewlett（ウィリアム・ヒューレット）と David Packard（デビッド・パッカード）もあげられます。こういったコンビの場合は、たいてい天才的なエンジニアとプロモーションの鬼才の組み合わせで、相互を補完する絶妙な役割分担が成功の重要な要因の思えます。

　まったく個性の違う 2 人が競作することでより優れた作品の創造に寄与したことは、Ken Thompson と Dennis Ritchie の組み合わせにも当てはまるように思います。後に彼らの努力は大いに報われたのですが、その始まりは悲惨なものでした。なぜなら、彼らは Multics Project という「失敗プロジェクト」に加担していたからです。それでは、Multics Project 撤退後の様相から紹介していきましょう。

23

第 2 章　PDP–7 Unix

2.2　Multics Project 撤退直後の混乱

　大学や企業などの組織に所属すると、まれに天変地異ともいえる変革に出くわすことがあります。たとえば、学部の統廃合であったり、既存事業からの撤退であったり、これまでどおり続けていては危機的な状況を迎える（あるいは、すでにそのような状態にある）場合に、「抜本的見直し」と称してこれらの変革は実行されます。この手の変革の実行は、組織の運営にかかわるごく少数の人たちによって決定されます。抜本的見直しですから、対外的にそれを印象付けるような思い切った施策が一般的に好まれます。しかし、組織に所属する多くの人たちは、決定のプロセスに参加することなく決定を一方的に押し付けられる、早い話が理不尽な扱いを受けることは今も昔も変わりません。

　1969 年 4 月に Ken Thompson や Dennis Ritchie のグループに起こったことも、同種の変革であったと想像しています。このとき BTL は、突如 Multics Project からの撤退を表明しました。前章で説明したように、1963 年に発足した Project MAC の一環として続けられていた Multics Project は、MIT や GE とのジョイントプロジェクトでした。開発に 5 年以上の期間を費やし、それなりの成果を上げていましたが、当初の目標にはほど遠く、少なくとも BTL の上層部には「抜本的な見直し」の対象だと見なされていました。

　研究所の方針に基づいて Multics Project に参加していた BTL の開発スタッフは、これまた研究所の方針に従ってプロジェクトから手を引かざるを得なくなったわけで、明らかに「理不尽な扱い」を受けたのですが、このことにはそれほどダメージを受けませんでした。なぜなら、研究員であった彼らは、OS（オペレーティングシステム）の開発を続けたければ個人の研究テーマとして続行を宣言すればよかったからです。

　事実、Ken Thompson は、撤退直後にファイルシステムの技術的な検討を始めています。検討の際、Ken Thompson は仲間内で議論を重ね、その都度ファイルシステムの仕様を黒板に書き留めていたことから、彼らのあいだで "chalk file system" と呼ばれたこの機能は、後に Unix のファイルシステムとして実装されることになります。

　当初はそれまでの研究を続けていた彼らでしたが、撤退宣言に続く 2 番目の「理不尽な扱い」には大きなダメージを受けました。開発用のコンピュータとして使用していた Multics マシン GE–645 が撤去されることになったからです。Multics の開発のために設置されたこのマシンも、プロジェクトから撤退するのであれば撤去されるのは当然の帰結です。しかし、当初の目標には及ばないものの、Multics には開発スタッフのそれまでの努力のたまものであった無数の成果が蓄積され、当時としては例を見ない優れたプログラミング環境を提供していました。自らの手で作り使い慣れたこの環境が失われてしまうことは、彼らにとって大きな後退を意味していました。この後退に伴う被害を最小限に止めることが、1969 年 4 月以降の彼らの最優先課題となりました。

2.3　開発用コンピュータの調達

　Ken Thompson と Dennis Ritchie は、Multics マシンの撤去後も OS の開発を続行できるように、自分たちで OS が書けそうな新たなコンピュータを調達するための提案を始めました。これは、とにかく OS を開発するためのコンピュータさえ確保できれば、Multics と同等の環境を自分たちで開発できると考えていたからでした。経済的な負担の大きさが GE–645 撤去の主な理由だと理解していた彼ら

24

は、まず DEC *1 の PDP–10*2 など、GE–645 *3 よりもいくぶん小さな中型のメインフレームを調達することを提案しました。しかし、彼らの提案はその是非を巡って議論を巻き起こしました。

　その第 1 の理由は、当時の OS に対する認識にあります。当時 OS は、対象となるコンピュータハードウェアに大きく依存するものであり、コンピュータハードウェアの設計を手がけたメーカーにしか開発できないソフトウェアだと考えられていました。OS が単独のパッケージとして店舗に並べられるようになった今日の状況から想像するのは難しいのですが、この当時、OS は特定のコンピュータ製品の一部、または付属物として認識されていました。コンピュータハードウェアの詳細情報は開発したメーカーの企業秘密扱いで、今日のように広く一般に公開されることはたいへん少なかったのです。

　第 2 の理由は、OS の開発自体が多大なリソースを必要とすると当時は考えられていたことです。Frederic Brooks（フレデリック・ブルックス）の『人月の神話 — 狼人間を撃つ銀の弾はない』*4 でも紹介されているように、この当時の OS 開発はそれ自体が数千人もの開発スタッフを必要とする巨大プロジェクトになることが多かったのです。事実、BTL の上層部は Multics の開発事例によって、この認識を再確認する羽目になりました。

　第 3 の理由、これは BTL の特殊事情だったのですが、親会社であった AT&T が電信/電話サービス以外の事業参入を禁止されていたことにあります。特に、最後の厳しい条件により、コンピュータシス

---

*1 DEC：Digital Equipment Corporation。1957 年、Ken Olsen（ケン・オルセン）らが Massachusetts に興したコンピュータメーカー。PDP シリーズや VAX、Alpha プロセッサ、Tru64 UNIX などを生み出した名門です。1998 年に Tandem Computers とともに Compaq に吸収合併されました。さらに、2002 年には Compaq 自体が Hewlett–Packard に吸収合併されたことから、現在は HP の一部門となっています。

HP：Hewlett–Packard。1938 年に、William Hewlett（ビル・ヒューレット）と David Packard（デビッド・パッカード）が設立した電子機器メーカー。California 州 Santa Clara 郡が「シリコンバレー」と呼ばれるようになった契機を作った会社としても有名です。

HP History：http://www8.hp.com/us/en/hp-information/about-hp/history/hp-timeline/timeline.html

　コンピュータとのかかわりもたいへん古く、たとえば Apple Computer の最初の製品である "Apple I" は、創業者の Steve Wozniak（スティーブ・ウォズニアック）が HP 在籍時に設計したもので、製品化の進言が拒絶されたため Apple Computer を興したといわれています。

　1990 年代のアメリカのコンピュータ業界の再編の際には、それまでのコンピュータの商業化に貢献してきた多数のメーカーが相次いで吸収合併されました。

- Apollo Computer：https://en.wikipedia.org/wiki/Apollo_Computer [Wikipedia]
- Convex Computer：https://en.wikipedia.org/wiki/Convex_Computer [Wikipedia]
- Compaq：https://en.wikipedia.org/wiki/Compaq [Wikipedia]
- Tandem Computers：https://en.wikipedia.org/wiki/Tandem_Computers [Wikipedia]
- Digital Equipment Corporation：
  https://en.wikipedia.org/wiki/Digital_Equipment_Corporation [Wikipedia]

いずれも、年配の人ならよくご存じのキラ星のごときメーカーです。

*2 PDP–10：DEC が開発した 36 ビットアーキテクチャのコンピュータです。60 年代、70 年代を通して研究開発の現場ではたいへん人気があり、膨大なソフトウェア資産が残されています。後に DEC の VAX アーキテクチャによる「単一アーキテクチャ戦略」により、生産中止となりました。

*3 GE–645：General Electric のコンピュータで、Multics Project においてすでに製品化されていた GE–635 をベースに、Multics を動作させるために必要なハードウェア的拡張/強化がなされました。

*4 『人月の神話 — 狼人間を撃つ銀の弾はない』：*The Mythical Man–Month: Essays on Software Engineering*, Frederick P. Brooks Jr., Addison-Wesley Professional, Anniversary edition (August 12, 1995). 『人月の神話【新装版】』, 滝沢徹, 牧野祐子, 富澤昇 訳, 丸善出版, 2014 年（再出版）。

　Frederick Phillips Brooks, Jr. によるソフトウェア開発論の古典。System/360 用の OS 開発で生じたさまざまな問題を基に、ソフトウェア開発の在り方やプロジェクト管理の方法論に関する問題を指摘し、考察を加えています。章ごとに独立したテーマを取り扱っていて、非常に読みやすい本なので一読されることをお勧めします。意外にも、この本で指摘されているソフトウェア開発における数々の問題は、極めて身近で納得する事柄が多いと感じられるでしょう。

第 2 章　PDP–7 Unix

テムの製造・販売と見なされかねない独自の OS の研究/開発に消極的であったのは、当然かもしれません。

　BTL にとって Multics Project への参加は、以上のような問題を回避する妙案でした。まず、Multics Project にはコンピュータメーカーである GE が参加していたので、対象となるコンピュータハードウェアにかかわる情報を容易に入手できました。また、OS の開発を MIT/GE/BTL で分担することにより、大人数の開発スタッフを単独で抱え込むことは避けられます。そして、Multics Project は MIT が主導するプロジェクトだったので、BTL は「その開発に協力する」という立場を明確にできました。しかし、Multics Project が破綻したと判断されたこの時期、BTL が「やはり OS の開発はコンピュータメーカーの仕事であり、そのような仕事を研究として手がけるのは望ましくない」と考えたのも無理からぬことでしょう。

　このように、BTL の上層部と研究者とのあいだには本質的なところで認識にズレがありましたから、研究者がコンピュータの調達コストを引き下げる提案を繰り返しても、承認を得られることはなかったのです。結果として、「コンピュータを調達するための活動」は 1969 年を通して何の結果を生み出すこともない状態が続きました。

2.4　Space Travel

　ロクなことの起こらない「抜本的な見直し」にも、多少はメリットがあります。とにかく暇になることだけは間違いないわけで、日ごろから「手がけたい」と思っていた何かを抱えている人にとっては、それに着手する絶好のチャンスが巡ってきたことになります。Ken Thompson にとっての「それ」とは、かの有名な「Space Travel」を実装することだったように思います。

　Space Travel は、1969 年に Ken Thompson が開発した、太陽系の惑星を航行する宇宙船のシミュレーションゲームです。ほぼ同時期に MIT の AI Lab で開発された「Space War」とともにコンピュータゲームの草分けとして有名ですが、Space War がいわゆるシューティングゲームであったのに対し、Space Travel は宇宙船を操縦して惑星へ着陸するゲームで、シミュレーションに重きがおかれていました。この当時は、現在の PC（Personal Computer：パソコン）に接続されているようなディスプレイは一般的ではなく、コンピュータに絵を描かせるときには、旧式のレーダーで使われているような走査線を直接操作できる特殊なディスプレイを使うのが一般的でした。この手の線画しか描けなかったので、いずれのゲームもそのグラフィックスは現在の水準とはまったく比較になりません。とはいえ、リアルタイムにグラフィックスを表示しながら対話的に操作を行うこと自体が、当時は画期的なことでした。

　Dennis Ritchie によれば、Space Travel は Unix が開発される以前から Multics あるいは GECOS[5] の上で動作するバージョンが存在していたようです。しかし、このバージョンには致命的な問題がありました。当時の大型コンピュータは利用するたびに利用したさまざまなリソース、たとえばソフトウェアを実行に必要だった CPU 時間であるとか、使用したディスクの容量に対して、従量制で課金されることが一般的でした。こういった環境では、エンターテインメントのためにコンピュータを活用す

---

[5] GECOS：General Electric Comprehensive Operating System の略称で、General Electric (GE) の OS です。GE の大型システム部門は後に Honeywell に売却され、"GECOS" の 'E' が取り除かれました。Unix のパスワードファイルに "GECOS フィールド" という項目がありますが、これは、かつて Unix マシンから GECOS マシンにプリンタ出力やバッチ処理要求を送信する際、（パスワードファイルから取り出され）ユーザー識別のために付加された情報から由来しています。現在のパスワードファイルでは、GECOS フィールドにはフルネームなどを記載することになっています。

2.4 Space Travel

るという行為は問題外です。1 ゲームするのに利用料金が 50〜70 ドル（当時の為替レートで 18,000〜25,200 円）も必要になるとんでもなく高価なコンピュータゲームなど、気兼ねなく遊ぶ気にならないですよね。

この時期、本業ではツイていなかった Ken Thompson ですが、Space Travel に関してはラッキーでした。誰も使っていなかった「PDP–7」を見つけたからです。PDP–7 は、PDP–1 から始まる DEC の最も古い 18 ビットアーキテクチャを踏襲したシステムで、当時はコンピュータというよりも「プログラマブルコントローラ」として認識されていました。Ken Thompson が見つけた PDP–7 も、もともと BTL と DEC が共同で開発した「GRAPHIC–II」と呼ばれるシステムのために調達されたもので、このシステムは全体でグラフィックターミナルとして動作するようなものでした。

最近ではほとんど見かけることがなくなったため、「ターミナル」といわれてもピンとこない人もいるでしょうから、少し補足説明をしましょう。当時のタイムシェアリングシステムが動作するコンピュータには、複数のユーザーが同時に使用できるようにするために、多くのターミナルが接続されていました。ターミナルの見てくれは、現在のタイプライターや PC とあまり変わりません。ディスプレイやキーボードが一体になった装置です。PC とは大きく異なって、ターミナルはコンピュータ（多くの場合はメインフレーム）に接続されおり、キーボードに入力された文字はコンピュータに送られ、逆にコンピュータから送られてきた文字をディスプレイに表示するだけです。今日では、xterm など、ターミナルエミュレータと呼ばれるアプリケーションプログラムを使いますが、この手のプログラムはもともとターミナルの機能をソフトウェア的に再現したものです。xterm などを思い浮かべてもらうとわかりますが、本来文字の表示装置であるターミナルに絵を描かせる研究が、GRAPHIC–II（および、その前身の GRAPHIC–I）でした。これは、絵を描くための描画命令をコンピュータから送って、ターミナル側ではその命令を解釈して指定された絵を描くという仕掛けになっていました。コンピュータから出力される描画命令を解釈して、絵を表示できる特殊なディスプレイを制御するために PDP–7 は利用されました。当時、PDP–7 などのミニコン[6] は、コンピュータを使うほどには複雑ではないが、プログラミングが必要な状況で活用されることが多かったようです。このように絵が描けるターミナルを「グラフィックターミナル」と呼びました。

ターミナルという「周辺機器」として購入されていたので、Ken Thompson の見つけた PDP–7 の CPU 時間は無料でした。さらに都合のよいことに、このマシンにはグラフィックディスプレイが接続されていました。コンピュータとしては力不足でいささか古ぼけてさえいたマシンでしたが、ゲームマシンとしてはたいへん魅力的なハードウェアであったことは間違いありません。必然的に、Space Travel をこのマシンに移植することになりました。

PDP–7 版の Space Travel は、当初 GE–635 の GECOS の上で開発されました。通常、ソフトウェアの開発は、そのソフトウェアを実行するコンピュータ（「実機」と呼ばれます）の上で行うものですが、何らかの理由で実機でのプログラミングができない場合には、他のコンピュータ（「開発機」と呼ばれます）を使ってプログラミングを行います。このような、実機以外でプログラミングを行う開発のことを「クロス開発」といいます。クロス開発を行うのは、コンパイラなどのプログラミングのツールが実機では動作しないことが理由になることが多いようです。たとえば、今日の携帯電話や家庭用ゲー

---

[6] ミニコン：ミニコンピュータの略で、1960 年代に登場した小さなコンピュータです。特徴はハードウェアとしてトランジスタや磁気コアメモリを使っていることで、そのため真空管を使っていた当時の大型コンピュータよりも省スペース・低コストというメリットをもっていました。前章で紹介した TX–0 はミニコンのルーツともいうべきコンピュータで、後の 1960 年には TX–0 のアーキテクチャを踏襲した世界初のミニコン PDP–1 が DEC から販売されました。ミニコンは、省スペース・低コストのメリットが重視される理工学系の学部や研究室などで導入されるケースが多く、必然的に科学技術計算などの目的に利用されることが多かったようです。

第 2 章　PDP–7 Unix

ム機の上ではさまざまなソフトウェアが動作しますが、実は携帯電話や家庭用ゲーム機自体では原則として プログラミングツールは動かしません。なぜなら、これらの機器は製造コストを抑えるため、プログラミングツールを動かすには処理能力が低く、メモリなども不足しているからです。そこで、クロス開発用のツールが搭載された開発機を別途用意してプログラミングを行います。同じように、このとき Ken Thompson が見つけた PDP–7 にも開発ツールは搭載されていませんでした。

　そこで、Ken Thompson は、GECOS の上でクロス開発をすることにしました。問題は、GECOS 上で動くクロス開発用のツールなど存在しなかったことでした。このとき、Ken Thompson がとった方法は、今日ではあまり使われないトリッキーなものでした。GECOS の上に PDP–7 用のクロスアセンブラがなかったので、まずは GECOS のアセンブラのマクロ機能を利用して Space Travel の PDP–7 用のバイナリを生成しました。次に、このバイナリを PDP–7 に移すため、PDP–7 が読み込み可能なフォーマットで Space Travel のバイナリを収録した紙テープを作成しました。そして、PDP–7 で紙テープからバイナリを読み取って、直接実行したのです。このときに作成された Space Travel は、OS を必要としないいわゆるスタンドアローンのプログラムでした。特筆すべきは、PDP–7 で動作する浮動小数点演算をシミュレートするライブラリを内蔵していた点で、太陽系の惑星の軌道計算などに使用されました。

2.5　PDP–7 Unix

　Space Travel にかかわる一連の作業で PDP–7 のプログラミングに慣れてきたことから、Ken Thompson は、前述の "chalk file system" を PDP–7 の上に実装することを考え始めたようです。それが、Space Travel の開発のために必要だったのか、あるいはデバッグが面倒なクロス開発の環境にうんざりしたのか、それとも単に PDP–7 の 2 番目の使い道として思い付いたのかは定かではありません。いずれにせよ、無制限に利用できて、当面消えてなくなることのないコンピュータが手に入った以上、懸案の "chalk file system" の開発をためらう理由は見当たらなかったのでしょう。

　1969 年の夏、妻子が 1 か月の里帰りをしているタイミングを狙って、Ken Thompson は PDP–7 版 "chalk file system" の実装に着手します。ファイルシステムの開発は、実装だけでは完結しません。それを使うアプリケーションプログラムを実行しなければ、動作を確認できないからです。そして、アプリケーションプログラムを実行するには、それを起動するシステムコールも必要になります。こういった調子で、あれこれプログラムを書き足すうちに、PDP–7 の上で最も原始的な Unix「PDP–7 Unix」が動作するようになりました。Ken Thompson 自身の発言によれば、これらは文字どおり「1 人月」の作業だったそうです。

　PDP–7 Unix でのプログラミングにはもっぱらアセンブラが使われ、Unix 自身もこの時点ではアセンブリ言語で記述されていました。PDP–7 Unix の上で動作するアセンブラも Ken Thompson お手製の極めて単純なものでした。アセンブラが生成する実行コードは常に「a.out」というファイルに出力され、実行コードを生成したあとに「mv コマンド」を使って名前を変更する必要がありました。

　余談になりますが、Linker を始めとする各種開発ツールが整った後もこの a.out という名前だけは生き残り、現在もデフォルトの実行コードファイル名として使われています。30 年以上のキャリアをもって君臨するこの名前に置き換わる存在は、もはや現れないでしょう。

28

2.6 TMG

前述のように、PDP–7 Unix でのプログラミングには、多くの場合 PDP–7 アセンブラが使われていたようですが、いくつかの高水準プログラミング言語もサポートされていました。といっても、Unix とかかわりの深い C 言語は、この時期にはまだ影も形もありません。

PDP–7 Unix で最初にサポートされた高水準プログラミング言語は、「TMG」でした。前章で紹介した PL/I コンパイラの開発において、Doug McIlroy（ダグ・マクロイ）と Bob Morris（ボブ・モリス）の苦境を救ったあの TMG です。PDP–7 Unix で動作する TMG は、Doug McIlroy が移植をしました[7]。TMG は、機能的には現在の `yacc`[8] や `bison`[9] の遠い祖先だといえるでしょう。

PDP–7 Unix への TMG の移植には、リソースの極めて乏しい PDP–7 の上で高水準言語が動作するか否かを実験するという側面もあったようです。まず、何らかの手段を使って PDP–7 アセンブラで記述したソースを作って暫定的なバイナリを作り、それを使ってオリジナルソースを再コンパイルするという、いわゆる「ブートストラップ方式」と呼ばれる作業が行われました。

オリジナルの TMG は、TI の Bob McClure（ボブ・マクルー）が開発したとされていますが、Doug McIlroy は Ron Tatum（ロン・テイタム）からソースをコピーしてもらったと述べています。さらに、このソースの作者である Joe Cointment（ジョー・コイントメント）が、関数型の記述ができるように TMG の機能強化を行ったそうです。

このように、TMG は今日のオープンソースソフトウェアの先駆けでもあったといえるでしょう。

2.7 Programming Language B

TMG を PDP–7 Unix へ移植するという Doug McIloy の快挙は、Ken Thompson の PDP–7 Unix の上にプログラミング言語を実装する意欲をいっそうかき立てるものでした。もちろん、パーサージェネレータを入手できたことで、プログラミング言語を実装しやすい環境が整ったことは明らかでしたし、「TMG が動いている」という事実が「リソースの足りない PDP–7 Unix の上でも、工夫さえすればプログラミング言語は実装できる」という確信を強く裏付けていたことも間違いないでしょう。

Ken Thompson は、PDP–7 Unix で動く FORTRAN を実装することを宣言しました。といっても、

---

[7] TMG のソースコード：Doug McIlroy（ダグ・マクロイ）がもっていたとされる、TMG 言語で記述された TMG コンパイラのソースコードが、インターネットで公開されています。
TMG：`http://www.multicians.org/tmg.html`

[8] YACC：Unix で古くから使われているパーサージェネレータで、コンパイラ–コンパイラとも呼ばれます。パーサージェネレータは、プログラミング言語などの複雑な構文を解析するソフトウェアです。一般に、プログラミング言語をコンパイルするときには、内部的に字句解析、構文解析、意味解析、コード生成、最適化処理の順に処理を行っています。つまり、コンパイラを作成するには、これらの処理を行うプログラムを作る必要があります。パーサージェネレータは、このうちの構文解析を行う汎用的なソフトウェアです。これを使えば、コンパイラの作成で一部手抜きができるわけですね（コンパイラだけでなく、ちょっとした設定ファイルを読み込むときにも使われます）。

なお、YACC は "Yet Another Compiler Compiler" に由来することで有名です。YACC が開発された当時、コンパイラを生成するための言語、すなわちコンパイラ–コンパイラの研究事例はすでに無数にあったため、「さらにもう 1 つの」という皮肉を込めてこの名前が採用されたと一般には理解されています。しかし、TMG が存在し Unix 上でも動作したことから考えると、「Yet Another」とは単に TMG に対する「もう 1 つの」という意味で命名されたかもしれないと推測しています。私が確認した限りでは、TMG は Sixth Edition Unix までのソースに含まれていました。

[9] Bison：GNU 版のパーサージェネレータです。YACC の文法をそのまま扱うことができ、独自の拡張も施されています。
GNU Bison – Introduction to Bison：`http://www.gnu.org/software/bison/bison.html`

第 2 章 PDP-7 Unix

Dennis Ritchie によれば、Ken Thompson の言語が FORTRAN であったのは作業を開始したごく数日のあいだだけで、けっきょくは FORTRAN とはまったく違う言語になったといいます。「B」と呼ばれるこの言語は、表記法を Ken Thompson の趣味に合わせた「BCPL」だったそうです。BCPL は、University of Cambridge の Martin Richards（マーチン・リチャーズ）が、MIT の客員研究員だった1967 年に開発した言語です（ちなみに University of Cambridge はイギリスの大学です。アメリカのCambridge とは違いますので誤解のないように）。

　BCPL は、システムソフトウェアを記述することを想定して設計された、「CPL」と呼ばれる言語のサブセットです。

　CPL は、Combined Programming Language の略で、「Combined」はこの言語が 1963 年に MartinRichards が在籍していた University of Cambridge と London University の共同作業で設計されたことを意味しているそうです（それゆえ、「Cambridge Plus London」の略称だという俗説もあります）。この言語は、「ALGOL 60」[*10] の言語仕様を基に設計されましたが、この言語を処理するコンパイラなどの処理系は実装されませんでした。BCPL が CPL を継承する最初の実装であったかどうかは定かではありませんが、BCPL は一般には「Basic CPL」の略称 [*11] だとされ、文字どおり CPL の特徴を生かした小さなコンパイラとして実装されました。

　当初、Martin Richards は BCPL コンパイラを CTSS の上で実装しましたが、これを Multics の上に移植したのは Dennis Ritchie だったようです。したがって、Multics の開発メンバーは BCPL の初期のユーザーでもあったわけですが、Dennis Ritchie によれば BTL のメンバーはプロジェクトが決定したシステム記述言語の PL/I より、むしろ BCPL を好んでいたとのことですから、この言語が B言語および C 言語のベースになったのはそれほど不思議なことではなかったと推測されます。MartinRichards はその後も BCPL の開発を継続し、現在でも Unix 上で動作する BCPL の処理系が存在します。

　BCPL と B の大きな違いがその表記法であったということから、BCPL と B で書かれた同じ処理を記述したサンプルプログラムを探してみました。まず、BCPL のソースは、次のようなものです（階乗を求めるプログラムです）。

```
// FACTORIAL
GET "LIBHDR"
LET START () BE $(
    LET F(N) = N=0 -> 1, N*F(N-1)
    FOR I = 1 TO 10 DO WRITEF("F(%N), = %N*N", I, F(I))
    FINISH
$)
```

[*10] ALGOL：Algorythmic Language の略語で、数値解析のアルゴリズムを定義するという目標をもって開発されたプログラミング言語です。アメリカで生まれた FORTRAN に対抗するため、ヨーロッパで開発されたのが始まりです。ヨーロッパとアメリカにまたがる I. A. L. (International Algebraic Language) という団体が発足し、ALGOL 58 という試験的な規格がまとめられました。その後、正式な言語仕様として ALGOL 60 および ALGOL 68 が規格化されました。大文字と小文字の混在が可能なことや、ブロック構造の導入、名前のスコープ、再帰的サブルーチンなどを生み出し、手続き型プログラミング言語の祖先ともいえる存在です。

[*11] Multics Project での「BCPL」の解釈：現在、BCPL は Basic Combined Programming Language の略称として一般に認知されていますが、不思議なことに Multics Project では BCPL を Bootstrap Combined ProgrammingLanguage の略称だと紹介しています。あるいは「CPL を立ち上げるための言語」という意味で理解されていたのかもしれません。

これを、B言語（あるいは初期のC言語）で書き直すと、次のようになります。

```
/* Factorial */
#include <stdio.h>
static f(n)
{
   return n == 0 ? 1 : n*f(n-1);
}
main()
{
   auto i;
   for (i = 1; i <= 10; i++)
      printf("f(%d), = %d\n", i, f(i));
   return 0;
}
```

ひと目でわかるように、表記法は大きく違いますね。今日のC言語の表記に慣れた私たちの目にはBCPLの表記法は少々奇異に感じますが、当時はむしろBCPLのような表記法が一般的であったこと

PDP–11の前で作業をするKen Thompson（座っている人物）とDennis Ritchie
"Ken Thompson (sitting) and Dennis Ritchie at PDP-11" BY Magnus Manske (CC:BY-SA 2.0)

第 2 章　PDP–7 Unix

をいい添えておきましょう。一方、B 言語の表記法は、今日の C 言語とあまり変わらない印象です。こ
の表記法は Ken Thompson の発明だったわけですが、コマンドの命名法とも共通した、入力する文字
数を減らすために極端な省略を行うやり方といえるでしょう。リソースの乏しい PDP–7 Unix ではこ
の方法が優位だったことは明らかですが、あるいはそれが彼の趣味だったのかもしれません[*12]。

　このサンプルだけではわかりにくいのですが、おのおのの言語が提供する機能自体は、あまり変わ
らなかったようです。つまり、Ken Thompson はプログラミング言語を設計すること自体にはそれほ
ど興味はなかったと思われます。プログラミング言語として BCPL を拡張する仕事は、後の Dennis
Ritchie の C 言語の開発まで待つことになりました。

　一方、言語の処理系という意味では、Ken Thompson の B 言語は興味深い作りになっていました。
中間コードを実行する「インタープリタ方式」を採用したことです。今日の Java のように、インター
プリタとして動くけれどコンパイルが必要な処理系だったようです。Java の場合にはハードウェアや
OS に対する依存性を吸収するためにこの方式がとられているわけですが、PDP–7 Unix で動かすこと
が前提だった B 言語に Ken Thompson がこの方式を採用した理由は定かではありません。

　実装方式だけが理由ではないでしょうが、PDP–7 のメモリ不足も相まって、B 言語で記述したプロ
グラムは実行速度がたいへん遅かったそうです。けっきょく、B 言語は「試しに使ってみる」程度の実
験目的でしか使われませんでした。特に、大きなプログラムを書く場合には、メモリ不足が決定的な
弱点になりました。後に Ken Thompson はメモリ不足の問題を解決し、より大きなプログラムを実行
するため、インタープリタ自身がプログラムのスワップイン/スワップアウト[*13]を行う「vb（Virtual
B）」というバージョンを作成しました。しかし、それでも PDP–7 の遅すぎる実行速度のために、B 言
語のユーザーはあまり増えなかったそうです。この時期に B 言語で記述されたプログラムの数少ない
実例として、Doug McIlroy による「dc」[*14]の初期のバージョンがあるそうです。このコマンドは、

[*12] BCPL のコメント記法：BCPL の 1 行目のコメント行を見てください。スラッシュ（/）2 つで始まるコメント行をどこ
かで見たことがありますよね？　そう、これは C++ でもサポートされるコメント表記です。このコメント表記が「復活」
したと説明されるのはこういうことだったんですね。

[*13] スワップイン/スワップアウト　：一般的なコンピュータは、プログラムの実行ファイルにあるコードを逐次実行する動作
をします。したがって、プログラムの実行中でも、ある瞬間に必要となるコード/データは実行ファイルの中のごく一部
だけです。そこで、コンピュータに搭載されているメモリが非常に少ない場合に、プログラムの実行中に不要なコード/
データを一時的にディスクなどへ退避し、必要になったときにその都度メモリに取り込むような操作を行うことによって、
実際にあるメモリよりも大きなサイズのプログラムを動かすことができるようになります。このような実行ファイルのメ
モリ展開を動的に管理する方式の 1 つとして、「スワッピング」という方法が知られています。この場合、不要なコード/
データを退避する操作を「スワップアウト」、必要なコード/データをメモリに取り込む操作を「スワップイン」と呼びま
す。実行ファイルのメモリ展開を動的に管理する方式には、他に「ページング」という方法もありますが、制御の考え方/
方法が異なります。Ken Thompson が行ったように、インタープリタの機能としてもスワッピング機構を実装すること
は可能ですが、OS のカーネルに組み込まれることが一般的です。

[*14] dc：Desk Calculator を省略した名前のコマンドで、コマンドラインで動作する計算機（電卓）プログラムです。このコ
マンドは、1971 年の First Edition Unix の時点ですでに含まれていました。
　　　計算式は、次のように逆ポーランド記法で入力します。

```
% dc
1 2 +            ←  「1+2」を計算させる（結果はスタックに入る）
p                ←  スタックの先頭を表示
3                ←  計算結果「5」が表示される
1 2 + 3 4 + + *  ←  「(1+2)*(3+4)」を計算させる
p                ←  スタックの先頭を表示
21               ←  計算結果「21」が表示される
```

コマンドラインで使える電卓プログラムとして今日でも残っています。

　余談になりますが、Dennis Ritchie は、B 言語のインタープリタ方式には不満があったようで、PDP–7 Unix 上で GE–635 のネイティブコードを生成する本格的なクロスコンパイラを作成しました。Multics Project では BCPL コンパイラを担当し、後に C 言語を設計することになる、文字どおり「言語屋」だった彼には、これはいたって自然な欲求だったのかもしれません。

　また、さらに B 言語に関する余談になりますが、「なぜ、B という名前がつけられたか?」の逸話として、「Ken Thompson が奥さんの名前からとった」という俗説があります。Dennis Ritchie によれば、Ken Thompson の奥さん Bonnie に由来するのは「Bon」という別のプログラムで「この俗説は正しくないと推測される」とコメントしています。どうやら、BCPL の表記法を大胆に省略したので名前も省略したというのが、真相のようです。

　「PDP–7 Unix」は、ミニコンの上で本格的なプログラミング環境が実現できる可能性を示したという意味でも重要な成果だったと思います。当時の PDP–7 は本格的なコンピュータとして十分認知されていたわけではありませんでしたし、タイムシェアリングシステムを搭載するには明らかにパワー不足でした。したがって、PDP–7 Unix の実装には明確な目標があったわけではなく、まともなコンピュータを手に入れるまでの代替処置的な手段として（あるいは暇つぶしのネタとして）、開発は行われたと推測されます。正直なところ、Ken Thompson にしてみれば「他にマシンがないので PDP–7 の上に実装した」のでしょうが、ところが実際に PDP–7 Unix を使ってみると「意外と便利」という感想をもつ人が多かったようです。それは、「とにかくプログラムを書くのに便利」という理由によるものです。パワー不足にイライラさせられるものの、多くのユーザーはその便利さには魅力を感じていたようです。

　このように、1969 年の夏ごろに Ken Thompson の興味本位で始まった PDP–7 Unix の開発は、周囲を巻き込みながら少しずつ機能を増やしていきました。そして、年が明けた 1970 年初頭には、多くの同僚の注目を集めるようになっていきました。

　また、この年は Unix にかかわる状況が好転するターニングポイントにもなりました。Ken Thompson たちが期待した「まともなコンピュータ」はけっきょく手に入らなかったのですが、PDP–7 よりもパワフルかつ低コストで、実用的なタイムシェアリングシステムを搭載できる新世代のミニコン「PDP–11」が発表されたからです。コンピュータは小さく、速く、安くなり始めていました。

　このあと、幸運にも彼らは周囲の理解に助けられてビッグチャンスをつかみ、PDP–11 の調達に成功します。そして、その上での成果として「First Edition Unix（Version 1 Unix）」が誕生します。

第3章

First Edition Unix（Version 1 Unix）

周囲の好意的な評価にもかかわらず、PDP–7 Unix は Ken Thompson（ケン・トンプソン）のプライベートプロジェクトの地位に甘んじていました。Multics の開発にかかわった研究者の熱意とは裏腹に、その失敗に懲りた Bell Telephone Laboratories（BTL）が OS（オペレーティングシステム）研究そのものに消極的な態度をとっていたことも、その理由の１つであったように思われます。閉塞的なこの状況を打開するには、突破口が必要でした。本章では、PDP–11 で動く Unix の最初のバージョン「First Edition Unix（Version 1 Unix）」 が開発された経緯について紹介します。

3.1　私のグループ

ここに興味深いリストがあります。

Peter Neumann（Manager, Filesystem Designer）
Doug McIlroy（EPL）
Bob Morris（EPL）
Dave Farver（EPL）
Jim Gimpel（EPL）
Joe Ossanna（IOS Designer）
Stu Feldman（IOS）
Ken Thompson（IOS, QED）
Rudd Canady（BCPL）
Dennis Ritchie（BCPL）
Brian Kernighan（645 Simulation）

　これは、当時 Multics 開発スタッフの１人であった MIT の Tom Van Vleck（トム・ヴァン・ヴレック）による BTL 所属の開発スタッフのリストです。Dennis Ritchie（デニス・リッチー）は、"The Evolution of the Unix Time–sharing System" などのいくつかの論文で Unix 誕生にかかわるエピソードを紹介しており、いずれの論文でも「私のグループは最後まで Multics にかかわり続けていた」と述べていますが、このリストは「私のグループ」のメンバーとほぼ一致しているのではないかと思われます。したがって、このメンバーはオリジナル Unix の誕生にも立ち会い、その開発に何らかの貢献

第 3 章　First Edition Unix（Version 1 Unix）

を行ったものと私は推測しています。

　リストの名前の右側の略語は主な担当業務を示しており、見てのとおりおおむね 3 つのグループに分かれます。

　「EPL」は Early PL/I の略で、Multics の PL/I コンパイラの開発を担当しました（第 1 章参照）。4 人も名前を連ねているので、PL/I の開発の遅れを取り返すために仲間内で動員をかけたのかもしれません。実際、プログラミング言語の開発現場では、最初のコンパイラなどの実装を行うときよりも、ユーザーがその実装を使ってプログラミングを始めた際のサポートを行うための人手が要ることが一般的です。Dave Farver（デイブ・ファーバー）と Jim Gimpel（ジム・ギンペル）は、加勢に行ったつもりがそのままドップリはまり込んでしまった……かもしれません。

　「IOS」は、Multics のカーネルの IO サブシステムを意味します。Unix と同じように理解すれば、各種ドライバとその管理ルーチンといったところでしょうか。Ken Thompson がこのグループに属していますね。学生時代の経験を買われたということでしょう。

　「BCPL」は、文字どおり BCPL コンパイラの面倒を見る役割です。第 2 章で紹介したように、オリジナルの BCPL コンパイラは、Multics の前身である CTSS 上で開発されました。これを Multics に移植したのは、リストの 2 人だったようです。Dennis Ritchie は「BTL に就職して最初にしたことは Rudd Canady（ルード・カヌディ）と仲良くなることだった」と語っていますが、2 人ともプログラミング言語にたいへん関心があったことは、リストからも読み取れそうです。

　そして、3 つのグループのいずれにも属さない名前が 2 つ残ります。Peter Neumann（ピーター・ノイマン）は、見てのとおり BTL の開発責任者ですね。それから、GE–645 のシミュレータ開発を行っていた Brian Kernighan（ブライアン・カーニハン）です。The C Programming Language（『プログラミング言語 C』）[1] の著者の 1 人として皆さんもよくご存じでしょうが、私には「辛口の批評家」のイメージがあるので、彼がどのグループにも属さず 1 人で仕事をしていた（と推測される）ことに妙に納得してしまいます。彼の論文をご存じの皆さんはいかがでしょうか? [2]

　一般に、Unix の開発者は Ken Thompson と Dennis Ritchie とされていますが、実際にはこの 2 人がすべてを実装したわけではありません。特に、コマンドに関しては、それ以外の人たちのコントリビューションが多かったのです。それにもかかわらず、この 2 人が開発者とされるのは、最初に手を付けたということ、開発の中心であり続けたこと、そして Unix の最もユニークな部分（カーネルと C 言語）の実装を手がけたことによると私は思います。

　さて、本章では、まず Joe Ossanna（ジョー・オサンナ）を紹介しなければなりません。彼は 1928 年生まれですから、1969 年当時には 41 歳だったことになります。先ほどのリストに「IOS Designer」とあるように、彼は Multics の入出力システムの設計を担当し、Multics に関する最初の 6 つの論文の 1 つである "Communications and Input/Output Switching in a Multiplex Computing System" の著者でもあります。年齢や仕事上の役割から考えても、Ken Thompson の直属の上司/先輩の立場にあった人と推測されます（もちろん日本流の上下関係にあったとは思いませんが）。

---

[1] The C Programming Language, Brian W. Kernighan, Dennis M. Ritchie, Prentice Hall, 2 edition, 1988. 『プログラミング言語 C 第 2 版 ANSI 規格準拠』, 石田晴久 訳, 共立出版, 1989 年。

[2] Brian Kernighan（ブライアン・カーニハン）の辛口：彼は "Why Pascal is Not My Favorite Programming Language"（なぜ私は Pascal が嫌いか）という少々手厳しいタイトルの論文も書いています。

Pascal ：1970 年代にスイスの連邦工科大学の Niklaus Wirth（ニクラウス・ヴィルト）が開発した、数学者 Blaise Pascal（ブレーズ・パスカル）を名前の由来にもつプログラミング言語です。Algol 系の流れをくむので、C 言語の親戚といえます。厳密な型定義や高度なアルゴリズム記述能力などから人気も高かったのですが、システムインターフェイスやプログラムコンポーネントのモジュール化機能が弱く、大規模開発に向かないともいわれました（第 9 章参照）。

3.2　起死回生の妙案

　Ken Thompson と Dennis Ritchie のグループにとって、1969 年が悪夢の 1 年であったことは、こ
れまでに紹介したとおりです。Project MAC 撤退直後から始まった、GE–645 に代わる OS（オペレー
ティングシステム）開発用コンピュータの調達活動はまったく成果が上がらず、その年の秋口にはグ
ループは完全な閉塞状態に陥っていたと推測されます。

　このときの提案に対する上層部の反応は、「頭ごなしに却下されることはないが、決して承認される
こともない」というようなものでした。おそらく、「もう 1 度失敗するわけにはいかない。ほとぼりが
冷めるまで OS のことは忘れてほしい」というのが上層部の本音だったのではないでしょうか？　一方、
最後まで Multics にかかわり続けたメンバーにとって「OS の開発をあきらめるつもりはない」という
のが個人的な心情であったことは間違いないでしょう。このころは、顕在化してしまうと全面的な対決
に発展せざるを得ない本質的な意見の食い違いを内包しながらも、双方の理性的な立ち振る舞いで何と
か最悪の事態だけは避けられているという、先行きの見通しが立たない極めて不安定な状態にあったよ
うに思われます。

　この時期、PDP–7 Unix の開発に没頭していた Ken Thompson や Dennis Ritchie は、グループの
微妙な状態を十分に理解できていない、あるいは理解したくなかったのではないでしょうか。彼らは
まだ、十分に若い研究者でした。しかし、人生においても、また BTL でのキャリアにおいても彼らよ
り経験の勝る Joe Ossanna は、グループがおかれている状況を理解、認識できていたと思います。ま
た、PDP–7 Unix の開発についてもその技術的な妥当性、実現の可能性については多くを認めていたで
しょうが、同時に、前述のような本質的な意見対立を顕在化させるきっかけにすらなりかねない、ある
種の危険性にも気が付いていたことでしょう。彼らの行為は、理解の仕方によっては「実力行使」とも
見なせるからです。この時期、グループを存続させていくには、Multics に代わる新しい研究テーマを
見出す必要がありました。しかし、このような状況でグループとしての新しい研究テーマを見つけるの
は至難の業だったといえるでしょう。このとき Joe Ossanna が繰り出した新しい提案はたいへん突飛
なもので、周囲を驚かせるような内容でした。彼は、「文書処理システム」の開発を主張したのです。

　オリジナルの「roff」（詳細は後述します）の開発者として知られる Joe Ossanna が文書処理シス
テムについて口にすることは、それほど意外なことではありませんでした。Multics で使用していた
「RUNOFF」と呼ばれる文書処理システムに、彼は個人的に強い関心をもっていたからです。しかし、グ
ループの他のメンバーを巻き込んで、その総力をもって文書処理システムを開発することを約束すると
なると、話はだいぶ変わってきます。まずは、グループ内から反発が起こりました。それは、「私たち
が開発したいのは Multics のような OS であって、単なる文書処理システムではない」という主張だっ
たようです。しかし、当初はグループ内でも不評だった Joe Ossanna の提案ですが、けっきょく閉塞
状態を打開する文字どおり起死回生の妙案となります。

　文書処理システムは、実に都合のよい玉虫色の研究テーマだったといえます。上層部には、表面上
「グループは OS とはまったく異なる新しい研究テーマを選択した」という言い訳を与えましたし、Ken
Thompson たちには、それまで PDP–7 Unix で行っていた作業へのお墨付きだけでなく、最大の懸案
であった PDP–7 のパワー不足問題を一気に解決するチャンスが与えられました。そして、グループ全
体としては、先行きに見通しを与える新しい研究テーマを手にしました。Joe Ossanna の提案は、まさ
しく危機回避のためのイリュージョンだったといえます。

第 3 章　First Edition Unix（Version 1 Unix）

3.3　PDP–11

　1970 年の初頭にグループのディレクターであった Doug McIlroy（ダグ・マクロイ）は、Joe Ossanna の提案に基づくコンピュータの購入を要求し、まもなくそれは承認されて、グループは「PDP–11/20」を手に入れることになりました。

　ここで気になるのが、「誰がどのような理由で PDP–11 を選択したか？」ということです。が、どうも「他に選択肢がなかった」というのが真相のようです。すでに述べたように、調達資金は非常に限られたものだったので、そもそも「最も望ましい選択」ができる余地はなかったわけで、与えられた制約範囲内でよりよい選択をした結果だったと思われます。しかし、機種選定をしていた当時、まだ出荷さえ始まっていなかった DEC の新製品 PDP–11 をあえて選択したことには、運命的なものがあったのかもしれません。というのも、当時 PDP–11 の最大のライバルであった Data General（DG）の Nova は、前年の 1969 年に出荷を開始していたからです。このとき PDP–11 を選択したことが後の Unix の運命に大きく作用したことを考えると、これは「幸運な偶然」だったといえるでしょう。

　PDP–11/20 は、1970 年 5 月に発注されました。このとき Ken Thompson たちが手にしたマシンは、製造番号が 1 番であったとされています。新製品だったため、ディスクの製造が間に合わず、1970 年の夏の終わりごろに納入されたプロセッサ本体に遅れること数か月、その年の年末までディスクの到着を待たざるをえませんでした（PDP–11/20 の販売元である Digital Equipment Corporation（DEC）のこのときの状況については、付録で紹介しています）。「ディスクだけ遅れる」ということがピンとこない人もいるかもしれませんが、文字どおり「納期にディスク抜きで到着した」ということです。思い返すと、いわゆるミニコンは大学や研究所といった研究開発の現場からの需要が多かったせいか、メーカーにもユーザーにもたいへんおおらかな人が多かったように思います。「メモリだけ遅れる」「ディスクだけ遅れる」とか、実質的に納期遅延を意味するようなことが、日常的に発生していたように私も記憶しています。今ではまったく考えられませんが、かつてはコンピュータというと、こういうおおらか

PDP–11/20
"DEC PDP11/20 Computer"　BY Don DeBold (CC:BY-SA 2.0)
https://www.flickr.com/photos/ddebold/5900604006/

で（ルーズともいう）牧歌的な状況であったのです。

　さて、「PDP–11 Unix」の開発ですが、プロセッサ本体が到着した直後、おそらく 1970 年の 9 月ごろから移植のための準備作業が始まりました。この作業は、二手に分かれて同時並行で進められたようです。

　Dennis Ritchie は、PDP–11 上で B 言語のみを動作させる作業を行いました。どのような目的でこの作業が行われたのか定かではありませんが、おそらく、PDP–11 のアーキテクチャを詳細に確認することが目的だったと思われます。彼らにとってはまったく新しいアーキテクチャのコンピュータをターゲットにしていたので、まずは実機でそのアーキテクチャを確認/学習することから手を付けようとしたのでしょう。実質的な作業としては、いわゆるスタンドアローンタイプの B インタープリタを作成したようです。Dennis Ritchie によれば、もともと PDP–7 のアセンブリ言語で記述されていた B インタープリタを PDP–11 用のアセンブリ言語に変換し、これまた B 言語で書いた PDP–11 用のアセンブラでバイナリを作成したということです。これは、Ken Thompson が PDP–7 での開発初期に行った「マクロ機能を利用した疑似クロスアセンブラでバイナリを作成する方法」よりは、もう少し丁寧なやり方といえるでしょう。アーキテクチャがまったく違うこともあったでしょうが、プログラミング言語の専門家でもある Dennis Ritchie のこだわりもあったのではないでしょうか。

　これとほぼ同じ時期、Ken Thompson は PDP–7 Unix 上でカーネルといくつかの基本的なコマンドの書き直し作業を行っていたようです。すでに説明したとおり、当時の Unix はまだアセンブリ言語で記述されていました。したがって、PDP–11 のアセンブリ言語でコマンドを書き直すのは避けられない作業でした。この作業には、PDP–7 Unix 上で動作するクロスアセンブラが使われたようです。書き直したコマンドについてはシステムテストを行う必要がありますが、ディスクが到着していなかったため、いわゆる RAM ディスクからブートするようなシステムコンフィグレーションでテストを行ったと思われます。

　以上のような作業に要した期間は、おおむね 1 か月程度であったといわれています。その後の約 3 か月間は、6 × 8 のチェス盤による騎士巡礼問題（Knight's tours）[3] を PDP–11 に解決させながら、ディスクの到着を待ちました。

　1970 年末のディスクの到着直後にはシステムはディスクから起動するようになっていたようなので、翌 1971 年 1 月ごろには、PDP–11 Unix の最小システムは動作していたと考えられます。このシステムは、おおむね PDP–7 Unix と同じ内部構造をもっていました。同時に 2 ユーザーが使えるマルチユーザー機能をサポートしていましたが、マルチプログラム機能はなかったと述べられているので、いわゆるページングやスワッピングなどの複数のプログラムを同時に実行するための機能は、まだ導入されていなかったように推測されます。一方、システムコールなどのインターフェイスに関しては、おおむね現在と同じものが定義されていたようです。これは、PDP–7 Unix での試行錯誤の結果だったのでしょう。

---

[3] 騎士巡礼問題（Knight's tours）:「騎士巡礼問題」という翻訳の古臭さはさておき、Knight's Tours はチェス盤を利用した古典的な数学パズルの 1 つとしてたいへん有名です。チェスの騎士（Knight — 馬の顔をした駒です）や将棋の桂馬は他の駒と違ってちょっと風変わりな動き方をしますが、「騎士を任意の大きさのチェス盤の任意の位置においた場合に、そのチェス盤のすべてのマスを 1 回ずつ訪れるような経路を求める」というのが騎士巡礼問題のルールです。コンピュータの世界では、古くからこのような数学パズルをコンピュータに解かせる試みが数多く繰り返されてきました。また、この手の探索型アルゴリズムによる計算は今日でもたいへん時間がかかるので、当時は長期間コンピュータを占有できる条件が整わないと実行できないプログラムでもありました。

第 3 章　First Edition Unix（Version 1 Unix）

3.4　QED — Ken Thompson のバックキャリア

　PDP–11 Unix には、PDP–7 Unix に搭載されていたコマンドも移植されました。たとえば、エディタ。今日でも Unix コマンドとして生き残っているエディタ「ed」は、Ken Thompson が CTSS や Multics 上に実装した「QED」を Unix に移植したバージョンです。

　プログラマーにとって最も基本的であり、最も日常的なツールであるエディタもまた、「コンピュータと対話をする」というタイムシェアリングの概念から生み出された、ある意味ではタイムシェアリングシステムを象徴するようなプログラムでした。QED は、「TECO」とともにエディタとしては最古のカテゴリに分類されるもので、今日でもたまに話題に上ります。

---

column

■ TECO

　Emacs の前身であったことから、「TECO」という名前をご存じの人も多いかと思いますが、TECO は「Tape Editor and COrrector」の略称です。"Tape Editor" の綴りからもわかるように、当初はプログラム入力用の紙テープを編集するために使われていましたが、その後、紙テープが使われなくなってからは「Text Editor and COrrector」と略称の意味を変え、使われ続けました。オリジナルの開発者は Dan Murphy（ダン・マーフィー）で、1962 年から 1963 年ごろに PDP–1 用のエディタとして開発されたものが起源だとされています。しかし、そのマニュアルだけが無数に複製されて一人歩きしてしまったため、無数のクローンが生み出される結果となりました。ちなみに、QED も TECO をベースにして作成されたようです。

　TECO が多くのユーザーを獲得できた 1 つの理由は、機能を拡張するための柔軟なマクロ機能が備わっていたことにあります。たとえば、MIT の AI Lab では、多くのスタッフによって便利なマクロが作られ、スタッフ間でマクロの蓄積と共有が行われていました。マクロの多くは、xMACS などの名前で保存されていました。これらの資産が Guy L. Steele Jr.（ゲイ・L・スティール・Jr.）により選別/整理され、Richard Stallman（リチャード・ストールマン）によって統合されたものが、今の Emacs の原形となりました。ちなみに、初期の Emacs のエンジンとなったのは、PDP–6（PDP–10）用の TECO だったと思われます [4]。

　このようにコンピュータの世界で数々の話題を振りまいてきた TECO ですが、次のホームページなどを見ると「いまだ現役」と関心せざるを得ません。

Text Editor and COrector：http://www.almy.us/teco.html

　オリジナルの QED は、Butler Lampson（バトラー・ランプソン）と Peter Dutsch（ピーター・ドゥーチュ）によって設計されましたが、これは「SDS 930 Time–sharing System」の開発過程で生まれたエディタでした。SDS 930 Time–sharing System は、1964 年から 1965 年にかけて University of

---

[4] TECO のソースがインターネットで公開されています。
　"MIT TECO EMACS Version 170/TECO Version 1220"：
　http://pdp-10.trailing-edge.com/mit_emacs_170_teco_1220/index.html

3.4 QED — Ken Thompson のバックキャリア

California Berkeley（UCB）[*5] の「Project GENIE」によって開発されたタイムシェアリングシステムで、このプロジェクトもまた Multics を開発した Project MAC と同様に ARPA の資金提供を受けていました。

余談になりますが、Project GENIE をひとことで説明すると、Project MAC のミニチュア版だったといえます。Multics のターゲットハードウェアとなった GE–635 は当時たいへん高額だったため、すべての大学がこれを導入するのは無理であろうという仮定から、もう少し小さな（そしてもう少し低価格の）タイムシェアリングシステムを実現することが目標とされました。このため、小型のメインフレーム（あるいは大型のミニコン）であった「SDS 930」をベースに、Multics と同様のページングのためのハードウェアを追加したものがターゲットとなりました。Butler Lampson は、SDS 930 Time–sharing System を開発した中心人物の 1 人です。

Multics とは異なり、Project GENIE の開発は順調だったようです。プロジェクト開始の翌年、1965 年には基本部分の開発は終了し、さらに翌 1966 年には改造した SDS 930 が「SDS 940」という型番で製品として販売されました。これが、事実上初の商用タイムシェアリングシステムとされています。また、Butler Lampson など Project GENIE の開発メンバーは、より高機能なタイムシェアリングシステムの製品化を目指して Berkeley Computer Corporation（BCC）を設立します。しかし、いずれもビジネスとしては長続きしませんでした。

学生時代の Ken Thompson は、Project GENIE の初期の開発に参加していたようです。したがって、BTL 以前からタイムシェアリングシステムの実装方法に関して、ある程度の理解と経験をもっていたと思われますし、その影響も受けていたようです。たとえば、前述の "The Evolution of the Unix Time–sharing System" で言及されているように、Unix のプロセス起動を「fork」と「exec」に分けるアイデアは、SDS 930 Time–sharing System から拝借したものです。

QED もまた、Project GENIE から得たものでした。しかし、Ken Thompson の QED は、彼のプログラマーとしての優れたバックキャリアを示す証拠でもあります。QED には、独自の機能が多数追加されていました。オリジナルとの最も大きな違いは、行指向（line–oriented）のエディタに作り替えられていたことでした。そして、最もユニークな特徴は、文字列の検索/置換のために「正規表現」が使用できたことです。Ken Thompson は、学生時代にすでに QED に正規表現の機能を実装しており、さらに彼は実装に使用した正規表現を機械語にコンパイルするアルゴリズム[*6] について論文を書き、特許も取得していました。また、複数のファイルを同時に編集する多重バッファのアイデアも取り入れていました。

Ken Thompson が BTL に就職したときに最初に行った仕事は、QED を CTSS に移植することでしたが、その作業で彼は当初から圧倒的なプログラミング能力を周囲に認めさせることになりました。プログラミングに関する教育方法が十分確立しているとはいい難かったこの当時、Ken Thompson の能力がたいへん重要な意味をもっていたことはいうまでもありません。

[*5] University of California Berkeley（UCB）：カリフォルニア大学バークレー校。ハーバード大学、スタンフォード大学、マサチューセッツ工科大学とならぶアメリカの名門校です。カリフォルニア大学（University of California）はカリフォルニア州の州立大学で（ややこしいですが、カリフォルニア州立大学というのが別にあります）9 キャンパスからなり、バークレー校のほかにもロサンゼルス校、サンタバーバラ校などの著名なキャンパスがあります。いうまでもなく、BSD（Berkeley Software Distribution）の「B」は Berkeley のことを指しています。

[*6] 正規表現を機械語にコンパイル：「正規表現を機械語にコンパイル」とは、「正規表現で指定された検索条件どおりに文字列を探索するプログラムを機械語で生成する」ことを意味します。機械語を生成するので、この機能は動作するコンピュータに依存したと推測されます。現在の Unix では、同様の振る舞いをシミュレートするコードが regcomp と regexec の中に実装されているようです。

第 3 章 First Edition Unix（Version 1 Unix）

　さて、日本国内では Project MAC ほどには有名ではない Project GENIE ですが、両プロジェクトを比較することはたいへん興味深いテーマではないかと私は思います。Dennis Ritchie によれば、PDP–7 Unix の開発に着手した Ken Thompson は、「Multics より小さく簡単なことがやりたかった」と考えていたと推測しています。仮に、Ken Thompson が Multics の開発アプローチに対して疑問をもっていたとすると、それは彼の Project GENIE での経験と無関係ではないように思います。Project GENIE はその成果の割に開発期間がたいへん短い印象を受けるので、おそらくその開発は今日のハッカー流プログラミングと呼ばれる開発スタイルに近いものだったのではないかと私は推測しています。これは、Multics が設計段階から多数の論文やドキュメントを残しているのに対し、SDS 930 Time–sharing System では完成したシステムやソフトウェアに後付けで用意したと思われるマニュアルしか残っていないことからも推測できます。

　あるいは、CTSS という先行システムが存在したことから、Multics が Frederic Brooks（フレデリック・ブルックス）の指摘するセカンドシステム症候群にハマってしまったとも理解できますが、ここにも「システムをスクラッチから実装するときにとるべきアプローチ」に関する教訓があるということですね*7。

---

column

■ Butler Lampson と Alto

　Butler Lampson もまた、コンピュータの世界では著名な人物といえます。彼の最も著名な業績`は、Xerox の Palo Alto Research Center（PARC）*8在籍時に手がけたコンピュータ Alto の設計/開発です。PC の起源として有名な Alto の名前をご存じの人も多いでしょう。Alto は、Alan Kay（アラン・ケイ）が提唱した Dynabook を体現したコンピュータであり、今日の Macintosh や Windows マシンなどでは当たり前となった数々の特徴をこのマシンは備えていました。Butler Lampson は、Chuck Thacker（チャック・サッカー）とともに Alto のハードウェアと OS の開発を手がけました。一般に Alto というと、やはり Alan Key の Dynabook コンセプトや、それを実現するために開発されたプログラミング言語 Smalltalk が注目されることが多いのですが、コンピュータシステムとして見た Alto もまた非常に興味深いものです。Alto のシステム自体は 1972 年から 1973 年ごろに開発されましたが、ちょうど Unix の Third Edition から Fourth Edition が開発されていた時期と重なります。*Alto: A Personal Computer* *9では、Alto のハードウェア/OS が紹介されていますが、たとえば Alto の OS を BCPL で実装していたとのことで、意外にも Unix との多くの共通点が発見できそうです。Alto のシステム自体は、1980 年代に全盛を誇った多くのワークステーションに大きな影響を与えました。

　ちなみに、Butler Lampson は、Alto を開発した功績で 1992 年に Turing Award *10を受賞しています。

---

*7 Project MAC vs. Project GENIE：Project MAC と Project GENIE の対決は、この後におのおのの後継者による第 2 ラウンドが待っていました。

*8 Palo Alto Research Center（PARC）：https://en.wikipedia.org/wiki/PARC_(company) [Wikipedia]

*9 *Alto: A Personal Computer*：
http://research.microsoft.com/en-us/um/people/blampson/25-Alto/25-Alto.pdf

*10 Turing Award：チューリング賞。「コンピュータの世界でのノーベル賞」とも呼ばれている、ACM が主催する計算機

3.5 roff

「文書整形システム」として開発に GO がかかった PDP–11 Unix だったので、当然「文書整形を担うアプリケーション」も用意する必要がありました。「文書整形」という表現にピンとこない人がいるでしょうが、今日のワードプロセッサの機能のうち、文書データをきれいに整形してプリンタに打ち出す機能だけを実現したものと考えてください。当時のコンピュータにはグラフィック表示ができるコンソールはなかったので、今日のワードプロセッサのように画面で印刷イメージを確認しながら文書データを編集する作業はできませんでした。文書データを印刷するには、テキストエディタを使ってデータの入力・編集を行い、文書整形システムを使ってプリンタに出力する方法がとられていました。

後に Unix のユニークな機能として有名になる文書整形コマンド「roff」は、このような経緯によって開発に着手されました。つまり、Unix は文書整形システムのための簡易 OS として開発が始まったともいえます。もっとも、Ken Thompson たちは文書整形システムをゼロから設計したわけでもなかったのです。なぜなら、彼らは CTSS/Multics から引き継いだ多くの資産をもっており、その中には文書整形のためのコマンドも含まれていたからです。したがって、Multics の文書整形コマンドの機能をもった簡易版を PDP–11 で作成すればよかったのです。Joe Ossanna の勝算は、まさしくここにありました。

roff の基となったのは、「RUNOFF」と呼ばれる文書整形コマンドです（RUNOFF は、「吐き出す」や「印刷する」を意味する run off に由来）。このコマンドは、1963 年から 1964 年にかけて Jerry Saltzer（ジェリー・ソルツァー）が CTSS 上に実装したものでした。Jerry Saltzer の論文 "Manuscript Typing and Editing" によれば、RUNOFF コマンドは TYPSET という専用エディタとの組み合わせで使用されるよう設計されたものだったようです。この論文によれば、roff あるいは後の nroff/troff とも共通する、原稿文の中にドット（.）から始まるフォーマット制御用のコマンドを埋め込む方法は、RUNOFF のアイデアであったことがわかります。

RUNOFF を CTSS から Multics へ移植する過程で、BTL の何人かのスタッフがかかわったようです。まず、Bob Morris（ボブ・モリス）が Michigan Algorithm Decoder (MAD)[11] で記述された RUNOFF を Multics へ移植しました。一説によれば、このときに roff という名前に変わったとのことです。次に、1969 年の夏ごろに Doug McIlroy（ダグ・マクロイ）が（おそらく Multics 上で）BCPL を使って一から書き直しています。BCPL 版 RUNOFF（roff）は、それまでの制御コマンドを単純化し、拡張も行いました。さらに、Bob Morris 版 roff を PDP–7 Unix へアセンブラで移植した rf というコマン

科学の分野で最も権威のある賞です。

ACM Turing Awards：http://amturing.acm.org/

 タイトルの「チューリング」とはチューリングマシンで有名なイギリスの数学者の Alan Turing（アラン・チューリング）にちなんでいます。

THE ORIGINS OF THE ACM A.M. TURING AWARD：http://amturing.acm.org/amtv.cfm

 歴代の表彰者については、Web サイトを参考にしてください。

TURING LECTURES：http://amturing.acm.org/lectures.cfm

 ノーベル賞と同じように授賞者には講演が義務付けられていますが、1983 年に Ken Thompson（ケン・トンプソン）が行った "Reflections on Trusting Trust" と名付けられた授賞記念講演では、初期の Unix に仕掛けられていたトロイの木馬に言及して話題になりました。

Reflections on Trusting Trust：
https://www.ece.cmu.edu/~ganger/712.fall02/papers/p761-thompson.pdf

[11] Michigan Algorithm Decoder（MAD）：CTSS のホストであった IBM 7094 で動作するプログラミング言語です。

第 3 章　First Edition Unix（Version 1 Unix）

ドも存在しました。しかしこれは、「それ以上どうにもならない代物」だったようです。

　けっきょく、PDP–11 Unix で動く最初の **roff** は、Doug McIlroy の BCPL 版 **RUNOFF**（**roff**）を
ベースに、おそらく Joe Ossanna（ジョー・オサンナ）がアセンブリ言語で記述したものだったよう
です。この **roff** は、現在私たちがよく知る **nroff/troff/groff** よりも簡潔なものだったと推測され
ます。

　リスト 3–1 は、First Edition Unix の **roff** の man page です。たいへん短い man page ですが、残
念なことにこの中で言及している「separate publication」に相当する文書は見つけられませんでした。

リスト 3–1 roff コマンドの man page

```
  11/3/71                                           ROFF（I）


    NAME         roff -- format text

    SYNOPSIS     roff [ +number ] [ -number ] name1 ...


    DESCRIPTION  roff formats text according to control lines embedded in
                 the text. The optional argument ''+number'' causes printing
                 to begin at the first page with the appropriate number;
                 -number causes printing to cease at the first page with a
                 higher number.

                 roff is fully described in a separate publication
                 [reference].


    FILES        /etc/suftab contains a list of suffixes used to guide
                 hyphenation. /tmp/rtma, rtmb, ... temporary /dev/ttyn to
                 suspend messages.


    SEE ALSO     [reference], mesg

    DIAGNOSTICS: none -- files not found are ignored

    BUGS         roff does not check for various kinds of buffer overflow.
                 If a fault occurs, check the input in the region where the
                 error occurred.


    OWNER        jfo, dmr, ken
```

しかし、このときの `roff` の仕様に関しては、意外なところで参考文献が見つかりました。Brian Kernighan（ブライアン・カーニハン）と P. J. Plauger（P・J・プラウガー）の *Software Tools*（『ソフトウェア作法』）[*12] の「第 7 章 文書整形」で解説されている内容が、McIlroy 版 `roff` の仕様に準拠しています。同書によれば、`roff` は表 3–1 の 14 個の制御コマンドをサポートしていたようです。

表 3–1 `roff` がサポートしていた制御コマンド（先頭にドットが付く）

コマンド		コマンド	
`.bp`	ページ開始	`.ls`	行間
`.br`	中断	`.nf`	詰め合わせなし
`.ce`	中央そろえ	`.pl`	ページ長
`.fi`	詰め合わせ	`.rm`	右マージン
`.fo`	下見出し	`.sp`	空白行
`.he`	上見出し	`.ti`	一時的字下げ
`.in`	字下げ	`.ul`	下線

このような制御コマンドを文書データに挿入することにより、行変更やセンタリング、強調、空白の挿入などの整形処理が行えるのが 1970 年時点の文書整形システムの機能でした。当時のプリンタの機能も低かったため今日の文書出力よりも非常に見劣りのするものですが、それでも当時の一般的な英文書はタイプライターで作成されていたので、それよりは十分高品位な文書を短時間に出力できました。

3.6　First Edition Unix（Version 1 Unix）

1971 年の年初より開発を続けてきた PDP–11 Unix は、6 月ごろには「文書処理システム」として一応使える状態になりました。この時期、特許部は文書処理用に商用システムの購入を検討していました。そこで、実験という名目で特許部のスタッフに対して Unix を使った文書処理サービスを開始します。約半年間にわたって、3 人のタイピストに特許申請書の入力、編集、整形といった実務と同様の作業を行ってもらって、その実用性を評価したわけです。けっきょく、文書処理システムの開発は成功し、開発に使用した PDP–11/20 は特許部が引き取ることになりました。さらにグループは、開発用として新たに「PDP–11/45」を購入できることになったのです。「First Edition Unix（Version 1 Unix）」の "Unix Programmer's Manual" には 1971 年 11 月 3 日の日付が記されていますが、これは特許部に引

[*12] *Software Tools*, Brian W. Kernighan, P. J. Plauger, Addison–Wesley Professional, 1 edition, 1976. 『ソフトウェア作法』, 木村泉 訳, 共立出版, 1981 年。

　プログラムの設計と実装について解説した極めて具体的なプログラミングの古典的参考書です。本書では、著者である Brain Kernighan（ブライアン・カーニハン）の Unix での経験が色濃く反映されていることもあり、多くの題材が主要な Unix コマンドの中から取り上げられています。本書は Unix の紹介を目的としたものではなく、あくまでも「プログラムの作成についてどうすればよいのか」という極めて一般的なテーマについて述べられています。それゆえ、Unix に関する記述はほとんど見受けられません。しかしながら、Unix の開発により確認された「プログラム作成の基本的な考え方、哲学」を紹介していることから、結果として読者には「Unix のプログラミングスタイルに関する啓蒙書」として受け止められている向きもあります。そういう意味では、本書は Unix が普及するうえで重要な役割を担ったともいえるでしょう。ウィンドウシステムが身近なものになった今日、本書が解説している題材はプログラミングの事例としてはいささか古めかしいものになった感がありますが、それでもプログラミングの初心者にとって本書から学べることは多いように思います。特に、C 言語を勉強し始めた人たちには、よい参考書になるのではないでしょうか？

第 3 章　First Edition Unix（Version 1 Unix）

き渡したシステムが完成した日付だと推測されます。

　First Edition が動いた PDP–11/20 は 24K バイトのメインメモリに 512K バイトのディスクが付いた構成だったとされているので、ちょうど 1980 年代の初頭に一般的だったパソコン、フロッピーディスクだけで構成された初期の MS–DOS とほぼ同等の規模であったと推測されます。実際、GE–645 で動く Multics とは比較にならないほどささやかなシステムではあったのですが、文書処理システムとして十分実用に耐えたのは、当時としてはたいへん画期的な成果であったでしょう。そして、そのコストパフォーマンスのよさは、Multics にない特徴だったといえます。

　開発の当事者を除けば、Unix と Multics の関係は好奇心をそそられるテーマです。実際、Unix フリークを自認している人たちは、何度となくこのテーマの論議に出くわしたことがあるでしょう。

　「Unix は Multics に対するアンチテーゼである」

　First Edition の開発経緯を見る限り、その主張はあまり正しくないと私は考えます。Ken Thompson や Dennis Ritchie を始めとする Unix の開発者は、Multics のコンセプトやその開発過程で発案されたアイデアについて、原則として肯定的な見解をもっていたと推測されますし、Unix を開発するうえでそのアイデアのいくつかを拝借した事実も確認できます。

　私は「Unix は Multics のサブセットである」という主張も耳にしたことがありますが、少なくとも First Edition に関していえば、これはある程度正しいと思います。この時期の Unix の開発者の心の内には、Unix の開発は「失われた環境を取り戻す」行為であるという意識があったと推測されるからです。しかし、「文書処理システム」として開発された First Edition が成功を収め、さらに漠然とした将来への期待を抱かせる状況に至って、当事者の意識が大きく変わったのは当然のことでしょう。自分たちのシステムに「Unix」と名付けたのはそれを象徴することのように思われます。

　First Edition 以降、Unix の開発は既存の成果の踏襲から独自の成果を生み出すスタンスへと徐々に移行していきます。

第4章
Third Edition Unix（Version 3 Unix）

First Edition Unix（Version 1 Unix）の完成により Bell Telephone Laboratories（BTL）内部での地位を確立した Ken Thompson（ケン・トンプソン）と Dennis Ritchie（デニス・リッチー）のグループは、この成果を踏み台に自分たちが理想とする OS（オペレーティングシステム）の開発へと指向していきました。彼らの特有の美意識を反映したその理想とは、「小さなグループで共有されるコンピュータに適したコンパクトな OS」というものでした。これこそ、今日「Unix の哲学」と呼ばれているものの本質なのですが、本章ではこの哲学が形成された「Third Edition Unix（Version 3 Unix）」について紹介します。

4.1 Small is Beautiful

　前章で紹介したように、「文書処理システム」として開発された First Edition Unix（Version 1 Unix）は、OS の開発機と新しい研究テーマを Ken Thompson と Dennis Ritchie のグループにもたらしました。First Edition Unix では Multics に盛り込まれていたいくつかのアイデアを拝借して PDP–11 の上に再実装したわけですが、その完成後は Multics のアイデアに自分たちの解釈や意見を反映して独自に発展させることとなりました。対話型 OS としての Multics の先見性はそのままに、後に、

　　　　"Small is Beautiful"

と呼ばれるようになる「何事もできるだけ単純かつ小さくまとめる」という考え方が、より鮮明に打ち出されるようになりました。

　彼らがこの考え方を強く主張した理由の 1 つには、彼らにとっては苦い経験となった Multics の開発に対する反省があったと思われます。Multics の開発について Ken Thompson は、「同時にあまりにも多くのことを解決しようとしすぎた」と語っています。つまり、比較的単純に解決できると見込まれた個々の課題をまとめて一気に解決しようとしたことが、Multics の初期開発において大きく停滞した原因だと彼らは認識していたようです。

　そこで、彼らは自分たちの OS を開発するに当たって、「与えられた問題を可能な限り単純な形に分解し、分解されたいくつもの単純な問題を個別に解決して、そこで個々に得られた結果を組み合わせて、最初の問題に対する答とする」という考え方に徹することにしました。ちょうど「レンガを 1 つずつ積み上げて建物を建てる」といったアプローチです。彼らはこの考え方を自分たちの OS の隅々にまで徹底させ、OS の操作でさえ、この考え方に基づくように設計しました。OS としての Unix がエレガントだと評された理由がここにあります。

第 4 章　Third Edition Unix（Version 3 Unix）

「レンガを 1 つずつ積み上げる」ようなコンピュータの操作方法とはどういうことなのでしょうか？
今日とは異なり、電動タイプライターのようなコンソールを使うしかなかった当時、コンピュータの操
作のためにはコマンドラインインターフェイス（CLI）に基づくユーザーインターフェイスしか存在し
ませんでした。コマンドを入力してコンピュータを必要な操作を行う対話形式です。したがって、コン
ピュータを利用するために、ユーザーはまずコマンドを覚える必要がありました。しかし、個々のコマ
ンドがどういった機能をサポートし、どういう操作が可能なのかは、本質的にそのコマンドの開発者の
考え方次第でした。複数のコマンドの開発者がそれぞれ好き勝手にコマンドの機能を増やしていくと、
そのユーザーはコマンドの利用方法について混乱してしまうことになります[1]。

　この問題に対する Unix の解決策は、個々のコマンドがサポートする機能をできるだけ単純にすると
いうことでした。今日、多くの解説書で紹介されている Unix コマンドは、原則としてこういった考え
方の下に設計されています。ただし、これだけだと「指定したファイルを表示する」だけ、「行単位で
並べ直す」だけ、「指定した文字列が存在する行を表示する」だけといった調子で、個々のコマンドは
ユーザーのやりたいことの一部しか解決してくれません。「個々に得られた結果を組み合わせる」方法
が必要になります。それが、Unix の特徴を示す機能として広く知られている、「リダイレクション」と
「パイプ」です。リダイレクションは、コマンドの入力先や出力先を任意に切り替える機能です。これ
に対し、パイプはあるコマンドの出力を続くコマンドの入力へとつなぐ機能です。ちょうどレンガとレ
ンガをつなぐ漆喰の役割を果たすものですね。

リダイレクションとパイプの開発

　リダイレクションとパイプの機能は、最初から対で考案されたもののように誤解されがちです。しか
し、リダイレクションが Multics から継承したアイデアであったのに対し、パイプは Ken Thompson
や Dennis Ritchie の身近にいた Doug McIlroy（ダグ・マクロイ）のちょっとしたアイデアから始まっ
た機能でした。それについて、Dennis Ritchie のホームページで面白いメモが公開されています。

リスト 4–1 Doug McIlroy のメモ

- 10 -

Summary–what's most important.

To put my strongest concerns into a nutshell:

1.We should have some ways of connecting programs like garden hose–screw in another
segment when it becomes when it becomes necessary to massage data in another way.This
is the way of IO also.

---

[1] コマンドの利用方法の混乱：これは現在のウィンドウアプリケーションにも共通するユーザーインターフェイスにかかわ
る問題です。メニューやツールバー、ダイヤログにショートカットなど、皆さんが日ごろ使っているアプリケーションで
も、どこをどのように操作すると何ができるのか、まったくわからないことがありますよね？

48

4.1 Small is Beautiful

2.Our loader should be able to do link-loading and controlled establishment.

3.Our library filing scheme should allow for rather general indexing, responsibility, generations, data path switching.

4.It should be possible to get private system components (all routines are system components) for buggering around with.

M.D.McIlroy
October 11, 1964

Dennis Ritchie の解説によれば、このメモは 10 ページにわたる Doug McIlroy のメモの最後の 1 ページで、壁に磁石で貼り付けたあったものだとのことです（ちなみに残る 9 ページは紛失してしまったそうです）。記されている日付から、このメモが Multics Project に参加した当時に書かれたものであることがわかります。また、新しい OS の開発に参加する Doug McIlroy の個人的な所信表明だったと推測されます。メモには 4 つの項目があげられていますが、特に 1 番目の項目に注目です。この「庭の水まきホースのようにプログラムを接続する方法」こそが、後の Unix のパイプに関する最初のアイデアでした。

そもそも、Unix のファイルに対する考え方の多くは Multics から継承されたもので、たとえばファイルをバイトストリームと見なしてカーネルレベルでは特別な構造を想定しないこと、あるいはテキストファイルは改行文字（LF）で区切られた文字を示すバイトのストリームであることなど、基本的な考え方は Multics での概念を踏襲しています。リダイレクションもまた Multics で利用できる機能でしたが、それほど一般的な機能として利用されていたわけではなかったようです。Dennis Ritchie の論文 "Evolution of the Unix Time–sharing System" では、Unix と Multics でのリダイレクションの使用例が紹介されています。たとえば、Unix でディレクトリの一覧をファイルに出力するには、

```
ls > xx
```

というコマンドを使います。しかし、同じ操作を Multics で行うには、

```
iocall attach user_output file xx
list
iocall attach user_output syn user_i/o
```

と、コマンドを 3 回実行する必要がありました。プログラムを実行する前にあらかじめ出力先を切り替え、実行が終わった後に元に戻す操作が必要だったわけです。この例を見れば、頻繁に活用するにはあまりに煩雑な操作であったことがわかるでしょう。皆さんがよく知る「<」や「>」を使った Unix でのリダイレクションの表記は Ken Thompson 独自の発案だったようで、PDP–7 Unix の段階ですでに実装されていました。Multics で IO サブシステムの開発を担当していたからでしょうか、リダイレクションを積極的に活用できるように、より使いやすい表記へと簡略化したようです。このような改善ができたのは、初期 Unix の開発が Ken Thompson に委ねられたことによると、Dennis Ritchie の論文は指摘しています。

49

第4章　Third Edition Unix（Version 3 Unix）

　一方、リダイレクションが実装された時点では、パイプはまだ机上での議論の対象でしかなかったようです。先ほどのメモに記述されていたとおり、Doug McIlroy は「庭の水まきホース」のアイデアの必要性を強く主張しましたが、意外なことに Ken Thompson も Dennis Ritchie も最初はその効用について懐疑的だったようです。というのも、このアイデアがたいへん漠然としたもので、どのように実装したらよいか誰にもわからなかったからでした。PDP–7 Unix の開発が進められていたころ、Doug McIlroy はコマンドラインの中で複数のプログラムとその接続をどのように表現するか、という難題についてあれこれ思案を繰り返していたようです。何か思い付くたびに Ken Thompson たちをつかまえて表記法のアイデアを披露していたそうですが、あまりイカしたものではなかったようです。

　けっきょく、パイプは 1972 年の「Second Edition Unix（Version 2 Unix）」の開発過程で実装されました。といっても、その実装は、誰もが納得できる決定的なアイデアを Doug McIlroy が思い付いて、周囲がそれを支持したというわけではなく、その執拗な提案活動に根負けした Ken Thompson が（内心では渋々）いわれたとおりに実装したそうです（一説によれば、自分の提案がいつまでたっても実装されないことに業を煮やした Doug McIlroy が、Ken Thompson に実装を命令したという話もあります）。

　pipe システムコール の実装そのものは、Ken Thompson が一晩で片付けられるくらい簡単なものでした。そして、その実装が動作する様子を見た周囲のパイプに対する評価は一転します。

Software Tools

　パイプがもたらしたユーザーインターフェイス、すなわちユーザーが既存のコマンドをその場で任意に組み合わせて複雑な仕事をするさまは、当時のユーザーにとって衝撃的な事実だったようです。というのも、コンピュータが一般的な機械ではなかったその当時、「コンピュータに何か思いどおりの仕事をさせるには、まずプログラムを書かなければならない」と誰もが信じていたからです。

　優れたプログラムを簡単にダウンロードできる今日では考えられないことですが、問題解決を行うプログラムを自分で作成するしかなかった当時、「プログラミング」はコンピュータを利用するうえでの必須のスキル、すなわちコンピュータの操作方法の一部のようにさえ理解されていました。しかし、その当時でも（そして今日でも）プログラミングは簡単に習得できるものではありません。コンピュータを利用しなければならない当時の人たちにとっては、プログラミングの習得は頭の痛い問題だったのです。パイプがもたらした「新たにプログラミングをしなくても、望む仕事をコンピュータに実行させることができる」機能は、当時の多くのコンピュータユーザーにとって大きな福音だったのです。

　パイプの出現は、「ソフトウェアの再利用」という考え方を提起しました。つまり、「他の誰かが別の目的で作成したソフトウェアを、自分の必要としているまったく別目的の作業のために流用できる」という事実は、コンピュータを利用するうえでの効率を大きく改善することを意味するのですが、そのための具体的な仕組みを提示するという意味でパイプは画期的なアイデアだったのです。

　その後、ソフトウェアの再利用という考え方はさらに推し進められ、「Software Tools」、すなわち「道具としてのソフトウェア」という概念につながっていきます。「ソフトウェアもアタッチメントを取り替えることによりさまざまな仕事ができる大工道具と同じように考えられる」という理解は今日のパッケージソフトウェアが成立する大前提ですが、Unix はそういった考え方が極めて妥当であることを示した実例となりました。

50

4.2　1972–1973 の状況

　この時期、パイプ以外にはどのようなものが開発されたのでしょうか？　実は、「今となってはあまりよくわからない」というのが正直な答です。

　Unix が AT&T 以外の外部の組織へ配布されるようになったのは、1973 年 11 月にリリースされた「Fourth Edition Unix（Version 4 Unix）」以降のことです。それまで Unix は、BTL および AT&T 内部のみで利用されていました。そのときの状況を知る人は、たいへん限られています。そして、この時期の Unix は明らかに「開発途上」でもありました。研究やそのための実験、あるいはその当時ごく少数だったユーザーの要請を受けてどんどん書き直され、機能が追加されていたと思われます。結果、システムは流動的な状態にあったと推測されます。さらに、40 年以上経過してしまった現在、当時の状況を詳しく覚えている人は皆無に近いでしょう。当時の状況を知る数少ない語り部の 1 人である Dennis Ritchie も、何をやっていたかは覚えていても、それがいつだったかまでは正確に記憶していないようです。まぁ、今日でこそ歴史的価値のある情報と見なされる Unix の開発エピソードですが、開発の当事者ですらこういった状況になるとは想像していなかったでしょうから、無理もない話です。現在、アセンブリ言語で記述されていた初期 Unix のコードが現存しないのも、こういった事情によると思います。

　したがって、当時の状況は非常に限られた断片的情報から推測するしかありません。たとえば、First Edition Unix のリリース直後の Unix は PDP–11/20 で動作するものでしたが、PDP–11/20 はメモリマッピングの機能、今日でいう MMU[*2] の機能をもっていなかったため、かなり無理をしてマルチユーザー環境を実現していたように推測されます。前章で紹介したように、First Edition Unix のリリース後に開発ターゲットは PDP–11/45 に変わり、メモリマッピングの機能や FPA[*3] などがサポートされるわけですが、PDP–11/45 の出荷が開始されたのは 1972 年なので、その時点から Fourth Edition Unix がリリースされるまでの過程のいずれかのタイミングで、このようなハードウェアの機能への対応がなされたと推測されます。

　ところで、この時期の興味深いエピソードに Steve Johnson（スティーブ・ジョンソン）による「yacc」の開発があります。今日では GNU Bison の実装が多く利用されていますが、最初の yacc は実は B 言語で実装されていました。PDP–7 Unix では実験目的でしか活用できないほど遅かった B インタープリタですが、PDP–11 で処理スピードが改善したこと、便利なユーティリティライブラリがサポートされていたこともあって、ユーザーを獲得し始めていたようです。そして、そもそも yacc は、B コンパイラの機能拡張のために開発されたものです。

　Ken Thompson のインタープリタ方式の実装に不満をもっていた Dennis Ritchie が GE–645 のための B コンパイラを書いたことはすでに紹介しましたが、PDP–11 での作業が忙しくなってくると、その保守はほったらかしになりました。そこで、代わりに Steve Johnson が B コンパイラの保守を担当するようになりました。当然、このコンパイラに機能を追加する必要に迫られるわけですが、Dennis Ritchie の構文パーサーはたいへん複雑で見通しの悪いコードであったため、思うように修正できなかったようです。こういった理由から、新しい B コンパイラの開発は着手されました。

　新しい B コンパイラの開発を始めるにあたり、Steve Johnson は同僚であり先輩でもある Al Aho（アル・エイホ）に助言を求めました。Al Aho といえば、通称「ドラゴンブック」と呼ばれるコンパイ

[*2] MMU：コラム「PDP–11 シリーズのモデル」を参照してください。
[*3] FPA：コラム「PDP–11 シリーズのモデル」を参照してください。

第 4 章　Third Edition Unix（Version 3 Unix）

ラに関する名著 *Compilers: Principles, Techniques, and Tools*　（『コンパイラ — 原理・技法・ツール』）[4] の著者として有名ですが、このとき Al Aho は Donald Knuth（ドナルド・クヌース）が発表した LR Parsing という理論にたいへん興味をもっていたそうです。

　Steve Johnson が相談をもちかけたとき、Al Aho は Knuth の理論に基づく構文パーサーを作るべく、それに必要な構文解釈テーブルを作成している最中でした。Knuth のアルゴリズムはたいへん洗練されたものでしたが、その前提となる構文解釈のテーブルの作成は非常に煩雑な作業で、とても手作業では終わりそうもない代物でした。にもかかわらず、Al Aho はなんと紙と鉛筆を使ってこの作業に取り組んでいたそうです。アルゴリズムの概要を教えてもらった Steve Johnson は、シンプルな提案をしました。「テーブルを作成するこの作業ってプログラムで書けるんじゃないんですか?」。そのときの Al Aho の反応は、「そんなことができるのか!!」だったといいます。これが構文記述から構文解釈テーブルを生成するためのプログラム「yacc」の誕生の経緯です。yacc が B 言語のために存在したというのは、ちょっと驚きですよね?

　では、B コンパイラの保守を放棄した Dennis Ritchie はその時期に何をやっていたのかというと、おそらく C 言語の開発であったと思われます。

column

■ PDP–11 シリーズのモデル

　PDP–11 はヒット商品だっただけに、16〜22 種類と数多くのモデルが販売されました。一般に使われる PDP–11/*XX* の表記は、末尾の 2 けたがモデルを示す番号です。現在のパソコンであれば、モデルの違いは動作速度/処理能力の違いや、付属するディスクの容量、その他の周辺機器の構成の違いを示す場合が多いので、購入時にモデルの選択を誤っても「まったく使えない」という事態にはならないでしょう。しかし、PDP–11 の場合は、モデルが違うと動作速度/処理能力だけでなく、CPU のサポートする命令の数が違ったり、MMU/FPA の有無、アドレスバスのバス幅など、かなり大きな違いがあり、モデルの選択を誤ると「まったく使えない」事態も起こりえました。特に Unix の場合、カーネルがアセンブラで記述された初期のシステムを除き、メモリ管理のためのハードウェアである MMU が必須でしたし、メーカー標準の周辺機器がすべてサポートされているわけでもなかったので、購入時には導入予定のシステムのハードウェア構成を十分把握しておく必要がありました。

　ここでは、特に 1970 年代に製造され、Unix とかかわりの深い Unibus をもった PDP–11 のモデルを紹介しておきます。

- 11/20、11/15（1970）
  オリジナルの PDP–11 です。11/20 は DEC の製品ですが、11/15 は OEM、つまり他のコンピュータメーカーへ供給する製品で、その内容は 11/20 とほぼ同様だったようです。メモリは 4K ワードまたは 8K ワード（8K バイトまたは 16K バイト）で、最大 28K ワード（56K バイト）まで搭載可能でした。メインバスは Unibus で、CPU からのメモリアクセスにも Unibus を使っていたようです。

- 11/45（1972）
  11/20 よりも高級なアーキテクチャをもつ上位機種で、CPU は 11/20 に対して 2 倍の処理能力をもっていました。11/20 に対する大きな違いは Fastbus という高速バスが搭載され

---

[4] *Compilers: Principles, Techniques, and Tools*, Alfred V. Aho, Monica S. Lam, Ravi Sethi, Jeffrey D. Ullman, Addison Wesley, 2nd edition, 2006. 『コンパイラ — 原理・技法・ツール』, 原田賢一 訳, サイエンス社, 2009 年。

ており、18 ビットアドレッシングが可能だったことです。これにより、最大 256K バイトまでメモリを搭載できました。MMU は標準装備、FPA はオプショナルで搭載可能だったようです。

- 11/10、11/05（1972）
  11/20 のローコストバージョン。11/05 は OEM 製品です。
- 11/40、11/35（1973）
  11/45 とよく似たシステム構成を 11/20 と同じ価格で提供した、両者の折衷バージョンのようです。11/35 は OEM 製品です。
- 11/70（1975）
  22 ビットアドレッシングをサポートした 11/45 の拡張バージョンです。高速転送可能な Massbus が標準搭載されていました。一説によればたいへん遅かったとの話もあり、結果的に 32 ビットアーキテクチャによる VAX–11 完成までのつなぎの製品になったようです。
- 11/50（1976）
  高速メモリ（MOS）を使用した 11/45 の後継バージョンです。
- 11/55（1976）
  11/50 の高速メモリと 11/70 の CPU を使用したバージョンで、18 ビットアドレッシングでしたが 11/70 より速かったようです。
- 11/60（1977）
  11/40 の後継バージョンで、最も大きな PDP–11 です。

　耳慣れない人のために捕捉説明をすると、「MMU」は Memory Management Unit、「FPA」は Floating Point Accelerator の略で、いずれも CPU の機能を拡張する周辺ハードウェアです。

　MMU は、文字どおりメモリを管理するためのユニットで、一般にタイムシェアリングシステムには必要不可欠なハードウェアとされています。1 台のコンピュータを時分割で切り替えて、複数の仮想的なコンピュータを動かしているようにみせるのがタイムシェアリングの基本的な仕組みですが、実際にコンピュータが行っている実行中の複数のプログラムをメモリ上に展開しておいて、すべてのプログラムを少しずつ実行していくような動作をしています。MMU は、次に実行するプログラムへの切り替えを高速にするために使われます。

　FPA は、浮動小数点演算をするための補助プロセッサです。要は小数点のある数字、C 言語でいうと float や double で宣言された変数の演算に FPA が使われます。FPA には浮動小数点演算のためにビット長の長いレジスタ（PDP–11 の場合は 32 ビットと 64 ビット）が内蔵されており、精度の高い浮動小数点演算を高速に実行します。

　ちなみに、PDP–11 の場合は MMU や FPA はオプションのユニットだったのですが、現在の一般的な CPU では、これらのユニットは CPU の中に組み込まれていることが一般的です。

　Unibus/Massbus は、DEC のコンピュータが使っているバスの名称です。現在の PCI バスなどと同じようなものですが、転送能力はずっと低いものです。当時はバスも各コンピュータメーカーが独自に設計していたので、メーカーごと独自の名称を付けていました。

　機種ごとのスペックの違いを、表 4–1、表 4–2 にまとめておきます。

第 4 章　Third Edition Unix（Version 3 Unix）

表 4–1 PDP–11 のスペック一覧

タイプ	拡張バス	マイクロコードのワード長（単位はビット）	メモリキャッシュ（単位はビット）	拡張命令セット	I/D	最大メモリ空間（ビット）
PDP–11/05	U	40				64K
PDP–11/10	U	40				64K
PDP–11/15	U					64K
PDP–11/20	U					64K
PDP–11/35	U	56		B+, OE, f		256K
PDP–11/40	U	56		B+, OE, f		256K
PDP–11/45	U, F	64		B+, E, OF, D	Y	256K
PDP–11/50	U, F	64		B+, E, OF, D	Y	256K
PDP–11/55	U, F	64		B+, E, F, D	Y	256K
PDP–11/60	U	48	Y	B+, E, F, UM		256K
PDP–11/70	U, M	64	Y	B+, E, F, D	Y	4M

表 4–2 スペック略号

タイプ	意味
O	Optional
Q	Q-bus
U	Unibus
F	Fastbus
M	Massbus
P	Private memory bus
I/D	Instruction/Dataspace
B+	Base plus MARK, RTT, SOB, SXT
E	Extended instructions（MUL, DIV, ASH, ASHC）
F	FPA（Floating point instructions）
f	FIS（FADD, FSUB, FMULandFDIV）
C	CIS commercial instructions（optional）
UM	User microcode（optional）
D	Dual register set

　この表で興味深いのは、Instr の項目、つまりサポートされている命令セットに関してです。モデルごとに命令セットが違うこと、またオプションで命令が追加できることを不思議に感じる人もいると思います。これは、この当時の CPU が複数のロジックボードから実現されていたことによります。つまり、命令を実行する回路がロジックボードに分かれて実装されていたわけです。ゆえに、ロジックボードの組み合わせによって、サポートされる命令が増えたり、減ったりするわけです。オプショナルの命令セットというのは、標準構成では対応するロジックボードは付いてこないが、そのロジックボードを別に購入してインストールすれば、その命令が使えるようになるということです。CPU が 1 チップ化されてしまっている今日では考えられないような話ですね。ちなみに、PDP–11 をサポートする GNU assembler（GNU bintools）では、引数で PDP–11 のモデルあるいは CPU の方式を指定して、使える命令セットを切り替える仕様になっています。

　最後に、「どのモデルなら Unix が動作するか?」なんですが、厳密には「カーネルのコンフィグレーション次第」ということになります。現存する Fifth Edition Unix 以降のオリジナル Unix、および 2BSD では PDP–11/45、11/50、11/55 が標準的なモデルになっているようです。エミュレータで Unix を実行する場合など、このモデルに合わせて初期設定すればよいでしょう。

4.2　1972–1973 の状況

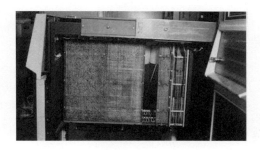

PDP–11 システムのバックプレーン

PDP–11 システムボード。左から 3 分の 2 が FPA と CPU

PDP–11 システムの Fastbus メモリカード
写真協力：John Holden（このページの写真すべて）

第 4 章　Third Edition Unix（Version 3 Unix）

4.3　C 言語の開発

Unix の開発の過程であげられた数々の成果の中でも、極めて重要なものの 1 つである「C 言語」の開発は、この期間に進められました。Dennis Ritchie によれば、開発は 1971 年に着手され、第 4 回 ACM Symposium on OperatingSystems Principles（SOSP）が開催された 1973 年 10 月ごろには、初期の開発がおおむね終了していたとのことです。しかし、どの時期にどんな開発が行われたか、あるいは Unix の各 Edition との関係など、時期的な詳細はわかりません。

Dennis Ritchie が B 言語に代わる新しい言語の開発を考えたことには、いくつかの理由があります。まず、Dennis Ritchie には（そしておそらく Ken Thompson にも）、カーネルを含むシステムのすべてを高水準言語で記述するという大きな目標がありました。そのためには、インタープリタではなく完全なコンパイラが必要だと考えていたようです。また、ターゲットハードウェアが、ワードマシンである PDP–7 からバイトマシンである PDP–11 に変わったことから、型のない B 言語の問題点が明らかになっていました。問題は 3 つありました。

1. 文字列処理の効率の悪さ
   ワードマシンで文字列処理を行う場合、パック/アンパック操作を行うことが一般的ですが、バイト単位でのメモリアクセスもできる PDP–11 においてこのような操作を行うのは不効率になります。

2. 浮動小数演算コプロセッサへの対応
   当初導入した PDP–11/20 には搭載されていませんでしたが、DEC は PDP–11 用の浮動小数演算コプロセッサを出荷することを約束していました。これを使うには、コンパイラも浮動小数をサポートする必要がありました。

3. ポインタにかかわる処理のオーバーヘッド
   ワードマシンの場合、メモリもネイティブワード単位で構成されていたので、ポインタは単に任意のワードを指し示すインデックスだと見なせばよかったのですが、バイトマシンではメモリはバイトアドレスで参照しなければなりません。B 言語のポインタの定義に基づくと、ポインタによる参照のつど、何らかの変換をしなければならなくなります。

以上のような問題を解決するための方策として、B 言語に「型」の概念を導入することを考えました。

Dennis Ritchie 自身が手がけた初期の C 言語の開発は、一貫して「型構造（type structure）」を導入する作業として進められたようですが、実作業は徐々に新しい型をサポートする暫時前進するアプローチがとられました。各種文献を参考に考察すると、おおむね 3 つの段階に分けられると私は推測しています。

第 1 の段階は、NB（New B）の時代で、int と char の 2 つの型、およびその配列とポインタのみを導入しました。

次に第 2 の段階として、float、double の 2 つの型、およびその配列とポインタ、さらに配列/ポインタを組み合わせた複雑な型を導入しました。「組み合わせた型」とは、たとえば次のように配列やポインタの指定を組み合わせて宣言するものです。

```
int **ipp;
char *cp[];
int (*f)();
```

56

4.3 C 言語の開発

　さらに第 3 の段階では、構造体とその配列/ポインタを導入しました。もちろん、これらは時期的に明確に区分して作業が進められたわけではありませんし、long の導入や構造体の代入など、まったく後回しにされて後の「Portable C Compiler（PCC）」の開発まで着手されなかった機能もあります。

　初期の C 言語の開発での最大の目標は、「Unix カーネルを C 言語で書き直すこと」だったようです。つまり、カーネルを記述するために必要な機能が、すべてサポートされていることがゴールだったというわけです。

　C 言語による Unix の書き換え作業については、Ken Thompson も Dennis Ritchie も発言しています。Dennis Ritchie によれば、作業が始まったのは 1973 年の夏で、Ken Thompson によれば、この作業は半年のうちに 2 回も失敗し、3 回目でどうにか書き換えに成功したようです。書き換えが失敗した理由を、Ken Thompson は「主に言語に問題があった」とし、Dennis Ritchie は「データ構造の定義にも問題はあったが、プロセス切り替えに関する実装の方法がわからなかった」としていて、その発言には微妙な食い違いがあります。これは、「言語の枠組の中で、必要とする実装を考え出す創造力の欠如」とも、「OS を記述するのに十分な、言語の表現力の欠如」とも解釈できます。しかし、Ken Thompson が述べているように、実際には「どちらがどちらの後押しをしたのかを明らかにするのは難しい」という状態であったようです。最も重要なことは、Unix も C 言語も「一人で開発を担当できるぐらい十分に小さかった」ということで、そうでなければ両者の開発を同時に並行して進めることはできなかったでしょう。

　The Unix Heritage Society[5] のソースによれば、C 言語によるカーネルの書き換え作業は、Third Edition Unix から Fourth Edition Unix への過程で行われました。いずれも 1973 年にリリースされています。

　失敗を克服できた 1 つの要因は、C 言語に struct と union を導入したことだと思われます。struct と union は、ともに BCPL にも B 言語にも存在しなかった機能で、Dennis Ritchie が他のプログラミング言語からアイデアを導入してきたと思われます。C 言語では、「struct」と記述される構造体の源流は COBOL[6] の「RECORD 型」[7] にあるとされますが、これがそのまま C 言語の構造体になったとは考えにくく、導入の直接のヒントとなったのは ALGOL あるいは PL/I だったのではないかと推測されます。ALGOL には ALGOL 58 と ALGOL 60、ALGOL 68 の 3 種類の言語仕様が存在し、おそらく構造体がサポートされたのは ALGOL 68 だと思われます。一方、PL/I では structure と union

---

[5] The Unix Heritage Society：http://minnie.tuhs.org/cgi-bin/utree.pl?file=4.3BSD-Tahoe

[6] COBOL：公共的な機関 CODASYL（Conference on Data Systems Languages）によって、1960 年に最初の規格が策定された事務処理に適したプログラミング言語です。COBOL は、Common Business Oriented Language を略して名付けられました。コンピュータが経理や勘定系のビジネス用途で使用され始めた当初、プログラミング言語にはアセンブリ言語や科学技術計算向けの FORTRAN などしかありませんでした。しかし、これでは事務処理には効率が悪いので、たとえばデータベースとの連携や大量のデータ処理が可能なプログラミング言語が望まれました。そして生まれたのが COBOL です。自然言語に近く、帳票のようなドキュメント性などの特徴を備えています。

[7] COBOL の RECORD 型：COBOL では、変数の型として文字型や数値型、およびそれらを組み合わせた RECORD 型などが使用できます。たとえば次のように定義すれば、18 けたの文字と 11 けたの数値からなる「USER-DATA」という変数が定義できます。

```
DATA DIVISION.
WORKING-STORAGE SECTION.
01  USER-DATA.
    10  SHIMEI  PIC X(18).
    10  TEL-NO  PIC X(11) VALUE SPACE.
```

第 4 章　Third Edition Unix（Version 3 Unix）

がともにサポートされていました。が、そもそも PL/I が FORTRAN/COBOL/ALGOL のよいところをつまみ食いしたような言語なので、どちらが構造体の起源なのかは明言しにくいところがあります。いずれにせよ、Dennis Ritchie が C 言語を開発していた 1972 年の段階では、RECORD 型はプログラミング言語の概念として一般的になっていたと思われます。強いていえば、Multics の PL/I コンパイラである Early PL/I（EPL）を実装した本人（Doug McIlroy）が極めて身近に存在したわけですから、きっかけはその辺りにあったのではないでしょうか。

　アイデアについては基本データ型を組み合わせてデータの構造化を行う RECORD 型のような先例となるプログラミング言語が存在しますが、構造体の表記方法はまったくのオリジナルといってよいと思います。皆さんご存じのように C 言語の構造体の表記はプログラマーにとって感覚的に受け入れやすい表記をとっていますが、おそらくこれには Ken Thompson の影響があったのではないでしょうか？　C 言語への構造体の導入はあくまでも Unix カーネルの書き直しからの要請に基づいて、Dennis Ritchie が RECORD 型のアイデアをベースに、より実用的な形態で実装したものと私は推測しています。

　現在、C 言語は最もメジャーなプログラミング言語といっても過言ではないでしょう。実際、皆さんの中にも C 言語でプログラミングを勉強し始めた人も多いのではないかと思います。中には C 言語しか知らないプログラマーもいるのではないでしょうか？　このような状況で C 言語のユニークさを実感するのは難しいことかもしれません。日本国内で C 言語が広く紹介されるようになったのは 1980 年代になってからですが、かつて多くの人にとって C 言語が未知のプログラミング言語だった時代に、その特徴を評して「プロの職人のための道具」という説明を聞いたことがあります。ちょうど大工が使う、かんなやのみ、かなづちのように、日々使っていて不都合があれば少しずつ手直しをしていくのです。これまで紹介した BCPL からの発展の経緯を追っていくと、「プロの職人のための道具」という説明が非常に納得できます。そして、C 言語と Dennis Ritchie にとって幸運だったのは、Unix と Ken Thompson の存在です。Unix の書き直し作業の成功は、C 言語にとってその実用性を明確に示す根拠となりました。C 言語は最初から「役に立つ」プログラミング言語だったのです。

　さて、現在最も普及している C コンパイラは「GNU C コンパイラ」だと思いますが、多くの商用 Unix に標準搭載されている C コンパイラはいったい誰が開発したものでしょうか？　「Dennis Ritchie が開発した」[8] と誤解している人もいるでしょうが、実は多くの商用 Unix に標準搭載されているのは、「Portable C Compiler（PCC）」です。Dennis Ritchie が開発した初期の C コンパイラに代わって、PCC は Seventh Edition Unix（Version 7 Unix）から Unix に標準搭載されるようになりました。Unix を商品化した多くのメーカーは、PCC をベースに自社のハードウェアに合わせた C コンパイラを用意することが多かったようです。

---

[8] Dennis Ritchie の C コンパイラ：Dennis Ritchie が保管していた古いバックアップテープから見つかった初期の C コンパイラのソースが次のホームページで公開されています。さらに、First/Second edition Unix emulator を使って動作させることもできるそうです。興味のある人は、ぜひのぞいてみてください。

Very early C compilers and language：https://www.bell-labs.com/usr/dmr/www/primevalC.html

第5章
デビュー

今日、1973 年の Unix に関する最初の論文発表は Unix コミュニティにおいて伝説として語られること
が多いのですが、その内容はいささか誇張されたものという印象があります。ここでは、そのときの状
況がどのようなものであったのかということから始めたいと思います。

5.1　学会発表

Unix の存在が AT&T の外部に初めて紹介されたのは、Third Edition が完成した後のことでした。
Unix の「小さなグループで共有されるコンピュータに適したコンパクトな OS（オペレーティングシ
ステム）」というコンセプトに最初から好意的な評価を下したのは、OS に強い関心をもつ研究者や技術
者でした。しかしながら、彼らが Unix を入手したいと考えた理由は、PDP–11 という当時としては格
安のコンピュータで稼動したこと、あるいはソースコードが開示されることから OS の教材として活用
できることなど、当時の Unix がもつ特有の実利性に着目してのことだったようです。

Association for Computing Machinery（ACM）

Association for Computing Machinery（ACM）は米国計算機学会と翻訳されるようですが、1947
年に設立されたコンピュータの科学と教育にかかわる国際的な学会で、IEEE（米国電気電子技術者協
会）とともにコンピュータサイエンスや IT の分野では最も権威と影響力のある学会です。

1947 年といえば、第 2 次世界大戦直後の世界初の商業コンピュータを目指してコンピュータメー
カー各社が開発競争にしのぎを削っていた時期、すなわちコンピュータが軍事技術から民生技術に急速
に移行していた時期ですから、このようなコンピュータに関する技術的な問題を専門かつ公平に議論す
る場が求められたことはうなずけます。つまり、ACM は現在の商業コンピュータとほぼ同じだけの歴
史をもっていますので、コンピュータの歴史についてひもとくと、ACM の名前は何度となく登場する
ことになります。

ACM 自体の詳細については、ACM のホームページ[1] を見ていただくことにして、ここで ACM に
ついて補足しておく必要があるとすれば、Special Interest Group（SIG）に関してです。あえて翻訳
すれば分科会となるのでしょうが、ACM には SIG と呼ばれるコンピュータ技術に関する個別の専門
分野に取り組むグループがあります。著名な例をあげれば、SIGGRAPH（シーグラフ）。これはコン
ピュータグラフィックスに関する専門グループですが、SIGGRAPH が主催する学会・展示会はマスコ

---

[1] Association for Computing Machinery（ACM）：http://www.acm.org/

第5章　デビュー

ミで取り上げられることも多いのでご存じの人もいるのではないかと思います。この学会は「世界最大かつ最高の CG の祭典」ともいわれているそうですから、コンピュータに関する学会といってもその活動はさまざまですね。

Symposium on Operating Systems Principles（SOSP）

さて、Unix にかかわりの深い SIG といえば、OS に関する専門グループである SIGOPS です。この SIGOPS が 1967 年から隔年で開催している Symposium on Operating Systems Principles（SOSP）という学会がありますが、1973 年 10 月に開催された第 4 回 SOSP において Ken Thompson（ケン・トンプソン）が Unix Third Edition に関する論文を発表を行ったのが、AT&T 社外に対して、公式に Unix の存在を告知した初めての機会、すなわち Unix の公式デビューであったとされています。

この SOSP での発表について、Ken Thompson は「けっこう緊張した」と語っていますが、このときの Unix の発表に対する聴衆の反応は、たいへんよかったそうです。その好意的な評価は、翌年の 1974 年 7 月に出版された ACM の機関誌 *Communications of the ACM* （*CACM*）の Volume 17, Number 7 に Unix 論文が採録されたことでも裏づけられます。この CACM への論文掲載時に編集者によって書き添えられた「エレガントである」という評価は Unix の評判をさらに高めました。これを契機に、AT&T 社外でも Unix を求める声が増えました。

しかしながら、この時点で多くの研究者・教育者が Unix に寄せた期待とは、OS 研究の題材として、あるいは OS 教育の教材としての価値であったのではないかと私は推測しています。今日では、このような目的のための「おもちゃの OS」と呼ばれる OS が多数存在していますが、1973 年時点での Unix に対する評価も、それと似通った「よくできているけど実用に供するには難のある」OS という理解だったように思います。なぜなら、より実用性が評価されているライバルが他にいたからです。

リスト 5-1 ACM Symposium on Operating Systems Principles 1973 の Proceeding

---

4. SOSP 1973: Yorktown Heights, New York, USA
   * Herbert Schorr, Alan J. Perlis, Peter Weiner, W. Donald Frazer:
     Proceedings of the Fourth Symposium on Operating System Principles, October 15–17, 1973, Thomas J. Watson, Research Center, Yorktown Heights, New York, USA. Operating System Review 7(4), October 1973, ACM, New York

Systems I
   * Paul G. Sorenson:
     Interprocess Communication in Real-Time Systems. SOSP 1973: 1–7
   * Michael J. Spier, Thomas N. Hastings, David N. Cutler:
     An Experimenta Implementation on the Kernel/Domain Architecture. SOSP 1973: 8–21
   * C. J. Stephenson:
     On the Structure and Control of Commands. SOSP 1973: 22–26

Systems II
   * Dennis Ritchie, Ken Thompson:
     The UNIX Time-Sharing System (Abstract). SOSP 1973: 27
   * Paul Day, John Hines:
     ARGOS: An Operating System for a Computer Utility Supporting Interactive Instrument Control. SOSP 1973: 28–37

---

* W. Walther:

Multiprocessor Self Diagnosis, Surgery, and Recovery in Air Traffic Control. SOSP 1973: 38–44

* Liba Svobodova:

Online System Performance Measurements with Software and Hybrid Monitors. SOSP 1973: 45–53

Memory Management

* Samuel H. Fuller:

Random Arrival and the MTPT Drum Scheduling Discipline. SOSP 1973: 54–57

* Lee J. Scheffler:

Optimal Folding of a Paging Drum in a Three Level Memory System. SOSP 1973: 58–65

* Donald D. Chamberlin, Samuel H. Fuller, Leonard Y. Liu:

A Page Allocation Strategy for Multiprogramming Systems with Virtual Memory. SOSP 1973: 66–72

* Peter J. Denning, Jeffrey P. Spirn:

Dynamic Storage Partitioning. SOSP 1973: 73–79

* Arvind, Richard Y. Kain, E. Sadeh:

On Reference String Generation Processes. SOSP 1973: 80–87

Scheduling Theory

* Clarence A. Ellis:

On the Propability of Deadline in Computer Systems. SOSP 1973: 88–95

* Jeffrey D. Ullman:

Polynomial Complete Scheduling Problems. SOSP 1973: 96–101

* John L. Bruno, Edward G. Coffman Jr., Ravi Sethi:

Scheduling Independent Tasks to Reduce Mean Finishing Time (Extended Abstract). SOSP 1973: 102–103

* M. R. Garey, Ronald L. Graham:

Bounds on Scheduling with Limited Resources. SOSP 1973: 104–111

* K. L. Krause, V. Y. Shen, Herbert D. Schwetman:

A Task Schedulinh Algorithm for a Multiprogramming Computer System. SOSP 1973: 112–118

Protection and Addressing

* Jerome H. Saltzer:

Protection and the Control of Information Sharing in MULTICS. SOSP 1973: 119

* Robert S. Fabry:

The Case for Capability-Based Computers. SOSP 1973: 120

* Gerald J. Popek, Robert P. Goldberg:

Formal Requirements for Virtualizable Third Generation Architectures. SOSP 1973: 121

* S. Rao Kosaraju:

Limitations of Dijkstra's Semaphore Primitives and Petri Nets. SOSP 1973: 122–136

5.2 BBN の LISP 研究

　TENEX は、Bolt, Beranek and Newman（BBN）が開発したタイムシェアリングシステムで、後に DEC が買い取り TOPS–20 という名前で製品化されました。しかし、コンピュータの世界では「TENEX」という元の名前で呼ばれることが多いようです。また、TENEX/TOPS–20 を指す「TWENEX」と書かれることもあります。

　TENEX の開発は、1960 年代末に着手されました。ちょうど、Ken Thompson たちが Multics Project 撤退後に OS 開発のためのマシンを調達すべく努力していた時期と重なります。TENEX は、彼らが新しい OS を開発するためのマシンとして候補にも上げていた PDP–10 のための OS として開発されました。TENEX は、Project MAC の開発成果である（といっても、この時期にはまだ完成していなかったのですが）Multics の思想とアイデアを継承する Unix とともに、第 2 世代の OS とみることもできます。

　Unix の開発が PDP–11 の上で Multics のミニチュア版を作成するところから始まったのに対し、TENEX の場合は当時の人工知能研究には必須の対話型の LISP 環境を提供することが開発の目標でした。

BBN に設置されていた PDP–10
写真協力：Dan Murphy

PDP–1 LISP

LISP が人工知能（Artificial Intelligence：AI）[*2] という用語を提案した John McCarthy（ジョン・マッカーシー）が発明したプログラミング言語であることは、皆さんもよくご存知かと思います。

Hackers（『ハッカーズ』）[*3] によれば、最初の LISP インタープリタは、McCarthy の同僚であった Steve Russell（スティーブ・ラッセル）が IBM 704 で実装したとのですが、さらに Peter Deutsch（ピーター・ドゥーチュ）が実装した PDP–1 で動く LISP 1.5[*4] インタープリタも登場します。この PDP–1 LISP を実装したとき、Deutsch はまだ 19 歳の高校生でしたが、Research Laboratory of Electronics at MIT（RLE）[*5] に設置されていた TX–0 や PDP–1 で遊ぶためにこのプログラムを書いたことが紹介されています。

---

column

■ PDP–1 LISP と ELIZA の体験

PDP–1 LISP は、BBN の Daniel Bobrow（ダニエル・バブロウ）が編者を務めた *The Programming Language LISP: Its Operation and Applications* [*6]でも実装として紹介されていますが、今日では SIMH の開発者である Bob Supnik（ボブ・スプーニク）が配布する Software Kits [*7]を使って体験できます。

ちなみに代表的なアプリケーションとしては、人工無能として有名な ELIZA[*8]あります。開発者の James Markovitch（ジェームズ・マルコヴィッチ）の論文 "ELIZA – A Computer Program For the Study of Natural Language Communication Between Man And Machine" [*9]には ELIZA のスクリプトが掲載されていますが、 The Genealogy of Eliza [*10]や github [*11]といったオンラインリソースもあります。

[*2] Artificial Intelligence（AI）：https://en.wikipedia.org/wiki/Artificial_intelligence [Wikipedia]
[*3] *Hackers — Heroes of the Computer Revolution* （『ハッカーズ』）：付録を参照してください。
[*4] LISP 1.5：
　　http://www.softwarepreservation.org/projects/LISP/book/LISP%201.5%20Programmers%20Manual.pdf
[*5] Research Laboratory of Electronics at MIT（RLE）：
　　https://en.wikipedia.org/wiki/Research_Laboratory_of_Electronics_at_MIT [Wikipedia]
[*6] *The Programming Language LISP: Its Operation and Applications*：
　　http://www.softwarepreservation.org/projects/LISP/book/III_LispBook_Apr66.pdf
[*7] Software Kits：http://simh.trailing-edge.com/software.html
[*8] ELIZA：https://en.wikipedia.org/wiki/ELIZA [Wikipedia]
[*9] "ELIZA – A Computer Program For the Study of Natural Language Communication Between Man And Machine"：http://web.stanford.edu/class/linguist238/p36-weizenabaum.pdf
　　HTML 版：https://www.csee.umbc.edu/courses/331/papers/eliza.html
[*10] The Genealogy of Eliza：https://github.com/jeffshrager/elizagen/
[*11] jeffshrager/elizagen [github]：http://elizagen.org/

第5章 デビュー

THE BBN–LISP SYSTEM

THE BBN–LISP SYSTEM[*12] は、Daniel Bobrow や Dan Murphy（ダン・マーフィー）が PDP–1 LISP をベースに独自の拡張を施した LISP でした。Bobrow と Murphy は、LISP 1.5 の定義に基づいて Deutsch のコードを調べ始めたのですが、すぐに大きく改変することになりました。独自の拡張について、Murphy は次のように述べています。

> one of the things we did was build a timesharing LISP system on the PDP–1 — that is, a multi–user system for which the primary (and only) interface language was LISP.

このため、Bobrow と Murphy は、小さな物理メモリしかもたないマシンの上で大きな LISP のメモリをサポートする課題、すなわち「仮想記憶」に取り組むことになりました。仮想記憶とは、「ディスクなどの外部記憶装置の助けを借りて、実際に搭載されている物理メモリの容量以上のメモリが存在するかのように見せかける技術」です。Murphy は、BNN–LISP に次のようなソフトウェアによる仮想記憶を組み込みました。

> This system used a high speed drum as backing store for main memory, and divided both main memory and the drum into fixed size units (pages) that could be copied back and forth as necessary. The LISP system itself used 18–bit pointers and was built as if there were an 18–bit (262 kword) memory on the machine. However, with software paging, each reference to the target of one of these pointers was changed to a subroutine call (or in–line sequence). The subroutine would take the high order few bits of the pointer as an index into an array (the page table) which would contain the actual current location of the page. If the page were then in main memory, the page number bits from the table would replace those which had been used as the index into the table, and the reference would be completed. If the desired page were not in main memory, a call would be made to a "page manager" routine to rearrange things as necessary. That meant selecting a page in main memory to be moved (copied) back to the drum, and then reading into this page the desired page from the drum. Finally, the table would be adjusted to reflect these changes, and the reference sequence begun again.

この手法は、かつての Mac OS や Window 3.X or 9 X といったノンプリエンプティブマルチタスクでのメモリ管理手法に似ていますが、システムでは LISP しか実行されないのであれば、非常に効果的な手法です。

[*12] THE BBN–LISP SYSTEM：
　http://www.softwarepreservation.org/projects/LISP/bbnlisp/BBN-LISP-System_Feb1966.pdf

PDP–6 と SDS 940

　DEC は、1964 年に PDP–6 を発表しました。その 36 ビットアーキテクチャは、1 つのワードの中に 2 つのアドレスを保持できる LISP のための設計のように見え、LISP プログラミングに最適なマシンでした。付録でも紹介しているように、PDP–6 のハードウェア設計にかかわった Alan Kotok（アラン・コトック）は MIT 在籍時に AI Lab の一員だったので、当然 LISP の洗礼を受けていました。PDP–6 が LISP に最適なマシンになったのは、当然だったともいえるでしょう。

　しかしながら、PDP–6 はすぐに製造中止になりました。その理由は「技術および信頼性の問題」とされていますが、Murphy は次のように述べています。

> The group at BBN had every intention of acquiring a PDP–6 to improve our LISP capabilities, but of course, we wanted it to have hardware paging so that we could carry over the paging techniques from our PDP–1 LISP. Several discussions were held between BBN and DEC, including Win Hindle and Alan Kotok on the DEC side. BBN was lobbying for paging to be included in a subsequent PDP–6 model, or possibly as an add-on, but these discussion came to an end when DEC announced that there would be no further PDP–6 models — that is, that DEC was going out of the 36–bit business. This (1966) was the first of several such occasions.

PDP–6
"DEC PDP–6. Gordon Bell and Alan Kotok at PDP–6." BY Computer History Museum (CC:BY 3.0)

第5章　デビュー

　ページングハードウェアのサポートの要望は BBN 以外からも上がっていたようで、DEC は議論から逃げた格好でした。

　製造中止になった PDP–6 の代わりに選ばれたのは、SDS 940 でした。第 3 章でも少し触れましたが、SDS 940 は、University of California Berkeley（UCB）の Project GENIE で開発された仮想記憶に関する成果を SDS 930 に取り込んで製品化されたコンピュータです。Murphy によれば、BBN は SDS 940 を数年間使用していたようです。OS には、Project GENIE が開発した Berkeley Timesharing System を稼働させていたようです。SDS 940 は 1966 年に発表されたので、それ以降のことと推測されます。後の TENEX の設計に大きな影響を与え、多くの機能が引き継がれることになります。

5.3　PDP–10 の登場

　TENEX 開発の直接の契機になったのは、1967 年に DEC が PDP–10 を発表したことによります。PDP–6 の製造中止でこのクラスから完全撤退したと思われていた DEC は、この発表で突如復活を遂げました。一説によれば、PDP–10 は DEC 社内の 36 ビットアーキテクチャ推進派により「秘密裏に開発された」とのうわさもあります。

　LISP と親和性の高い KA10 プロセッサを搭載した PDP–10 の復活は、BBN にとって歓迎すべき出来事ですが、残念なことにこのときもページングハードウェアのサポートは見送られました。付録で紹介していますが、その理由は低価格ミニコンの販売を中核とする当時の DEC の営業戦略では、36 ビットアーキテクチャのマシンは売りにくい製品だったからです。それゆえに、PDP–10 のコストアップにつながる顧客の要求は、片っ端から拒否していました。この当時、「脅威の低価格」の PDP–8 のヒットで事業を拡大していた DEC にとって、高すぎるコンピュータの製品化は企業イメージを損ないかねません。PDP–10 も低価格であることが強く求められたのでした。

　もう 1 つの理由を強いてあげれば、1960 年代の半ばにおいても仮想記憶は「進みすぎた概念」で、実現性について懐疑的な見方が一般的であったことがあげられます。

5.4　デマンドページングによる仮想記憶

　DEC の非協力的態度にもかかわらず、BBN は PDP–10 を数台導入する決定をしました。しかし、その決断はよくいえばたいへん野心的な、悪くいえばとんでもない冒険でありました。技術的に困難だと思われる問題が、2 つありました。1 つはアドレス変換ハードウェアを自らの手で開発することです。後に BBN Pager と呼ばれるこのハードウェアは、今日私たちが MMU と呼ぶプロセッサの直接の祖先といってよいでしょう。もう 1 つの問題は、OS でした。PDP–10 には、DEC がサポートする TOPS–10 という OS が存在しました。しかし、これを改造して仮想記憶を実現するコードを追加するのは難しいと判断されました。おそらく、ソースコードを入手できなかったからだと思われます。けっきょく、もう 1 つの方法、Berkeley Timesharing System を参考に PDP–10 のための OS を新たに開発する方法が採用されました。この OS が、後に TENEX となりました。

66

TENEX でサポートされた仮想記憶機能

Dan Murphy によれば、TENEX は主に 3 つのシステムの影響を受けたということです。1 つ目は、MIT の Multics。当時、Multics は最先端のシステムであり、OS の最新のアイデアを組み込んでいました。と同時に、同じ Boston に所在し、日常的に接点の多い MIT と BBN だったので、Multics にかかわる MIT の教授陣やスタッフから、TENEX の設計に関するレビューやコメントももらっていたようです。2 つ目は、DEC の TOPS–10。PDP–10 のために開発されたソフトウェア資産を活用できるようにするため、TENEX には TOPS–10 との互換性を保つ機能が搭載されました。最後に、Berkeley Timesharing System。このシステムは比較的低コストで生成できるプロセスと、マルチプロセス構造を有していました。今日の Unix での ptrace システムコールのように、特権をもたないプロセスが他のプロセスのアドレス空間を参照できる機能が実現されていました。

その他、ページングにかかわる多くのコンセプトは、特に PDP–1 LISP（BBN–LISP）から引き継がれましたが、Peter J. Denning（ピーター・J・デニング）の "Working set" モデル [13] や Multics のセグメンテーションやファイル–プロセスのマッピングも取り入れられました。

TENEX でサポートされたデマンドページングによる仮想記憶機能は、今日の Unix の仮想記憶機能とおおむね一致するので、仮想記憶では TENEX は Unix よりも 10 年早かったことになります。

KA10 に対する実装

TENEX の存在が一般に公表されたのは、1971 年に開催された第 3 回 ACM Symposium on Operating Systems Principles でした。ここでは、TENEX に関する論文 "TENEX, a Paged Time Sharing System for the PDP–10" [14] の発表が行われました。この時点での PDP–10 は、最初のプロセッサボードである KA10 をサポートしていました。

KA10 がページングハードウェアをサポートしていなかったため、BBN はページングハードウェア BBN Pager の開発から始めました。Pager の働きについて、論文では次のように説明しています。

The BBN pager is an interface between the PDP–10 processor and the memory bus. It provides individual mapping (relocation) of each page (512 words) of both user and monitor address spaces using separate maps for each. The pager uses "associative registers" and core memory tables to store the mapping information. On each memory request from the processor, the 9 high–order bits of the address and the requesttype level (read, write, execute) are compared in parallel with the contents of each associative register. If a match is found, the register containing the match also contains 11 high–order address bits to reference up to 1,048,576 words of physical core.

If no match is found, reference is made to a 512 word "page table" in physical core memory.

---

[13] "Working set" モデル：https://en.wikipedia.org/wiki/Working_set [Wikipedia]

[14] "TENEX, a Paged Time Sharing System for the PDP–10"：
http://www.eecg.toronto.edu/~yuan/teaching/gradOS/papers/tenex.pdf

第 5 章　デビュー

BBN Pager
写真協力：Dan Murphy

> The word selected in this page table is determined by a dispatch based on the original 9 high-order address bits. In the simple case of a private page which is in core, the 11 high-order address bits and protection bits are found in this word and are automatically loaded into an associative register by the pager.

　TENEX は、Pager の上記の機能を使って複数のプロセス、すなわち "The TENEX Virtual Machine" を生成・管理します。

5.4 デマンドページングによる仮想記憶

A user process running under TENEX operates on a virtual machine similar to a PDP–10 arithmetic processor with 256K of virtual memory. The paging hardware traps processor references to any data not in core, and a core manager performs the necessary I/O to make the referenced page available. Such traps are invisible to the user process. The virtual processor does not make available to the user the direct I/O instructions of the PDP–10. But through instructions which call monitor routines, the virtual machine provides facilities that are considerably more powerful and sophisticated than typical hardware configurations used directly.

また、対話型 LISP 環境を重視する TENEX では、次のようなスケジューリングでプロセスを管理していました。

The TENEX scheduler is designed to meet a set of potentially conflicting requirements. The first is to provide an equitable distribution of CPU service, which we define as at least 1/N of real time where there are N jobs on the system. Secondly, because TENEX is designed to be a good interactive system, the scheduler must identify and give prompt service to jobs making interactive requests. Thirdly, because use of the CPU is intimately tied to the allocation of core memory, it must make efficient use of core memory to maximize CPU usage. Finally, the scheduler should have provision for administratively controlling the allocation of resources so as to obtain other than equal distribution if desired.

この実装が、1971 年の段階で動いていたのですねぇ。この論文発表の 8 年後に、Unix で仮想記憶機能をサポートする試みが始まります。本書では第 11 章と第 18 章で Unix の仮想記憶の実装の経緯を追いますが、TENEX と同様の仮想記憶機能を Unix が手にするまでには、多くの時間と労力を要しました。

リスト 5–2 ACM Symposium on Operating Systems Principles 1971 の Proceeding

3. SOSP 1971: Palo Alto, California, USA
* Edward J. McCluskey, Nicholas A. Fortis, Butler W. Lampson, Thomas H. Bredt: Proceedings of the Third Symposium on Operating System Principles, SOSP 1971, Stanford University, Palo Alto, California, USA, October 18–20, 1971.

Systems, Real and Virtual
* Daniel G. Bobrow, Jerry D. Burchfiel, Daniel L. Murphy, Raymond S. Tomlinson: TENEX, a Paged Time Sharing System for the PDP–10 (Abstract). 1–10
* Barbara Liskov: The Design of the Venus Operating System. 11–16
* R. Stockton Gaines:

An Operating System Based on the Concept of a Supervisory Computer (Abstract). 17–23
* Sam Howry:
A Multiprogramming System for Control. 24–30

Implementation Techniques
* Peter Alsberg:
Extensible Data Features in the Operating System Language OSL/2. 31–34
* Richard J. Feiertag, Elliott I. Organick:
The MULTICS Input/Output System. 35–41
* Michael D. Schroeder, Jerome H. Saltzer:
A Hardware Architecture for Implementing Protection Rings (Abstract). 42–54
* Roger M. Needham:
Handling Difficult Faults in Operating Systems. 55–57
* Jeffrey L. Gertz:
Storage Reallocation in Hierarchical Associative Memories. 58–63

Process Interactions and System Correctness
* Richard C. Holt:
Some Deadlock Properties of Computer Systems. 64–71
* Rafael O. Fontao:
A Concurrent Algorithm for Avoiding Deadlocks. 72–79
* A. Nico Habermann:
Synchronization of Communicating Processes (Abstract). 80–85
* Gilles Kahn:
An Approach to System Correctness. 86–94

Queuing and SCheduling
* William B. Easton:
Process Synchronization without Long–Term Interlock. 95–100
* Per Brinch Hansen:
Short Term Scheduling in Multiprogramming Systems. 101–105
* R. C. Varney:
Process Selection in an Hierarchical Operating System. 106–108
* Forest Baskett:
The Dependence of Computer System Queues upon Processing Time Distribution and Central Processor Scheduling. 109–113
* Toby J. Teorey, Tad B. Pinkerton:
A Comparative Analysis of Disk Scheduling Policies (Abstract). 114–121

Memory Management and System Performance
* Edward G. Coffman Jr., T. A. Ryan:
A Study of Storage Partitioning Using a Mathematical Model (Abstract). 122–129
* Peter J. Denning, Stuart C. Schwartz:
Properties of the Working Set Model (Abstract). 130–140
* Mark L. Greenberg:
An Algorithm for Drum Storage Management in Time–Sharing Systems. 141–148
* Joseph Winograd, S. J. Morganstein, R. Herman:
Simulation Studies of a Virtual Memory, Time Shared, Demand Paging Operating System. 149–155
* Juan Rodriguez–Rosell:

> Experimental Data on How Program Behavior Affects the Choice of Scheduler Parameters. 156–163
> **Appendix**
> Questions from the Audience. 164–171

5.5 TENEX の人気

Dan Murphy によれば、TENEX の開発は主に BBN 、特に人工知能でのさまざまな研究プログラムのニーズによって動機付けられたそうです。これらのニーズは 1970 年から 1972 年まで DARPA がサポートしている他のさまざまな研究室によって共有され、おのおのの研究プログラムのための基盤として TENEX がインストールされました。大規模な仮想メモリがあるため、音声認識、画像処理、自然言語処理、および他の AI プロジェクトのための LISP プログラムが最も重要だったようです。同時期に ARPANET の開発も始まり、TENEX は ARPANET に接続した最初のシステムの 1 つになり、そのネットワーク機能が人気をさらに押し上げました。第 12 章では ARPANET の開発について紹介しますが、各サイトで稼働する PDP–10 が非常に多いのには、こういった理由にあったようです。

5.6 TENEX の評価

1983 年に Ken Thompson（ケン・トンプソン）と Dennis Ritchie（デニス・リッチー）は Unix を開発した功績が認められ、Turing Award を受賞していますが、その受賞記念講演 "Reflections on Trusting Trust" [15] の冒頭で、Ken Thompson は次のように述べています。

「もし、Daniel Bobrow が PDP–10 を買えずに PDP–11 で我慢していたなら、私の代わりに彼がこの席で講演していたのではないかと思います」

Ken Thompson のこの発言は、彼が TENEX をライバルとして強く意識していたことを物語っています。

その簡潔さと一貫性ゆえに、Third Edition Unix は「エレガント」と評されましたが、それは同時に「実用性の欠如」に対する疑念を想起させるものでもありました。これが、以降の Unix の開発で、「OS としての単純さと実用性の両立」が中心的な技術課題の 1 つになった理由だと思います。さらにこの後、BTL の Unix 開発グループの面々があらゆる機会や方策をとらえて執拗に繰り返した、「単純性が実用性を損なわせるわけではない」との主張も、Unix に対して抱かれている疑念を払拭するための努力と理解することもできます。

一方、TENEX の開発にかかわっていた人たちは、Unix をどのように見ていたのでしょうか？ Dan Murphy は、

「もし TENEX の開発において 1 つだけやり直しが認められるならば、おそらく高水準言語を使って TENEX を記述しただろう」

---

[15] "Reflections on Trusting Trust"：https://www.ece.cmu.edu/~ganger/712.fall02/papers/p761-thompson.pdf

第 5 章　デビュー

と語っています。つまり、「OS としてのポータビリティ」のなさが、TENEX を 36 ビットアーキテクチャに埋没させ、ハードウェアの死滅の道連れにさせてしまったと考えていたようです。

　後に Unix は、この「OS としてのポータビリティ」という非常に困難な課題を解決します。それが、Unix に今日の成功を約束した決定打の 1 つになったことは間違いありません。しかし、1973 年の Third Edition Unix は、OS としては「ちょっと目立つニューカマー」でしかありませんでした。

第6章
Programmer's Workbench

ACM SOSP での発表直後にリリースされた「Fourth Edition Unix（Version 4 Unix）」により、開発当初からの Unix の技術的課題は一応の解決を見ました。このリリース以降、Unix は AT&T の社内外に固有のユーザーを抱えることになります。もっとも、この当時 Unix のユーザーコミュニティとして最も大きかったのは、やはり AT&T 社内のグループでした。中でも、社内のソフトウェア開発チームをサポートしていた「Business Information Systems Programs（BISP）」は、当時としては世界最大の Unix サイトであったとされています。彼らは Unix の哲学を継承しながら、大規模システムを維持・運営していくための優れた方策を生み出し、そのノウハウは AT&T 社外を含む Unix を利用するその他のサイトへと伝授されました。本章では、BISP のノウハウが集約された「Programmer's Workbench（PWB）」の開発について紹介します。

6.1　Fourth Edition Unix

　1973 年の ACM Symposium on Operating Systems Principles（SOSP）での発表直後にリリースされた「Fourth Edition Unix（Version 4 Unix）」は、すでに紹介してきたように Unix としての基本的な機能を備えていたものの、私たちが今日よく知る Unix とは大きく異なる極めて小さな OS（オペレーティングシステム）でした。たとえば、make のような代表的な Unix コマンドも、1974 年初頭のこの段階では存在していません。

　現在の Unix の直接のルーツは、1979 年初頭にリリースされた「Seventh Edition Unix（Version 7 Unix）」だとされていますが、このリリースが成立するには 5 年の歳月を必要としたことになります。それには、Ken Thompson（ケン・トンプソン）と Dennis Ritchie（デニス・リッチー）のグループだけではなく、初期の多くの Unix ユーザーの貢献があったとされています。

6.2　1974 年から 1975 年の状況

　1974 年 7 月に出版された *Communications of the ACM*（*CACM*）への論文掲載により、Unix の存在は AT&T の外部へも広く知れわたるようになりました。特に、OS への強い関心をもつ研究者にとっては、「ぜひとも手に入れたい」システムとなりました。というのも、メーカーごとに互換性のないクローズドシステムが一般的であった当時、コンピュータを利用するにはコンピュータメーカーが提供する高額な OS や開発ツールを使わざる得ず、それらはいずれもソースコードが非公開だったからです。OS や開発ツールを研究の対象とする人々にとって、この状況は決して望ましいものではありませんでした。また、メーカーから提供されるコンピューティング環境に不満をもち、独自の改変を望む

73

第6章　Programmer's Workbench

人々にとっても、その状況は同じでした。Unix は、こういった状況にある人々の要求に応えられる可能性をもつシステムでした。必然的に、Bell Telephone Laboratories（BTL）の特許部に開示請求が殺到することとなりました。

とはいえ、今日とは異なり、当時の Unix は誰にでも取り扱える代物ではなく、この時期に Unix を入手したユーザーは、まず Unix を動かすために相当の努力を必要としました。その理由は、いくつかあげることができます。

最初の理由は、AT&T が Unix の配布に際して、「現物限り、サポートなし、バグ修正なし、前払い」という、実に一方的な方針を打ち出していたことです。

コンピュータが限られたメーカーにしか開発できなかった当時、一般にユーザーへのサポートは非常に乱暴なものでした。コンピュータメーカーのカスタマーサポートの担当者は、ユーザーが何か問い合わせても分厚いマニュアルをポンとわたして、「わからないのは君たちが無能無知なせいだ」といわんばかりの見下ろした態度をとることも少なくなかったのでした。当時のコンピュータユーザーは今日よりずっと忍耐強かったのですが、それでも AT&T がユーザーに対してとった「モノだけわたして追い返す」という無責任な態度には非難が多かったのでした。開発元が何も説明してくれなければ、使いようがないわけですから。

実は、AT&T がこのような方針をとったことにはそれなりの理由があったのですが（その詳細は第16章で説明します）、結果的にこの方針が後に強力な Unix ユーザーコミュニティを形成させる直接的な原因となりました。いずれのユーザーも「手元にあるのはソースコードだけ」という状態だったので、当初はそこから学び取った情報をユーザー同士で共有するという半ば自己防衛的な発想でユーザー同士の相互扶助が成立していたのでした。

もう 1 つの理由は、「PDP–11」です。

第 4 章で紹介したように、PDP–11 の製品ラインアップは多様だったので、ユーザーは PDP–11 という名前は同じだけれどもまったく異なるシステム構成のコンピュータを所有していました。Unix の配布テープには、BTL で使用されている PDP–11 のシステム構成で動作する Unix カーネルが収録されていましたが、所有している PDP–11 が BTL と同様のシステム構成であることのほうがむしろまれだったため、多くのユーザーの場合、まずカーネルのリコンフィグレーションを行わなければ、Unix の起動すら行えなかったのです。最悪の場合、所有するハードウェアのデバイスドライバを書かなければならない事態さえありました。「使ったことのないシステムのデバイスドライバを書く」というのは「卵が先か？　鶏が先か？」の議論と同じで、問題を解決するには何か特別な方法が必要でした。

こういった、Unix の導入あるいは利用に伴うさまざまな問題を相互扶助的に解決する必要から、Unix のユーザーコミュニティが形成されるようになりました。Ken Thompson や Dennis Ritchie もまた、個人の立場でこのような Unix のユーザーコミュニティに参加し、トラブルを抱えるさまざまなユーザーを可能な限り支援しました。彼ら 2 人だけでなく、Unix の開発者である BTL の多くの人々は、研究活動を円滑に進めるには外部の大学や研究機関と良好な関係を維持する必要があるとの認識をもっていたので、好意的な態度で初期のユーザーの支援を行いました。これが「Ken Thompson や Dennis Ritchie には敬意を払うが、AT&T を徹底的に毛嫌いする」という、Unix コミュニティのちょっと矛盾した態度の原因だともいえます。

けっきょく、1974 年から 1975 年にかけての時期、Ken Thompson や Dennis Ritchie はユーザーサポートにかなりの時間を奪われていたと推測されます。しかし、こういった草の根レベルでのサポート活動は、Ken Thompson たちにも大きな見返りをもたらしました。ユーザーはバグ情報や修正方法を報告してくれただけでなく、未知のデバイスのドライバや、新たなユーティリティを提供してくれるよ

Sixth Edition Unix（Version 6 Unix）

「Sixth Edition Unix（Version 6 Unix）」は、このような初期のユーザーとの密接な連携の成果と推測されます。

表 6–1 は、現存する Fourth Edition（V4）、Fifth Edition（V5）、Sixth Edition（V6）のディストリビューション、あるいは man page の情報を基に、各リリースでサポートされていたと思われるコマンドをリストアップしたものです[1]。

表 6–1 サポートされていたコマンドのリスト

コマンド	V4	V5	V6	コマンド	V4	V5	V6	コマンド	V4	V5	V6
20boot.8		○		form	○	○	○	pwd		○	○
ac		○	○	forml	○			quiz			○
acct	○			gacct	○			restor	○	○	○
ar	○	○	○	getty	○	○	○	rew	○	○	○
as	○	○	○	glob	○	○	○	rm	○	○	○
banner			○	goto	○	○	○	rmdir	○	○	○
bas	○	○	○	greek	○			roff	○		
bc			○	grep	○	○	○	sa		○	○
bcd			○	gsi			○	sh	○	○	○
cal		○	○	icheck			○	shift	○		
cat	○	○	○	if	○	○	○	size	○	○	○
catsim	○			index			○	sleep	○	○	○
cc	○	○	○	init	○	○	○	sno	○		
cdb	○	○	○	ino	○			sort	○	○	○
chdir	○			istat	○			speak	○		
check		○		kill	○	○	○	split	○		○
chgrp			○	ld	○	○	○	stat	○		
chk	○			ln	○	○	○	strip	○	○	○
chmod	○	○	○	login	○	○	○	stty	○	○	○
chown	○	○	○	lpd		○	○	su	○	○	○
clri	○	○	○	lpr			○	sum	○	○	○
cmp	○	○	○	ls	○	○	○	sync	○	○	○
col			○	m6	○	○	○	tap	○		
comm	○	○	○	mail	○	○	○	tbl			○

---

[1] Unix のアーカイブ：残念なことに、現在ほぼ完全な形で残っているオリジナル Unix のディストリビューションは Sixth Edition と Seventh Edition のみです。Fourth Edition に関しては man page のみ、Fifth Edition については BTL に残存していたバイナリのみが収録されたバックアップイメージしか残っていません。表 6–1 はこれらを私が精査して作ったものなので、かなり不正確な情報であることはご了承ください。

第 6 章　Programmer's Workbench

表 6–1 サポートされていたコマンドのリスト

コマンド	V4	V5	V6	コマンド	V4	V5	V6	コマンド	V4	V5	V6
cp	○	○	○	merge	○			tee		○	○
cpall			○	mesg	○	○	○	time	○	○	○
cref	○	○	○	mkdir	○	○	○	tm	○		
cron			○	mkfs	○	○	○	tmg	○		○
crpost		○	○	mknod	○	○	○	tp	○	○	○
crypt	○		○	mount	○	○	○	tr	○	○	○
date	○	○	○	msh	○			troff	○		
db	○	○	○	mt	○			tss	○		
dc	○	○	○	mv	○	○	○	tty	○	○	○
dcheck	○		○	ncheck			○	type			○
dd		○	○	neqn			○	typo	○		○
df	○		○	newgrp			○	umount			○
diff		○	○	nice	○	○	○	un	○		
dli	○			nm	○	○	○	uniq	○	○	○
dpd	○			nohup	○		○	units	○		○
dsw	○	○	○	nroff			○	update			○
du	○	○	○	od	○	○	○	upost		○	○
dump	○		○	opr	○		○	usort			○
echo	○	○	○	passwd	○	○	○	vs	○		
ed	○	○	○	pfe	○	○	○	wait	○		
exit	○	○	○	pr	○	○	○	wall			○
fc	○	○	○	prof	○	○	○	wc	○	○	○
fed	○		○	proof	○			who	○		○
file	○		○	ps	○	○	○	write	○	○	○
find		○	○	ptx	○		○	yacc	○	○	○

　表 6–1 をよく観察すると、いろいろ面白いことがわかります。

　まず、現在シェルのビルトインコマンドとして知られているコマンドは、Fourth Edition では単独の
コマンドとして実装されていたようです。これが、続く Fifth/Sixth Edition で徐々に sh に取り込ま
れつつ消えていく過程がうかがい知れます。

　それから、roff 関連のコマンド。Fourth Edition では、roff コマンドは現在の nroff コマンド
だったようで、高品位印刷のできる roff は troff コマンドになっていたようです。ところが、Sixth
Edition では反対に高品位印刷のできる roff は roff コマンド、そして ASCII ベースのオリジナルの
roff は nroff コマンドになっています[*2]。

[*2] roff と nroff：「高品位印刷」とは、現在でいうところの Postscript や PDF から印刷したイメージです。「ASCII ベース
のオリジナル」という表現はちょっとおかしいのですが、要は man page の出力イメージのことですね。roff に関して
いえば、「版下原稿を直接出力したい」というのが Joe Ossanna（ジョー・オサンナ）のこだわりだったみたいです。

76

また、`tbl` や `neqn` など、`roff` のプリプロセスを担当するコマンドも Sixth Edition には収録されています。この時期すでに、少しずつ文書整形関連のシステムの充実が図られていたことがうかがい知れます。

ちなみに、`catsim` は電子写植装置 CAT のシミュレータプログラムのようです。さらに、現在 `fsck` に集約されているファイルシステム保守関連のコマンドも、`icheck` や `ino` など個別の小規模なコマンドとして実装されていたようです。そして、`tss` や `vs` などの BTL の環境に依存するコマンドは、Fifth Edition 以降消えています。おそらく、AT&T 以外のユーザーに対する配慮ということだったのでしょう。

表 6–1 が示すように、この時期の Unix の開発は、バグ取りの他に機能の整理・統合といった、非常に細々した改変がなされていたようで、Fifth Edition に至るまでの Unix が半年ごとにリリースを行ってきたことからも、開発途上の OS の様相がうかがい知れます。

これに対して、Fifth Edition の 1 年後にリリースされた Sixth Edition は、それまでの Unix にかかわる作業の集大成といった性格をもっています。少なくとも Sixth Edition のリリース後、1 年間の研究休暇をとった Ken Thompson はそのように理解をしていたことでしょう。より安定性、実用性の増した Sixth Edition の登場は、既存の Unix をベースとしたプロジェクトの活動をさらに促進する効果をもたらし、そこからさまざまな Unix の派生システムが生まれました。

6.3　Programmer's Workbench

先ほど述べたように、1970 年代半ばの Unix ユーザー最大のグループといえば、やはり AT&T 社内のユーザーということになります。今日、Unix 固有のユニークな機能としてよく知られるいくつかのコマンド群を生み出した「Programmer's Workbench（PWB）」を開発したのも、AT&T 社内のプロジェクトでした。

Business Information Systems Programs（BISP）

Ken Thompson と Dennis Ritchie のグループは OS を対象とする研究グループでしたが、PWB を生み出した「Business Information Systems Programs（BISP）」は、その名が示すとおりメインフレームコンピュータ向けの大規模ソフトウェアを開発する部門だったといわれています。

PWB は、文字どおり Unix をベースとしたメインフレームコンピュータ向け大規模ソフトウェアを開発するためのフロントエンドコンピュータを実現するシステムでした。

当時のメインフレームコンピュータの導入は、メーカーとリース契約を結ぶことが一般的であり、ディスクや CPU などの使用に対して非常に細かく課金されたことから、ソースコードの修正にも費用が必要でした。したがって、大規模ソフトウェアの開発ともなるとコンピュータの使用料は莫大な金額になりました。さらに AT&T の場合、1 つのアプリケーションソフトウェアをさまざまなメインフレームコンピュータの上で動作させる必要もありました。プロプライエタリなシステムが一般的であった当時のメインフレームコンピュータでは、メーカーごと独自のまったく互換性のないソフトウェアの開発ツールが提供されていたので、アプリケーションソフトウェアの移植はたいへんな労力を必要としました。こういった問題を解決するための方策として、フロントエンドコンピュータ、すなわちよりコストが低く購入可能なミニコンを導入して、ソフトウェアの開発作業をできるだけミニコンの上で行うアイデアが生まれました。

第 6 章　Programmer's Workbench

　PWB にかかわるプロジェクトは、Third Edition がリリースされた 1973 年の段階ですでに発足していたようです。AT&T 社内に限れば、この時期には Unix の存在は十分に知れわたっていたはずなので、ベースシステムとして Unix が採用されたのは、単なる偶然というわけではなかったように想像されます。

　もっとも、当初の数年間は、Unix そのものの学習と基礎的な実験のために費やされました。当初から積極的な開発システムの構築に動かなかった理由の 1 つには、当初大規模ソフトウェアの開発を担当するエンジニアたちがフロントエンドコンピュータのアイデアをとても懐疑的に受け止めていたこともあったようです。しかし、次第にその可能性は受け入れられるようになり、Sixth Edition がリリースされた 1975 年の段階では、PWB は PDP–11/70 と PDP–11/45 の合計 7 台のミニコンからなるシステムにまで拡大し、IBM、UNIVAC、XDS 製の合計 5 台のターゲットマシンをサポートし、その登録ユーザー数は実に 1100 アカウントまでに膨れ上がっていました。当時の Unix システムとしては、世界最大の規模であったといわれています。

　このような、大規模な Unix 環境の維持・運営を背景に、PWB はフロントエンドコンピュータを実現する機能の開発と、Unix の運用技術の両面で多くの貢献を行いました。

フロントエンドコンピュータのための新機能

　1970 年代半ば、タイムシェアリングに対応した OS が製品として出荷されるようになっていたこの時期、「ネットワーク」という言葉から連想されるのは、「ターミナルネットワーク」であることが多かったように思います。

　当時のメインフレームコンピュータには、さまざまな通信回線を介してターミナルが接続され、それなりの対話的操作ができるようになっていました。仮に、ターミナルの代わりにミニコンが接続されていたとしても、人間と同じようにコマンド列を入力すれば、当然コンピュータの操作ができます。すなわち、ターミナル操作をシミュレートすることが、フロントエンドコンピューティングの基本的な方法でした。PWB では、ターミナル操作のシミュレートを基本とする「RJE（Remote Job Entry）」と「Test Driver」の 2 つのサブシステムが開発されました。

　RJE は、メインフレームコンピュータでのプログラム実行（ジョブ投入）と、その出力結果の取得するための複数のコマンドからなるサブシステムです。わかりやすく説明すると、「人間がターミナルを操作してプログラムを実行しているかのように振る舞う」ソフトウェアだったわけです。当時のメインフレームコンピュータでは、プログラム実行のための手順（ターミナル操作）はメーカーごとまったく違ったものでした。RJE は、サポートする 3 つのメーカーの異なる操作手順を内蔵し、そのユーザーには同じ操作で異なるメインフレームコンピュータでのプログラム実行を可能にしたことが画期的でした。

　Test Driver は、開発したソフトウェアのテストのために、複数のターミナル入力を生成するドライバです。今日でもソフトウェアの試験にはテストパターンが作成されますが、当時のアプリケーションソフトウェアの大半はターミナルからの文字入力のみで操作する仕様だったので、そのテストパターンはキー入力として作成されました。Test Driver は、TELETYPE CDT や IBM 3270 といった実在するターミナル入力によるテストパターンを順序どおり再現してくれるソフトウェアで、これもある種のターミナルシミュレーションと理解できます。

　PWB には、フロントエンドコンピュータならではの新機能が実装されました。フロントエンドコンピュータが消えてなくなった今日ではこれらのサブシステムも消滅したわけですが、その後継ソフト

ウェアが今日でも使われている事例もあります。

たとえば、多くのプログラマーが使っている CVS や Subversion といったリビジョンコントロールシステムのルーツである「Source Code Control System（SCCS）」は、PWB のために開発されました。もともと CVS は、SCCS やその後継の「Revision Control System（RCS）」を複数の開発スタッフで利用するときに発生する競合問題などを解決するために開発されたソフトウェアですが、`check in`、`commit`、`check out` といったリビジョンコントロールシステムの基本的考え方や操作は SCCS でも同じです。その便利さは、改めて説明するまでもないでしょう。

このように、当時のメインフレームコンピュータを対象とした大規模ソフトウェア開発において便利な機能が、PWB には搭載されました。

しかし、ユーザーが最も便利に感じたのは、Unix そのものだったのでした。シンプルで柔軟な Unix は、それ自体が当時としては最先端の画期的なソフトウェア開発環境だったからです。PWB では、Unix が本来もっている優位な特徴を最大限に引き出し活用することが重視されました。それゆえ、PWB で追加された新機能も、Unix と同様に必要最小限のものであり、今日の感覚では少々地味に見えます。しかしながら、Unix の哲学を尊重し、既存の Unix コマンドとよく整合して、それらを組み合わせたさまざまな応用が可能であることこそ、PWB の開発担当者の狙いでした。

PWB の運用技術

PDP–11 シリーズの中でも大型の /45 と /70 を合計 7 台も抱えていた BISP ですが、これだけのリソースをもってしても、1100 のユーザーをサポートすることは容易ではなかったようで、ディスクスペースは常に総量の 90 パーセントまで使用され、CPU の利用率は常時 75〜80 パーセント、ピーク時には 95 パーセントを超えることもあったようです。比較的少数のグループで利用されることが多かった Unix がこれだけの高負荷運用に耐えられたことは驚きなのですが、BISP が PWB の運用で得た知見は、システムチューニングなどのノウハウとしてその後の Unix の運用技術の確立に大きく貢献しました。

特に驚くべきことは、事実上のコンピュータセンターとして機能していた BISP のシステム運用においても、Unix の "Small is Beautiful" の哲学が有効であったことです。これは、Unix 自身のシンプルな構造ともあいまって、意外にもこの規模のシステムでも運用上の柔軟性と安定感をもたらしたといわれています。もっとも、そこには PWB の開発者たちの努力と工夫がありました。

たとえば、「ディスク管理」。メモリもディスクも個人がギガオーダーで利用できる今日のコンピューティング環境ではあまり問題になりませんが、記憶装置のコストが非常に高かった 1970 年代のミニコン環境下では、ユーザーが利用できるディスクの容量はユーザーのシステムに対する信頼感にも直結するような重要な要素でした。Unix ではディスクの使用は早いもの勝ちなので、「ディスクの容量があとどれくらい残っているのか?」という情報は重要でした。そこで PWB では、マウントしているファイルシステムの空き情報を得る「ustat システムコール」が追加されました。RJE 経由で大量のソースコードやデータがダウンロードされる PWB では、このシステムコールが特に役立ったといわれています。

また、フロントエンドコンピュータとしての PWB は、プログラマーのソースコードやデータの管理が主な役割だったので、データの「保全性」はたいへん重要でした。そこで、ディスクバックアップとテープバックアップを併用したバックアップスキームが、PWB では採用されていました。ディスク装置の信頼性が低かったこの当時、新しいディスクで元の状態を再現する方法は重視されましたが、プロ

第 6 章 Programmer's Workbench

グラマー自身のミスで消してしまったファイルの復活という目的でもバックアップは有効に活用されました。この後 Unix では、PWB が確立したバックアップスキームに基づくバックアップツールがいくつも開発されましたから、この技術領域では PWB が先駆的な事例であったことは明らかです。

　PWB においてデータ保全とともに注目された「信頼性」に関する問題は、プログラム実行の保証に関してです。このような書き方をすると非常に不可解に思われるかもしれませんが、ユーザーの多すぎる PWB では、ときとしてシステムの限界を超えて「fork システムコール」が実行されることが多かったのでした。特に、テストなどの目的で長時間のソフトウェア実行を行う場合は、その途中で fork に失敗すると致命的な打撃を受けることになります。したがって、失敗しない fork の実現も重要な項目でした。これに対する PWB の対策は、fork システムコールに時間をかけるというものでした。実際、fork ができない状態は、システムの負荷がピークを迎えるほんの数秒間のあいだに起こる現象だったので、fork できる状態になるまで待つという方策は、抜本的ではないにせよ有効な解決策でした。

　「システムパフォーマンスの改善」という問題に関して、PWB はディスクアクセスに注目しました。Unix のタイムシェアリングシステムは、本質的に「ディスクにメモリの代わりをさせる」というのが基本戦略ですし、特に PDP–11 Unix のスワップベースのタイムシェアリングシステムでは、システムパフォーマンスはディスクのアクセス効率に大きく依存しました。実際、CPU の処理能力向上は CPU ハードウェアの設計者の努力に期待するしかありませんが、ディスクのアクセス効率の改善であればカーネルチューニングの領域の問題になるので、OS 開発者やシステム管理者での努力の余地があります。

　一般的なハードディスクのアクセスでは、ディスク上に記録されたデータにアクセスするためにヘッドを移動させる「シークタイム」と呼ばれる時間が必要になります。今日のハードディスクとは異なり、冷蔵庫と同じぐらいの大きさだった当時のハードディスクでは、ヘッドの移動には大きな時間的コストがかかりました。特に、多くのユーザーがさまざまなコマンドを実行する PWB の環境では、シークタイムによるロスはアクセス効率に大きな影響を与えました。そこで、PWB では、対象となるハードディスクを決めて、シークタイムが最小になるようにアクセス順序を最適化するコードを組み入れた新しいディスクドライバが作成されました。

PWB Shell

　PWB においてシステムパフォーマンスを改善するもう 1 つの着目点は、「シェル」でした。いわゆる "PWB Shell"、開発者である John Mashey（ジョン・マーシー）の名前から "Mashey Shell" とも呼ばれるこのシェルは PWB の一部として配布されたためそれほど著名ではありませんが、そのクローンとして開発された "C Shell" は皆さんよくご存じでしょうからたいへん重要といえます。

---

column

■ C Shell の起源

　C Shell は、Bourne Shell とともに、Unix の代表的なシェルとして広く知られています。一般的な Unix の入門書ではその導入部で必ずといっていいほどこの 2 つのシェルが紹介されるので、これらがシェルの元祖と理解しがちですが、実際に C Shell が世に出たのは、2BSD のリリースからです。1971 年の First Edition Unix の段階ですでにシェルは存在していたので、Unix の歴史という観点では、C Shell の出現はかなり後の出来事だといえるでしょう。

実際、1970 年代には、シェルというプログラムは模索の段階にありました。私が調べた限り、Bourne Shell と C Shell は、「初期のシェルに関する議論を集約した成果」と理解するのが正しいようです。

Thompson Shell

シェルの元祖 Thompson Shell はいうまでもなく Ken Thompson 自身の手で書かれたもので、Unix に関する最初の論文である "The UNIX Time–Sharing System"*3 の中でその詳細が紹介されています。論文を読むとよくわかりますが、このシェルは本当にシェルとしての基本機能しかサポートしていないもので、たとえば今日のビルトインコマンドなどはまったくサポートされていません。

Thompson Shell は、1973 年の Third Edition Unix あるいは Fourth Edition Unix までは標準の（そして唯一の）シェルでした。また、1970 年代に起こったシェルに関する議論は、「実用性を向上させるには、Thompson Shell にどのような機能拡張をするべきか?」というテーマが出発点であったと思われます。以降、さまざま人がさまざまな方法でシェルの拡張に取り組みました。PWB Shell（Mashey Shell）も、こういった試みの 1 つでした。

Bourne Shell

Bourne Shell の開発は、1975 年ごろから着手されていたそうです。が、さまざまな紆余曲折によりその開発は遅々として進まず、もっぱら新機能を入れては削るという亀のような歩みで前進していました。最終的には、Thompson Shell をベースに Mashey Shell の機能を統合した形でまとまることになったわけですが、BTL ではこれが標準シェルとなりました。

もっとも、その BTL でも「実行速度の早い Mashey Shell とどちらが望ましいか?」という議論があったそうです。1970 年代から、「最強シェルはどれか?」という宗旨論争は存在したというわけですね。

C Shell

Bourne Shell とともに今日まで生き残っている C Shell は、BSD Unix の代表的な成果の 1 つでもあります。C Shell は Bill Joy（ビル・ジョイ）自身の手で開発された Unix コマンドですが、その開発はおそらく 1977 年末から 1978 年初頭の時期に、Pascal システムあるいは ex のメンテナンスなどの複数の開発作業と並行して進められたと推測されます。

一般に「C 言語とよく似た記述ができる」として知られている C Shell ですが、実はこれは Mashey Shell が基になっています。開発者である John Mashey は Mashey Shell について論文を発表していますが、Bill Joy はその論文に触発されて C Shell の開発に着手したといいます。

当時の University of California Berkeley（UCB）が PWB のライセンスを保持していたかどうかは定かではありませんが、Bill Joy が論文だけを手がかりに独自の実装で Mashey Shell のシェルプログラミング機能の再現を試みたのが、C Shell の始まりであったと推測されます。C Shell の `if-then-else-endif`、`break`、`breakaw`、`onintr`、`while-end` などの構文は、Mashey Shell から直接影響を受けたものです。当時の Bill Joy は、Mashey Shell に限らず PWB で行われたさまざまな試みに注目していたようで、そのテクニックの多くが BSD Unix にも反映されていたよ

第 6 章　Programmer's Workbench

うです。

　なお、2BSD に収録されている C Shell が公式にリリースされた最初のバージョンであり、C Shell には 2BSD 以降もさまざまな機能追加と改変が繰り返されたことを考えると、2BSD バージョンはおそらく Mashey Shell の影響を最も色濃く残しているバージョンといえるのではないかと思います。

　Unix において最も頻繁に使われるコマンドであるシェルが、パフォーマンスチューニングの重要なポイントであることは明らかです。事実、PWB ではシェルのソースにほんの数行継ぎ足して、入力をバッファ化しただけで CPU の使用率を 30 パーセントも改善できたといわれています。

　さらに、シェルが行うプロセス起動の回数を減らすことが、システムパフォーマンスの改善に大きく寄与することも発見されました。というのも、PWB では fork システムコールの実行は 0.1 秒程度 CPU 時間を消費することが確認されていましたが、fork システムコールが 1 日におおむね 3 万回実行される PWB では、これは無視できないオーバーヘッドでした。特に問題になったのは、シェルスクリプトにおいて制御構造を実現するいくつかコマンド、たとえば test コマンドといったものです。これらのコマンドでは、必要な処理に要する時間よりもコマンドの起動に時間を要していました。そこで、これらの制御構造を実現するいくつかのコマンドをシェルのビルトインコマンド化する改造が施されました。これが、いわゆる PWB Shell（Mashey Shell）の始まりです。

　PWB Shell は、「スクリプトの記法を C プログラムの記述法と整合する」という方針の下に開発が進みました。というのも、PWB の多くのユーザーがなんでも C 言語で記述していたからです。今日ではシェルスクリプトを活用するような問題についても C 言語を使っていたようで、このような記述の容易さが C 言語の特徴ではあったのですが、PWB の環境においてはあまり望ましいことではありませんでした。なぜなら、コンパイルは CPU コストを大きく消費するからです。ユーザーにシェルスクリプトの活用を促すためには、C 言語の記法とよく似た記法でシェルスクリプトが記述できることが重要でした。

　このような経緯で生まれた PWB Shell は、後に C プログラムのプロトタイピングにも活用されるようにもなりましたが、C プログラミングよりも習得が容易であり、システムリソースの消費コストを比較的小さく抑えられるところにメリットがあったと報告されています。しかしながら、シェルスクリプトはあくまでも C プログラムの補助的な存在であったことが、今日のスクリプト言語の位置付けとの大きな違いといえるでしょう。

　今日では SCCS を生み出したシステムとして記憶される PWD ですが、その活動の実態は、システム開発というよりはシステム運用を重視したものでした。少数のユーザーのサポートから始まった PWB のプロジェクトは、最終的にコンピュータセンター規模の利用までに拡大したわけですが、その背景には当時のメインフレームコンピュータが提供していた劣悪なソフトウェア開発環境へのアンチテーゼとしての Unix の存在があり、PWB の開発者たちはこの特性を最大限に活用するべく、Unix の特性を失わないよう注意深く運用方針を選択していたことがうかがえます。

　古くから BSD Unix を活用されている人たちには、本章は「どこかで聞いたことのある話」のように思われていることでしょう。実は、BSD Unix の創始者である Bill Joy は、BSD Unix の開発において PWD に関する論文から多くのヒントを得ていました。その典型的な事例が、PWB Shell を模し

---

*3 "The UNIX Time–Sharing System"：https://www.bell-labs.com/usr/dmr/www/cacm.html

た C Shell です。

　このように、PWB は当時の AT&T 外部の Unix を運用するシステム管理者たちに、Unix を活用するうえでの実際的な方法を提示する役割を果たしたといえるでしょう。同時にそれは、自分たち自身の手でシステムの問題を解決できる可能性を示すものでした。こういった 1970 年代の水面下での活動が、1980 年代の Unix の大ブレークを支える足場になったことは明らかです。

第7章
Seventh Edition Unix（Version 7 Unix）

1970 年代に Bell Telephone Laboratories（BTL）が開発した研究版 Unix のうち、Unix コミュニティに広く認知されたバージョンは、Third Edition と Sixth Edition でした。特に、Sixth Edition に関してはさまざまなサイトで導入され、その結果、問い合わせやバグ報告、機能改善の要望などが Ken Thompson（ケン・トンプソン）と Dennis Ritchie（デニス・リッチー）の下に寄せられました。彼らはこうして寄せられたコメントを考慮し、さらに自分たちの最新の研究成果を組み入れて、より洗練された新しいバージョンを完成させます。本章では、後の 1980 年代に研究版 Unix の完成形として広く認知されることとなった、「Seventh Edition Unix（Version 7 Unix）」について紹介します。

7.1　新たなスタンダード

　1970 年代に Unix を導入した多くのユーザーにとって、Unix とは Sixth Edition Unix（Version 6 Unix）を意味していました。1975 年 5 月にリリースされたこのバージョンは、その後数年間にわたってさまざまなユーザーに利用されていました。たとえば、前章で紹介した PWB/Unix や第 9 章で紹介する 1BSD も Sixth Edition をベースに開発されていましたし、OS（オペレーティングシステム）の教育教材として Sixth Edition のカーネルソースに解説を付けた "Source Code and Commentary on Unix level 6" と呼ばれる冊子も作成されました。Sixth Edition Unix は、1970 年代の事実上のスタンダード Unix でした。

　1979 年 1 月にリリースされた Seventh Edition Unix（Version 7 Unix）は、このような実績を踏まえて機能強化が図られた後継バージョンだと理解できます。

　Seventh Edition Unix はほぼ完全な形で残っており、現在でもインターネット経由でダウンロードできます。それまでのリリースと比較すると、このリリースは盛りだくさんで、make や awk など、その中には今日私たちがよく知る Unix コマンドが収録されています。今日の商用あるいはオープンソースの Unix システムの原型と理解してもよい内容でしょう。

　このように、Unix 独自の数々の特徴を備えた Seventh Edition ですが、最大の特徴は OS としての「ポータビリティ」を獲得したことにあります。

　今日、異なるハードウェアのあいだで OS を移植する作業は、かつてほど一般的な作業ではなくなりましたが、いわゆる PC アーキテクチャが一般に広く認知されるようになり、世のコンピュータの大多数を占めるようになったのは、1990 年代に入ってからのことです。

　それ以前はというと、アーキテクチャが異なり、相互に互換性のないコンピュータが乱立する百花繚乱の状況でした。第 1 章でも少し紹介しましたが、1970 年代までは多くのメーカーが自社独自のコンピュータのハードウェア、OS、開発ツール、そして主要なアプリケーションソフトウェアを提供し、

第 7 章　Seventh Edition Unix（Version 7 Unix）

メーカー間での互換性はまったくないことが一般的でした[*1]。

　1970 年代になると、コンピュータを製造できるメーカーも増え、メーカー間の開発競争も激化し、その結果として、ユニークなコンピュータが数多く製品化されるようになります。

　そうなってくると、ユーザーとしては「A 社のコンピュータのこの部分と、B 社のコンピュータのこの部分を組み合わせて……」といった欲求が出てくるわけですが、この場合に先ほど述べた各メーカーの排他的な「クローズドなシステム」は大きな障害になりました。当時のユーザーにとって、「異なるメーカーのコンピュータ間での各種互換性の実現」は、大きな技術的課題だったわけです。

　「AT&T 社内で使われている既存のアプリケーションの複雑さを考えれば、アプリケーションを新しい OS に移植するよりは、OS を新しいマシンに移植するほうがより簡単だろう」

　Dennis Ritchie は、Steve Johnson（スティーブ・ジョンソン）にこう語ったとされています。つまり、ユーザーが利用するすべてのコンピュータハードウェアの上で単一の OS を稼働させることができれば、OS レベルで互換性が確保されるので、その上で動作するすべてのソフトウェア資産は、ユーザーが所有するすべてのコンピュータハードウェアの上で利用可能になります。

　これを達成するには、「すべてのコンピュータハードウェアの上で動作する OS」が必要なのですが、当時の一般的なコンピュータユーザーのあいだでは、自らの手で OS をサポートするということは自らの手で新たに OS を開発することと同義で、その開発には多くの時間がかかるだけでなく、技術的に高度なスキルも必要とし、事実上不可能だと考えられていました。

　ゆえに、「ユーザーサイトでの OS の統一」は、理想的だが非現実的な解決案であると理解されることが一般的でした。この問題をいち早く解決したことにより、Unix はコンピュータハードウェアからの独立性を確保し、商用ベースでのコンピュータアーキテクチャが急速に進む 1980 年代のコンピュータにかかわる状況の中で成功をつかむことになります。

　そもそも Unix は、その開発の初期に PDP–7 から PDP–11 へのターゲットハードウェアの移行を経験しているので、「OS の移植」は未知の技術課題ではなかったと思います。とはいえ、ポータビリティは当初から重要視されていたわけではなく、Unix の開発が進むにつれて徐々に重要な技術課題だと認識されるようになったように推測されます。Unix のポータビリティに対する取り組みは、まず「コンパイラ」から始まりました。

[*1] 現代の OS 移植：今日、OS の移植作業が日常的に発生するのは、専用システムのための開発を行う、いわゆる組み込みプログラミングの分野ぐらいで、そこでも移植作業が比較的容易な組み込み用 OS が使われることが多いようです。近年、Unix は、このような組み込みプログラミングの分野でも注目されています。特に、インターネット関連のアプライアンス製品など、従来の組み込み用 OS の代わりに Linux や NetBSD などの Unix 系 OS を活用したシステム事例はすでに多数存在しています。

7.2 Portable C Compiler（PCC）

「Portable C Compiler（PCC：ポータブル C コンパイラ）」の開発は、Third Edition から Fourth Edition に移行する過程の 1973 年の段階で始まっていました。

当時の BTL では、Honeywell や IBM などのメインフレームからさまざまなミニコンまで、たくさんのコンピュータが利用されていました。その中で、多くの人たちはプログラミングの容易さからまず Unix でアプリケーションプログラムを開発した後、本来のターゲットであるコンピュータに移植するといった段取りで作業を進めたがったようです。つまり、Unix はプログラミングのためのワークベンチとして人気が高かったわけです。いい換えれば、当時のコンピュータメーカーが提供する開発ツールは、誰もが「できればかかわりたくない」と思うくらい融通の効かない代物だったのです。

プログラムの移植を前提としたコンピュータのこのような使い方をするには、特定のコンピュータハードウェアに依存しない記述ができる高水準言語を使ったプログラミングが必須です。ターゲットとなるコンピュータへの移植作業がグッと楽になるからです。ただし、これはターゲットとなるコンピュータで、高水準言語のコンパイラが動作していることが前提になります。コンパイラが誰にでも開発/移植できるものでないことは、今も昔も変わりません。今日のように GNU C コンパイラ（GCC）が存在しなかった当時、この作業ができるエンジニアは特に貴重で、Dennis Ritchie たちは、周囲から常に「自分たちのシステムの上にコンパイラを載せてほしい」という期待（圧力）を受け続けていました。

PCC の開発者である Steve Johnson は奇特な人格者のようで、周りのこういった期待に応えてコンパイラにかかわる作業を長年続けていました。後に彼は、「個人的にはそれほど関心のあるテーマではなかった」ことを白状しています。彼は、Dennis Ritchie がほったらかしにしていた Honeywell 版 B コンパイラを引き継ぎ、その機能拡張のために yacc を開発したことを第 4 章で紹介しましたが、PCC もまた彼自身が自ら始めた仕事ではありませんでした。

1973 年の前半、研究休暇で University of Waterloo にいた Steve Johnson は、BTL のシステムが B 言語から C 言語へ移行する過程には立ち会っていませんでした。秋になって BTL に戻ってきたら、彼が B 言語で書いた yacc も含め、全部 C 言語に変わっていたそうです。そして、彼が不在のあいだに BTL に来ていた MIT の学生 Al Snyder（アル・スナイダー）が手がけた C コンパイラの作業成果も残っていました。

Al Snyder は、おそらく BTL の夏季研修制度などで夏休みの期間だけ BTL にきていたのだと推測されます。ですが、そのわずかの期間に、yacc を C 言語に書き直し、それを使って C コンパイラのパーサーを作り、そして不完全ではあっても何とか PDP–11 と Honeywell のオブジェクトコードを生成するところまでこぎ着けていました。彼がその作業を手がけたのは、おそらく BTL の誰かがそれを強く勧めたからでしょう[2]。

そして、Steve Johnson。Al Snyder が夏休みが終わって学校に戻ってしまったので、またまたその作業を引き継ぐように誰かに強く勧められる羽目になってしまいました。そこから約 6 か月をかけて、Al Snyder の C コンパイラを手直ししたものが、PCC の最初のバージョンとなりました。「手直し」と書きましたが、Al Snyder が記述した yacc による C の構文規則以外は、ほとんど書き直したようで

---

[2] Al Synder（アル・スナイダー）による C コンパイラ開発：つまり、Dennis Ritchie に Honeywell 版 C コンパイラを開発するように、説得できる人がいなかったということでしょうね:-)　この時期 Dennis Ritchie は、Ken Thompson といっしょに Unix カーネルの書き直し作業を手がけていたはずですし。

第 7 章　Seventh Edition Unix（Version 7 Unix）

す。このコンパイラは、その後 Tom Petersen（トム・ピーターセン）の協力を得て、IBM System/370 と 3A（BTL で開発された交換機のようです）にも移植されました。

　1974 年の春ごろには一応実用に堪えるレベルに達していた PCC ですが、その後も特定のコンピュータへの依存性を排除する方針で機能改善は続けられました。PCC は、いわゆる 2 パスのコンパイラとして設計されており、その前段で構文解析、後段でコード生成を行っていました。この 2 パスコンパイラの機能改善を行うため、マシン依存の少ない前段の構文パーサーの開発が行われました。その過程で、C プログラムの構文チェッカー " lint " *3 が生まれました。

　Steve Johnson によれば、lint は当初、新たに作成した構文パーサーの構文解析機能を確認する目的で、単純なバックエンドを付けたものでした。その後、言語に関するチェック機能を徐々に追加した結果、C プログラムの構文チェッカーになったようです。C コンパイラに優れた構文チェック機能が搭載されるようになった今日では lint に耳慣れない人も多いでしょうが、Seventh Edition がリリースされた当時、あるいはその後の 1980 年代を通じて、lint は強力な開発ツールとして関心を集めました。

　当時の Unix では日常的に使用されていた C コンパイラですが、コンパイラの実行は、本来 CPU もメモリも消費する、コンピュータにとって負荷の高い仕事です。そのため、PCC ではコード生成に直接関係のないコンパイラの一般的な機能を削って、できるだけ「軽いコンパイラ」を実現するべく努力されました。構文チェックのような「重要だが付加価値的な機能」を、同じ構文パーサーを共有した lint という別プログラムで実現するのは、「明確な目的を確実にこなす小さなプログラムを作る」という Unix の哲学にもかなったことでした。もっとも、CPU の能力が格段に向上し、メモリも潤沢に搭載できるようになった今日では、構文チェッカーはコンパイラの機能として実装されることが一般的です。

　さまざまなアーキテクチャのコンピュータに移植できる C コンパイラという意味では、PCC は現在の GCC と同じ役割を果たす先例でしょう。実際、GCC の開発経緯から推測すると、GCC にとって PCC は重要な開発目標の 1 つであったと思われます。Steve Johnson の発言から推測すると、PCC は 1976 年ごろには十分実用に堪える状態になっていたと思われますが、PCC や lint が一般の Unix ユーザーに公開されたのは、1979 年 1 月の Seventh Edition になってからです。その理由は、定かではありません。

7.3　Unix カーネルのポータビリティ

　今日、Linux や FreeBSD では、比較的簡単にカーネルを生成できます。軽量化などの目的でカーネルを生成した経験をもっている人が、皆さんの中にもたくさんいらっしゃるでしょう。「カーネルも単なるプログラムの 1 つである」とことさら強調する必要はないと思うかもしれませんが、実はこの考え方こそが、Unix がポータビリティを獲得したブレークスルーだったのです。カーネルをここまで単純に取り扱えるように設計された OS は、Unix 以前には皆無でした。

　「カーネルもまたプログラムである」と実際に語られたことはなかったと Steve Johnson は述べていますが、この考え方が Unix のポータビリティに関する開発の基本方針であったことは明らかです。

---

*3 lint の名前の由来：lint とはちょっと変わった名前ですが、その名前の由来をご存じでしょうか。実は「lint」は普通の英単語で、英和辞典によるとリント布または糸くずなどと記述されています。Steve Johnson は当初、「ソースコードから糸くずのように気になるものを取り除く」という感覚で、「リントストラップ」（乾燥機に付ける糸くず取り）という名前を付けようとしたようです。しかし、当時の Unix では、コマンドの名前に 4 文字までしか使用できず、しかたなく lint となったわけです。

88

7.3 Unix カーネルのポータビリティ

1976 年の 3 月にはターゲットホストである「Interdata 8/32」を選定し、調達のための交渉を始めていたといいますから、Unix カーネルのポータビリティの作業に着手したのは、PCC の作業がおおむね完了した 1975 年から 1976 年の初頭だと推測されます。この時期、Ken Thompson はまだ University of California Berkeley（UCB）にいたので、当初この作業は Dennis Ritchie と Steve Johnson が主体となって進められたようです。

ターゲットホストには、いくつかの候補があがっていたとされています。

まず、IBM System/360。これは BTL の他のグループから「ぜひ移植してほしい」と望まれていた機種で、そのグループは移植作業のために専用の開発システムを提供することさえ申し出たといいます。にもかかわらず、2 人はそれを「丁重に断った」ようです。開発環境の劣悪さから、Dennis Ritchie、Steve Johnson は、ともにこのシステムを嫌っていたようです。

次に、PDP–10。多くの大学で使われていたこのシステムを Dennis Ritchie はたいへん気にかけていたようで、「1/2 テープユニットが使えるのであれば、PDP–10 に Unix を移植する」と周囲には語っていたそうです。しかし、36 ビットのワードマシンであった PDP–10 は、それゆえに最初のターゲットホストから外されました。

そして、32 ビットのバイトマシンである Interdata 8/32 が、最初のターゲットホストに選定されることになりました。ちなみに、ターゲットホストの機種選定をしていたこの時期、VAX–11 はまだ発表されていませんでした。もし、VAX–11 が 1976 年に発表されていたとしたら、最初のターゲットホストに選ばれていた可能性もあったと思われます。

ポータビリティのための実作業は、ターゲットホストが納入される以前の 1977 年の年始から開始されたようです。なぜなら、先行しなければならないいくつかの作業があったからです。たとえば、コンパイラ、アセンブラ、ローダーなど、Interdata 8/32 のためのバイナリを生成するためのツールの開発です。このときも PDP–7 以来の伝統に従って、メーカーが提供する開発ツールはいっさい使わず、独自に開発ツールを作成したと推測されます。

また、当時のカーネルのソースコードには B 言語の時代の「古い記述」のコードが多く残されていたことから、ポータビリティを考慮したカーネルのソースコードへの修正作業も行われました。Dennis Ritchie が開発した最初の C コンパイラは、それまでの（主に B 言語で記述された）コードに対する互換性に配慮して、さまざまな「あいまいな記述」を許していたからです。このころには、UCB から戻ってきていた Ken Thompson も合流し、何人かで手分けしてこの書き直し作業を進めたとされています。

このときの成果の 1 つが、現代の C 言語ユーザーには当たり前と認知されている、「システムコールの戻り値の一貫性」です。それまでのカーネルは、システムコールの呼び出しが失敗した場合に–1 を返す仕様が一般的だったのですが、このときの変更で、システムコールが成功した場合に 0 を、失敗した場合に負の値を返す現在のスタイルに改められました。

カーネル書き直し作業は、当時の C 言語の言語仕様にも多くの影響を与えました。たとえば、Dennis Ritchie のコンパイラは、局所的な自動変数を auto という型で定義したり、あるいは変数定義を省略することを許していましたが、型を明確に宣言する今日のスタイルに変更されました。また、ビットフィールドや typedef が導入されたのも、このときの作業が契機になっています。

第 7 章　Seventh Edition Unix（Version 7 Unix）

7.4　Interdata 8/32

　Interdata 8/32 が納入されたのは、1977 年 4 月でした。最小構成のシステムでネットワーク機能はなかったといいますから、かつての PDP–7 から PDP–11 への移植作業とほぼ同じような作業が行われたと推測されます。つまり、PDP–11 でバイナリを作って、テープを使って Interdata に移し、Interdata で実行するという手順ですね。違うのは、かつては紙テープを使ったのに対し、このときは 1/2 インチの磁気テープが使われたことくらいでしょう。

　移植作業そのものは、Dennis Ritchie がほとんど 1 人でこなしたようです。Steve Johnson は PCC を始めとする開発ツールの保守とデバッグ作業の手伝い、Ken Thompson は書き直したカーネルコードについて PDP–11 上で動作確認していたとされています。

　Steve Johnson は、実際の移植作業において苦労させられたことを 2 つ語っています。1 つはエンディアンの問題。PDP–11 がリトルエンディアンであったのに対し、Interdata 8/32 はビッグエンディアンであったため、プログラムの実行コードだけではなく、各種データもバイトスワップをする必要があったということです。この問題は、Dennis Ritchie がバイトスワップを自動化するように tar を改造して対処したようです。

　もう 1 つは、16 進数表記の問題。Dennis Ritchie も Steve Johnson も、それまで 16 進数表記を使うツールを使ったことがなかったそうです。そのため、Interdata が表示する 16 進数表記を読み間違うミスを連発し、慣れるのに時間がかかったと発言しています。実に 1970 年代らしいトピックですが、続く 1980 年代になると 16 進数表記に慣れ親しむ人が増えて、逆に Unix に付属するツールが表示する 8 進数表記を読み間違う人が多かったように思います。

　移植作業は、ターゲットハードウェア到着後 2 週間程度でクロスコンパイラの準備ができ、約 3 か月後には Interdata 8/32 で Unix のブートが確認できる状態になっていたといいますから、実質的には PDP–7 から PDP–11 への移植作業とおおむね同じペースで進んだと思われます。BTL 内部にも、より大きなアドレス空間を必要とする研究者は存在したらしく、32 ビット版 Unix への期待感は強かったようです。

　しかしながら、Interdata 8/32 への期待が長く続くことはありませんでした。1 つは、Interdata の態度にあります。Dennis Ritchie も Steve Johnson も、Interdata 8/32 のアーキテクチャに対して比較的好意的な評価をしていました。少なくとも、IBM System/360 よりは「ずっとよい」という発言を 2 人ともしています。とはいえ、Unix の移植作業により、ハードウェアに致命的なバグがあることが判明しました。バグが残っている状態でも Unix を何とか動かすことはできますが、システムが突然まったく動かない状態に陥るため、システムの安定性を考えれば対応されるべきバグでした。しかし、Interdata はこのハードウェアのバグ対応を拒絶しました。BTL の公式ミーティングの席上で、このバグが対応されれば AT&T だけでも相当数の導入が見込めるとの説明を聞いたにもかかわらず、Interdata の重役はバグ対応を拒絶する回答をします。

　さらにダメ押しになったのは、DEC の VAX–11 シリーズ の発表です。1977 年 10 月、DEC は VAX–11 シリーズを発表し、翌年の 1978 年にはシリーズの最初の製品である VAX–11/780 の出荷を開始します。これにより、Interdata 8/32 は一気に過去のマシンとなりました。

90

7.5 Seventh Edition Unix の意義

　今日振り返ってみると、Seventh Edition Unix（Version 7 Unix）は、節目のバージョンであったといえるのではないかと思います。Steve Johnson が「最初のポータブルな Unix」と呼んだこのバージョンは、異なるハードウェアアーキテクチャのマシンでも移植可能、つまりさまざまなコンピュータの上で動作させることができました。このような特徴を備えた OS は、当時、他には存在しませんでした。

　特に、PDP–11 という 16 ビットのミニコンだけでなく、32 ビットのコンピュータでも動作可能であることは、たいへん重要でした。というのも、当時の大型コンピュータ、そして今日でもほとんどのコンピュータは 32 ビットのアーキテクチャを採用しているからです。すなわち、32 ビットへの対応はUnix が「ミニコンの OS」から「汎用 OS」へと進化したことを意味したのです。

　また、今日私たちが知る Unix のプログラミング環境が確立したのも Seventh Edition からでした。その中には、標準 C ライブラリも含まれます。この作業に関しては、当時の AT&T 外部の Unix コミュニティの貢献が大きかったといわれています。主に Dennis Ritchie から提示される仕様案に対してコメントを出したり、あるいは対案を提示したり……、Unix がもつスマートなプログラミング環境は、BTL の努力のみで確立したわけではありませんでした。そして、このプログラミング環境は、1980 年代の「POSIX」を始めとする Unix に関する標準化作業の仕様原案となります。

　結果として、Seventh Edition Unix のリリースは、1980 年代に起こる Unix ブームへの準備を整えた、すなわち「研究版 Unix の完成」を意味したと理解してよいのではないかと思います。表現を変えると、それは「Unix の青春時代の終わり」を告げるものでもありました。Seventh Edition がリリースされたころ、AT&T は Unix を製品化し、コンピュータビジネスに参入することを表明しました。そして、Seventh Edition 以降の Unix ライセンスには、AT&T の Unix ビジネスの妨げにならないよう多くの制約が追加されるようになりました。さらに、Seventh Edition を最後に、BTL の研究版 Unix はAT&T 社外へ公開されることはなくなりました。

第8章
Unix at Berkeley

1970 年代に AT&T とライセンス契約を結んで Unix を入手していたのは、アメリカ国内に加えて、イギリス、オーストラリアといった英語圏の国々の団体でした。著名な企業や海軍の研究所などもその中には含まれていましたが、大半はやはり大学でした。その理由の 1 つは、当時の AT&T が営利的な利用の可能性の少ない大学に対し、優先的にライセンス供与を行っていたことがあります。しかし、悪名高き「現物限り、サポートなし、バグ修正なし、前払い」という AT&T のライセンスポリシーを受け入れて導入に踏み切ることができるのは、よほどコンピュータに対して自信のあるサイトに限られていました。また、当時の Unix サイトには、導入せざるを得ない個々の事情を抱えていたところが少なくありませんでした。本章では、当時の Unix を導入していた大学サイトの一事例として、University of California Berkeley（UCB）の事情と初期システムのインストールに伴う悪戦苦闘について紹介します。

8.1　Unix のサポート

　「ソースコード付きで配布」という Unix のリリースには、「オープンソースソフトウェア」の先駆けという功績もあります。オープンソースという考え方は今日では一定の社会的認知を得ており、オープンソースソフトウェアを活用する局面は少しずつ拡大しています。それに伴って、その配布形態もより洗練されたものになってきました。現在、Unix の後継システムである Linux や FreeBSD といったオープンソースソフトウェアは、比較的容易に入手できます。最新版を使いたければ、インターネット上のサーバーから直接ダウンロードできますし、これらのシステムのインストールに自信がなければ、書店で解説書を購入する方法もあります。ほとんどの場合、これらの解説書にはインストールのための CD/DVD が付属しているので、それを使って自宅の PC などに手軽にインストールすることもできます。

　しかしながら、"元祖オープンソースソフトウェア"である Unix のインストールは、そう簡単にはできませんでした。

　1973 年 10 月の ACM Symposium on Operating Systems Principles（SOSP）での発表、あるいは翌 1974 年 7 月の *Communications of the ACM*（*CACM*）に掲載された論文によって Unix の入手を決意した AT&T 社外の多くの人々が実際に手にしたのは、「Fourth Edition Unix（Version 4 Unix）」以降の Unix であったと思われます。

　というのも、Ken Thompson（ケン・トンプソン）と Dennis Ritchie（デニス・リッチー）のグループは、SOSP での発表の翌月の 1973 年 11 月に Fourth Edition をリリースしていたからです。このバージョンは、「C 言語で完全に書き直された Third Edition」といった内容でした。建前上は、AT&T と Unix ライセンスの契約を結ぶと、Unix が収録された 1/2 インチの磁気テープが送られてくる段取りで

93

第 8 章　Unix at Berkeley

した。しかし、Fourth Edition がリリースされていたころには、例外が山ほどありました。なぜなら、Unix を求めて Bell Telephone Laboratories（BTL）を訪れる人の要望に合わせて、Ken Thompson が紙テープやリムーバルディスクなど、さまざまな媒体のバックアップを作っては手渡していたからです。

　Ken Thompson がこのような手間のかかる対応をしていた理由は、2 つあります。

　1 つは、Unix ライセンスにおいて、AT&T が Unix のサポートを拒否していたからです。Unix ライセンスを契約しても、AT&T からはテープが送られてくるだけでした。インストールに関する説明もロクにない状態では、ユーザーはどうすることもできません。

　もう 1 つは、PDP–11 に接続できる周辺機器などのハードウェアのうち、当時の Unix がサポートしているものはごくわずかだったからです。というのも、CPU やメモリ、各種コントローラなど、PDP–11 を販売する DEC は、コンピュータを構成する各種ポートを個別に販売することもありました。別個に部品を買い集めて組み立てることも可能で、コンピュータを購入するためのまとまった予算の確保が難しい大学などでは、実際にそのようなやり方で PDP–11 を手に入れていました。さらに、PDP–11 の製造元である DEC がハードウェアの仕様を公開していたこともあって、PDP–11 に接続できるサードパーティの製品は無数に存在しました。Unix がすべてのドライバを用意するのは、不可能な話です。

　そこで、Ken Thompson は、Unix のインストールを望む人から動かしたい PDP–11 のハードウェア構成を聞いて、インストール作業にかかわるアドバイスをするとともに、できるだけインストール作業が楽になるように媒体を選んで、Unix のバックアップを作っていました。これらの作業はすべて、あくまでも Ken Thompson が個人的に便宜を図ったことになっていました。このようなサポートを受けたユーザーも、新たなユーザーに対して同じようなサポートを行いました。これが、後にユーザー間の相互扶助を積極的に推進する、強固な Unix コミュニティが形成された理由でもあります。

　Unix のインストールに関して、運がよければこのような非公式ながら丁寧かつ好意的なサポートは受けられたのですが、それをもってしても当時の Unix のインストールはやっかいな作業でした。

8.2　UCB での Unix の導入

　UCB もまた、1973 年 10 月の ACM SOSP での Ken Thompson の発表直後から、Unix を手に入れるべく努力したサイトの 1 つでした。

　UCB で Unix の入手に奔走したのは、教授の Bob Fabry（ボブ・ファブリー）でした。彼もまた、SOSP に参加した 1 人です。当時の UCB には PDP–11 がなかったので、Unix を動かすための最優先の課題は、「PDP–11/45」を手に入れることでした。努力の結果、Fabry が所属する計算機科学部と数学部、統計学部の 3 学部の共同購入という形で、PDP–11/45 を手に入れることができました。翌 1974 年の 1 月には Fourth Edition Unix のテープが届き、さっそく PDP–11/45 にインストールされました。

　この時期に Unix を手に入れていたのは、ごくわずかなサイトだけであったと思われますが、その多くは大学などの教育機関だったようです。BTL の特許部にしてみれば、自社開発技術の配布先として法律上の懸念が最も少ない相手だったということでしょう。

94

8.2 UCB での Unix の導入

University of California, Berkeley
"The campus of University of California, Berkeley in Berkeley, California" (CC:BY-SA 3.0)
https://commons.wikimedia.org/wiki/File:Berkeley_Campus_Sather_Tower.jpg

University of California, Berkeley
"Memorial Glade" BY Gku (CC:BY-SA 3.0)
https://commons.wikimedia.org/wiki/File:Berkeley_glade_afternoon.jpg

第 8 章　Unix at Berkeley

column

■ 最初に **Unix** を手に入れたのは?

　Unix は、New Jersey の Murray Hill にある BTL で誕生したわけですが、それ以外の場所（サイト）で最初に導入されたのはどこだったのでしょうか?

　一般には、ACM SOSP での論文発表以降と考えられているようですが、実は論文発表のあった 1973 年以前にも導入されている事例があります。1972 年の段階で New York Telephone に導入されており、New Jersey 以外での最初の導入事例だったようです。これが、AT&T の社内システムになったというわけです。

　一方、AT&T 以外の組織での最初の導入事例は、New York の Manhattan にある Columbia University だったそうです。おそらく ACM SOSP の直後であったと思われますが、そのとき同校には PDP–11 がなかったため、導入担当者の Lou Katz（ルー・キャッツ）は、何と PDP–11 に着脱可能なディスクパックをもって Murray Hill までドライブをし、Ken Thompson 自身にテープの内容をディスクに展開してもらったそうです。

　どの時代にも一番乗りを目指す人はいますね:-)

Ken Thompson のサポート

　UCB の PDP–11/45 にインストールされた Fourth Edition Unix は、当初、頻繁にクラッシュしたようです。その理由のほとんどは UCB の PDP–11/45 が 1 つのディスクコントローラに 2 つのハードディスクを接続していたために発生する競合問題によるものだったようです。この手の競合問題は今日でも OS（オペレーティングシステム）につきものの障害ですが、特に当時のハードディスクは現在のようにインテリジェント化されていなかったため、その制御は非常に面倒なものでした。

　現在のハードディスクでは、READ や WRITE といったコマンドを発行すればそのように動作してくれます。これに対して、当時のハードディスクの場合、ハードディスクのモーターを回す、ヘッドを所定のトラックに移動させる、所定のディスクブロックを読む（書く）といった具合に、ハードディスクが行う挙動をディスクコントローラから細かく制御する必要がありました。1 つのディスクコントローラが 1 つのハードディスクを制御しているのであれば、決められた操作手順さえ間違わなければ、まず問題は起こりませんが、2 つ以上のハードディスクを同時に制御するとなると、一方のハードディスクを操作している最中に、もう一方のハードディスクに対して何かしなければならない状況が発生することがあります。今日の OS でも、デバイスドライバを開発するときにはこの手の競合を考慮する必要があるのですが、相手が当時のあまり賢くないハードディスクの場合、競合が発生する頻度は格段に上がり、頻繁にクラッシュしたのもうなずけます。

　けっきょく、UCB のこの問題は、Ken Thompson 自身が解決したそうです。彼はアメリカの東海岸にある BTL から西海岸にある UCB まで電話をかけ、300 ボーの音響カプラ[*1] を使ってリモート

[*1] 音響カプラ：音響カプラというのはモデムの先祖みたいな機材で、モジュラケーブルではなく電話の受話器を差し込んで使うため、独特の形状をしていました。TENEX の項で紹介した Dan Murphy 氏のサイト（`http://tenex.opost.com/kapix.html`）のいちばん下の写真で、電話のすぐ下においてある箱が音響カプラです。
　使うときには、カバーを開けて相手に電話をかけ、つながったら受話器を音響カプラに差し込むという、極めてわかりやすい使い方をします。

8.2 UCB での Unix の導入

音響カプラ
写真協力：Dan Murphy

ログインしてデバッグを行いました。まさに電話会社じゃないとできない荒技ですが、そのため当時の Unix ディストリビューションには、「`ken`」というユーザーアカウントが残されていました。後の Turing Award 授賞講演で暴露した「トロイの木馬」[*2] は、この時期に使われていたものだと推測されます。

このように、Ken Thompson や Dennis Ritchie を始めとする BTL のスタッフは、この時期、社外の Unix ユーザーが抱える具体的なトラブルの解決にも直接かかわっていたようです。

[*2] Ken Thompson のトロイの木馬：Ken Thompson の「トロイの木馬」は、`/etc/passwd` などに ken というユーザーが登録されていなくても ken ユーザーでログインできるようにするためのバックドアだったようです。このバックドアの何がすごいかというと、コマンドのソースコードに手を入れるのではなくて、ある条件が整うと（おそらく `login` コマンドのコンパイル時に）コンパイラが自動的に ken というユーザーを認識するコードを挿入するように仕掛けられていたことです。ソースを公開していた Unix だからこそ、こういうやり方が必要だったのでしょうが。当時は、トラブルが起きると Ken Thompson に対処してもらうしかない事態がけっこう起きていたので、ユーザーは「彼」が自分のマシンでデバッグしていることをむしろありがたがっていたのだと思います。問題が解決した後で、「ところで彼はどうやって login したのだろう？」と一瞬考えるのですが、たいていは「まぁ、いいか」ということになっていたと推測されます。牧歌的時代であったということですね。

第 8 章　Unix at Berkeley

音響カプラを搭載した端末
"TI Silent-700 portable terminal. From the collection of the RCS/RI."
BY Shieldforyoureyes Dave Fischer / Retro-Computing Society of Rhode Island" (CC:BY-SA 3.0)

UCB での Unix の運用

　このような経緯を経て、UCB の Unix も安定して稼働するようになっていきましたが、UCB は PDP–11/45 の運用に関しても問題を抱えていました。このマシンを共同購入した 3 つの学部のうち、計算機科学部を除く数学部、統計学部の 2 つの学部は、OS として DEC が提供する RSTS（Resource Sharing Timesharing System）の使用を希望したからです。

　共同購入への対処は、極めて合理的な、しかし非人間的な解決策がとられました。

- 1 日 24 時間を 3 分割し、各学部の割り当て時間とすること。
- 日によって割り当て時間帯をシフトすること。

　この 2 つが学部間での協定として取り決められました。コンピュータを使うためだけに、夜中の 0 時から朝の 8 時まで大学に居座るなんて、今となっては笑い話ですが、これは UCB だけの特殊事情ではなく、当時の大学のコンピュータ利用事情としては一般的でした。当時のミニコンは、学部レベルでも「手が届かないわけではないが、決して安くない」機械だったのです。

column

■ RSTS
　RSTS（Resource Sharing Timesharing System）もまた、マルチユーザー、マルチタスクの OS で、PDP–11 用の OS として DEC が販売していたものです。現時点で詳細は調べ切れていません

が、コマンドインタープリタとして BASIC がサポートされていたといいますから、後の DEC 製品でサポートされた DCL（Digital Command Language）に通じるユーザーインターフェイスをもっていたと思われます。いくつかのアプリケーションをサポートしていたため、それを使いたい UCB の数学部、統計学部のスタッフが、RSTS を使うことを望んだのだと思われます。サポートされていたコマンドの中にはファイルをコピーする PIP（Peripheral–Interface–Program）が含まれていたとのことですから、あるいは後の CP/M など、初期のパソコン用 OS にも影響を与えたと思われます。

8.3　PostgreSQL の祖先 Ingres

　この時期の UCB で Unix にかかわる著名なプロジェクトは、Ingres でした。Ingres は、現在オープンソースソフトウェアとして有名な PostgreSQL の遠い祖先です。

　今日、単に「データベース」という言葉を使った場合、いわゆる「リレーショナルデータベース」を意味することが多いのですが、このリレーショナルデータベースは、1970 年に Edgar Codd（エドガー・コッド）が発表した論文 "A Relational Model of Data for Large Shared Data Banks" で解説されている理論に基づくものとされています。その当時、IBM の San Jose Research Center に所属していた Edgar Codd は、論文の発表後に自身の理論に基づくデータベースシステムである System R の開発に着手しました。System R は SQL をサポートする最初のデータベースシステムで、現在 IBM の製品である DB2 のルーツです。

　Edgar Codd の論文の反響は大きく、それに触発されていくつかのデータベースシステムの開発が始まったとされています。たとえば、Software Development Laboratories（SDL）というコンサルティング会社の Larry Ellison（ラリー・エリソン）もまた、その論文を契機にデータベースシステムの開発に着手しました。これが、現在データベース市場に君臨する Oracle です。ちなみに、Oracle の最初のバージョンは PDP–11 上でアセンブラを使って書かれたといいますから、ちょっと驚きですね。

　UCB の教授であった Michael Stonebraker（マイケル・ストーンブレーカー）と Eugene Wong（ユージン・ウォン）もまた、Edgar Codd の論文や、1973 年に発表された System R に関するいくつかの論文にインパクトを受けました。彼らは、UCB の経済学者のグループから地理データベースシステム──おそらく現在の GIS（Geographic Information System：地理情報システム）と同じ目的のシステムだと思われますが──の開発をすでに請け負っていましたが、Edgar Codd の理論をこのシステムに応用しようとしました。これが Ingres の始まりです。INteractive Graphics REtrieval System という意味から Ingres と名付けられたのには、こういう経緯があったからでしょう。

　Stonebraker は、追加の開発資金を National Science Foundation（NSF）[*3]、陸軍、海軍、空軍から調達し、翌 1974 年には Ingres の最初のプロトタイプを完成させています。1974 年の秋、このプロトタイプのソースコードは、UCB 計算機科学部初のディストリビューションとして配布されました。BSD Unix の配布が始まる 4 年近く前のことです。

[*3] National Science Foundation（NSF）：全米科学財団。科学研究の資金援助を行うアメリカの政府機関。学術機関の基礎研究に対する政府支援の 20 パーセントを担っています。NSF は学術研究支援のための NSFnet を構築し、ARPANET を吸収。その後民間企業に移管し、これが現在のインターネットの中核になっています。
National Science Foundation：http://www.nsf.gov/

第 8 章　Unix at Berkeley

Ingres と Unix との関係

　当初、Ingres は大学の大型コンピュータで開発が進められましたが、その劣悪な開発環境に業を煮やした Stonebraker は、開発チームを引き連れて Unix へ移ってきました。これは、UCB の Unix コミュニティにとっても朗報でした。というのも、剛腕で知られる Stonebraker が PDP–11 の追加購入資金をもぎとってきてくれたからでした。1975 年には、さらに処理能力の高い PDP–11/70 が UCB に導入されます。

　その後、Stonebraker は会社を設立し、Ingres の商用バージョンの開発に取り組むことになります。また、一般に配布された Ingres プロトタイプのソースコードは、Informix や Sybase などの著名なデータベースシステムのベースコードにもなりました。Ingres、Informix、Sybase は、一時期「Unix 3 大データベース」とされていました。

8.4　そのころの Unix は?

　ところで、Ingres の開発グループも使いたがった 1970 年代中盤のころの Unix とは、いったいどんなものだったのでしょう?

　1973 年 11 月の Fourth Edition Unix（Version 4 Unix）のリリース以来、約 1 年半（開発期間を含めても 2 年程度）のあいだに、オリジナル Unix は 3 つのリリースを行っています。この時期の Unix の内容は、ソースコードが現存する最古の Fifth Edition Unix（Version 5 Unix）、あるいは Sixth Edition Unix（Version 6 Unix）で確認できますが、現在の Unix とはだいぶ様子が違います。

　たとえば、コマンド。ディレクトリの移動には、`cd` ではなく `chdir` コマンドが使われました。それから、`tar` コマンドも存在しませんでした。代わりに、その当時は `tp` コマンドが使われていたようです。また、`make` コマンドも存在しませんでした。ですから、どんなに探しても `makefile` は見つかりません。私たちがよく知る代表的な Unix コマンドが出そろったのは、Seventh Edition Unix 以降のことのようです。

初期の C プログラミング環境

　プログラミング環境も、現在とは大きく違いました。

　Fifth/Sixth Edition に収録されていた C コンパイラは、Dennis Ritchie 自身が開発したオリジナルの C コンパイラでした。このコンパイラは、ANSI C だけではなく、実は K&R の C にも適合しません。さらに、C 言語の標準ライブラリも、現在のものとはかなり違います。

　Fifth/Sixth Edition と Seventh Edition の標準 C ライブラリの違いを、表 8–1 にまとめてみました。全体的には Seventh Edition のバージョンのほうがサポートする関数が多いのですが、中には名前が変わったり、あるいはサポートする機能が変わったり、少数ですがサポートされなくなった関数もあります。

8.4 そのころの Unix は?

表 8–1 標準 C ライブラリの比較

V4, V5, V6	newgear	V7	V4, V5, V6	newgear	V7
copen	fopen	fopen	rew	rewind	rewind
—	freopen	freopen	system	system	system
—	—	fdopen	nargs	—	—
cgetc	getc	getc	calloc	calloc	calloc
getchar	getchar	get	—	—	malloc
—	—	fgetc	—	—	realloc
—	getw	getw	cfree	cfree	free
cputc	putc	putc	ftoa	—	—
putchar	putchar	pu	atof	atof	atof
—	—	fputc	—	—	atoi
—	putw	putw	—	—	atol
cclose	fclose	fclose	tmpnam	tmpnam	mktemp
cflush	fflush	fflush	abort	abort	abort
cexit	exit	exit	intss	intss	intss
ceof	feof	feof	—	—	ttyname
—	ferror	ferror	—	—	isatty
—	—	clearerr	—	—	ttyslot
—	fileno	fileno	wdleng	wdleng	—
gets	gets	gets	—	setbuf	setbuf
—	fgets	fgets	—	getpw	getpw
puts	puts	puts	—	strcat	strcat
—	fputs	fputs	—	—	strncat
ungetc	ungetc	unge	—	strcmp	strcmp
printf	printf	printf	—	—	strncmp
—	fprintf	fprintf	—	strcpy	strcpy
—	sprintf	sprintf	—	—	strncpy
scanf	scanf	scanf	—	strlen	strlen
—	fscanf	fscanf	—	—	index
—	sscanf	sscanf	—	—	rindex
cread	fread	fread	—	—	ecvt
cwrite	fwrite	fwrite	—	—	fcvt
—	—	fseel	—	gcvt	gcvt
—	ftell	ftell			

第 8 章　Unix at Berkeley

　Fifth/Sixth Edition の標準 C ライブラリは、もともと Mike Lesk（マイク・レスク）が開発した
ものです。これは、PDP–11 Unix、Honeywell 6000 GCOS（かつての Multics マシンですね）、IBM
System/370 で動作する C コンパイラをサポートする目的で作られました。もとより、コンピュータの
非互換性の問題に関心のあった Dennis Ritchie は、その問題を吸収する統一されたプログラミング環
境の実現を目指していましたが、Fifth/Sixth Edition の標準 C ライブラリもまた、本来はそういう目
的で開発されたものだったと推測されます。

　しかし、Sixth Edition がリリースされた 1975 年ごろにはこの思想はいくぶん変わり、異機種間の
ポータビリティを OS カーネルのレベルで確保する方向へ転換します。リスト 8–1 に掲載した newgear
メモは、Dennis Ritchie がおそらくこの時期に書いたものだと思われます。このメモは、新たに開発す
る標準 C ライブラリの開発プランを語ったもので、その内容に、後の K&R C および現在の ANSI C
における標準 C ライブラリの原型を見てとることができます。

　このように、Fifth/Sixth Edition は、非常に過渡的な印象を受けるリリースでした。Unix にも、ま
だ若く少々乱暴だった時代が存在したというわけですね。

　システムの完成度を上げるため、ユーザーからのバグレポートや新たなコマンド、そしてシステムに
関する提案など、この時期の Unix はさまざまなコントリビューションを特に必要としていましたし、
事実、初期のユーザーは Unix の開発にさまざまな直接的な貢献をしています。このような対話は今日
のオープンソースプロジェクトではよく見る光景ですが、その草分けともいえる事例の 1 つでしょう。
第 16 章で取り上げる AT&T の Unix ライセンスについての反論の中に、「果たして Unix は AT&T だ
けで開発したものなのか?」というものがあります。その反論に見合うだけの事実が存在したことは確
かです。

リスト 8–1 Dennis Ritchie の newgear メモ（抜粋）

A New Input–Output Package

D. M. Ritchie

A new package of IO routines is available under the Unix system. It was designed with the
following goals in mind.

1. It should be similar in spirit to the earlier Portable Library, and, to the extent possible,
   be compatiblewith it. At the same time a few dubious design choices in the Portable
   Library will be corrected.
2. It must be as efficient as possible, both in time and in space, so that there will be no
   hesitation in using it no matter how critical the application.
3. It must be simple to use, and also free of the magic numbers and mysterious calls
   the use of which mars the understandability and portability of many programs using
   older packages.
4. The interface provided should be applicable on all machines, whether or not the
   programs which implement it are directly portable to other systems, or to machines
   other than the PDP11 running a version of Unix.

It is intended that this package replace the Portable Library. Although it is not directly compatible, as discussed below, it is sufficiently similar that a set of relatively small, inexpensive adaptor routines exist which make it appear identical to the current Portable Library except in some very obscure details.

The most crucial difference between this package and the Portable Library is that the current offering names streams in terms of pointers rather than by the integers known as 'file descriptors.' Thus, for example, the routine which opens a named file returns a pointer to a certain structure rather than a number; the routine which reads an open file takes as an argument the pointer returned from the open call.

General Usage

Each program using the library must have the line

> #include

which defines certain macros and variables. The library containing the routines is '/usr/lib/libS.a,' so the command to compile is

> cc . . . –lS

All names in the include file intended only for internal use begin with an underscore ' ' to reduce the possi–bility of collision with a user name. The names intended to be visible outside the package are

stdin	The name of the standard input file
stdout	The name of the standard output file
stderr	The name of the standard error file
EOF	is actually –1, and is the value returned by the read routines on end-of-file or error.
NULL	is actually –1, and is the value returned by the read routines on functions to indicate an error.
FILE	expands to 'struct iob' and is a useful shorthand when declaring pointers to streams.
BUFSIZ	is a number (viz. 512) of the size suitable for an IO buffer supplied by the user. See setbuf,below.

getc, getchar, putc, putchar, feof, ferror, fileno

第 8 章　Unix at Berkeley

> are defined as macros. Their actions are described below; they are
> mentioned here to point outthat it is not possible to redeclare
> them and that they are not actually functions; thus, for example,
> they may not have breakpoints set on them.
>
> The routines in this package, like the current Portable Library, offer the convenience of
> automatic buffer allocation and output flushing where appropriate. Absent, however, is the
> facility of changing the default input and output streams by assigning to 'cin' and 'cout.'
> The names 'stdin,' stdout,' and 'stderr' are in effect constants and may not be assigned to.

8.5　50 Bugs

　1975 年は、UCB の Unix コミュニティにとって大きな転機となりました。その理由の 1 つは、その年の秋に Ken Thompson が客員教授としてやってきたことです。その年の春に Sixth Edition Unix に関する作業を終えた Ken Thompson は、研究休暇を利用して 1 年間 UCB の客員教授になりました。

　実は、「Ken Thompson はなぜ UCB にきたのか?」という疑問を私は長年もっていたのですが、答は簡単。第 3 章で紹介したように、Ken Thompson が UCB の卒業生だったからです。母校で客員教授をやるのは、それほど不思議なことではないですもんね。

　Ken Thompson の到着とともに、UCB には Sixth Edition が導入されました。以降、UCB では Sixth Edition をベースにしてさまざまな開発が行われるようになりました。

　ちなみに、後の PDP–11 用 BSD Unix である 1BSD および 2BSD は、いずれも Sixth Edition に対する追加コードの形で配布されました。つまり、ディストリビューションテープにはカーネルのコードは含まれておらず、ユーザーは Sixth Edition Unix のシステムの上に 1BSD あるいは 2BSD のツールをインストールしたようです。

　Ken Thompson の UCB 着任にまつわる有名な伝説に、"50 Bugs" があります。アメリカでは学校の新学期は 9 月から始まりますが、Ken Thompson が UCB に着任したのもおそらくそのころだった思われます。1975 年の 5 月に Sixth Edition Unix をリリースした後も、BTL では Unix の改変が続けられており、9 月の段階で新しいリリースを作ってもよいくらい修正がたまっていました。そこで、Ken Thompson は、UCB に着任する前に、カレントコードと Sixth Edition Unix との diff を作成しました。これが、50 Bugs です。

Ken Thompson の NOTES

　伝説の 50 Bugs はいったいどんな内容だったのか調べてみたところ、見つかったのがリスト 8–2 のメモランダムです。このメモランダムからもわかるように、実際の 50 Bugs には 52 箇所の修正が含まれていました。前半の Mike O'Brien（マイク・オブライエン）によるコメントは、diff が示す実際の修正箇所に個別に付けられたものです。さらに、後半の Ken Thompson の NOTES で語られている内容は、興味深く感じられます。

　(1) の「テーブルの定義と宣言の分離」では、後の Portable C Compiler（PCC）について言及しています。これは、1975 年の時点で、Dennis Ritchie と Steve Johnson によるポータビリティに関す

る研究がかなり具体的になっていたことを意味しているのでしょう。Unix のポータビリティに関する研究については第 6 章で紹介しましたが、マシン調達資金の提供者がいたにもかかわらず断った IBM System/360 への移植も、技術的な側面についてはちゃんと配慮していたというのは驚きです。

(4) の「プロセスグループ」については、ネットワークデーモンを作成するためにこの機能が必要だと Ken Thompson は考えていたようです。(7) の「シェルソートのルーチン」に関する Ken Thompson の率直なコメントもたいへん印象深いですね。

このように、50 Bugs は、当時の Unix が短時間のあいだにコードがガンガン書き換えられる、まだまだ若い OS であったことを物語ってくれます。今日の Linux カーネルなどの開発でのやり取りと共通したものを感じる人もいるでしょう。

Ken Thompson はこの 50 Bugs を携えて、UCB へ移動する途中でいくつかの Unix サイトに立ち寄り、diff を内緒でコピーさせたといいます。したがって、50 Bugs は今でいう「非公式パッチ」ということになります。というのも、当時 AT&T は Unix を「サポートなし」という条件で配布していました。この建前から、50 Bugs のような主にバグフィックスを目的としたリリースを公式に出すことは事実上不可能だったのです。Ken Thompson 自身は、(2)(3) のような性能に大きな影響を与えるバグはどうにかしなければならないと考えていたようで、その結果、50 Bugs は開発者自身の手による非公式パッチという不思議な形態でリリースされました。そのコピーがさらにコピーされてやがて Unix コミュニティ全体に広まり、伝説を作ったというわけです。

ちなみに、ここに掲載したメモはオーストラリアの Unix サイトが保管していたバックアップテープの中に収録されていたものです。まさしく「Unix コミュニティ、恐るべし」ですね。

リスト 8–2 50 Bugs

UNIX CHANGES
(Differences between Bell UNIX & Standard Ver. 6)
compiled by Mike O'Brien

(1) Space allocation for buf, file, inode, proc, text, and u split out into separate files (see notes).

(2) New "aging" parameter in block I/O puts a freshly written-out DELWRI block on the tail of the av-list (see notes).

(3) spl5's have been changed to spl6's in mch.s.

(4) Location 0 traps to "trap()" in case of hardware glitch (trap type 15).

(5) On 45's: kernel text is write-protected; stuff above "_end" is removed from kernel address space (presumably to catch accidents).

(6) "sysfix" has been changed to use long ints and lseek(); should work on systems >32K.

(7) In bio.c, several things sleep at pri+1 instead of pri...see notes.

第 8 章 Unix at Berkeley

(8) There are now two swap buffer buf structs instead of one, indexed by register.

(9) dh.c has special checks for 15cps, for what looks like machine–machine communications.

(10) RAW mode now permits 8–bit transmissions, at the expense of delays.

(11) Instead of using the control tty for propagating QUIT and KILL signals, a "process group" is created for the purpose of propagating such signals. See notes.

(12) 20 files may now be open per process, but files FCLFILE (=15 currently) onward are closed on an "exec".

(13) The internal "printf" routine now saves its last batch of characters output in an internal message buffer for examination.

(14) User and system times, and most other 2-word quantities, are now "longs".

(15) There is a sort of disk instrumentation installed. It keeps track (in each driver) of which disks are currently busy, total number of accesses, and total words transferred for each controller. "clock.c" then sorts these into 32 cartesian bins (4 controllers vs. 4 machine states) on the basis of who's busy, and what the machine state is.

(16) A "ttyoutput('\n')" is done upon receipt of a KILL keypress. Also, a constant DLDE-LAY is added to timeouts for DL stuff to allow for double–buffering in the DL hardware.

(17) File system superblocks now contain a file system name and pack name.

(18) Some sort of process accounting into a disk file has been added. Turned on/off by the super–user via a special sys call, every process that runs gets times, id's, and other stuff recorded.

(19) Unimplemented, but present (see notes): some sort of sorting routine to permute each group of 24 blocks to be interleaved by about 3. Don't use it — see notes.

(20) Scheduler priority shuffling is now different, and "lbolt" gets woken up every second. Timeout table overflow now causes a panic.

(21) Logic error fixes in iget.c: have to do with freeing blocks from a truncated inode. Also, an iput(u.u_pdir) gets done if inode allocation fails.

(22) "Estabur" now takes a 4th arg, RW or RO (for read–only text segment).

(23) "Sureg" is rather shorter, and rather different.

(24) The scheduler gets woken up when core is freed. It sleeps when there isn't enough core for the selected swapped process. It gets woken up once every second in any event.

(25) Signals are now kept as bits in a word, and several have been eliminated. Several can therefore be pending at once. Only 16 signals can therefore be defined.

(26) Writing user I-space is now allowed, if the text is being used exclusively.

(27) pri=0 can't be disturbed by signals any more.

(28) Everybody SLEEPs now - WAIT state has been abandoned.

(29) The process table is now linked–list, though some searches are still done linearly through the table. New panic: "running a dead proc".

(30) Bug fix in "setpri()": p>curpri should be p<curpri.

(31) The scheduler now looks for the oldest process to toss it out, or for one that's been in 2 sec when the current one has been out 3 sec.

(32) u.u_segflg now differentiates between user I&D spaces.

(33) "Exec()" args are now kept in a pseudo–file in swap space. Hence, there is no limit on simultaneous EXEC's. It still panics when it runs out of swap, though, so arg lengths are still limited (to 10 blocks' worth presently).

(34) There is a "type 405" file which when exec'ed overlays only the text portion. The exec fails if: not separated and text sizes aren't exactly the same, or if there are arguments in the exec.

(35) First 10 bytes (instead of 8) are now read in. Includes an "entry location" word, which if non-zero really works: proc starts up there.

(36) Lets you know if init proc dies.

(37) The "u" struct no longer gets swapped on exit(). Instead, relevant stuff is saved in the zombie's proc table entry instead, as an overlay.

(38) On fork(), sys makes sure there's enough swap space to swap max size core image, to lessen chances of running out.

(39) Inodes are locked up during actual reads and writes (sys2.c).

(40) Some later V6's apparently required inode mode to allow writing even on "creat()". Early ones didn't have that. Anyway, it's fixed back.

(41) Overseek can now give "file too large" error.

(42) "Swap I/O error" panic has been moved to bio.c.

第 8 章　Unix at Berkeley

(43) Super–user can now exec a file regardless of its execute permissions.

(44) There is a "tell()" sys call which returns the file offset pointer for the argument file descriptor.

(45) The "access()" system call checks access permissions on the real id's of the process regardless of the effective ones. Doesn't return stats, just does an internal "access()" to set u.u_error.

(46) Changes to "unlink()" in sys4.c:
  (a) panic("unlink") removed.
  (b) Mounted–on files can't be unlinked.
  (c) "BUSY" shared-text files can't be unlinked.

(47) "smdate" call has been removed entirely.

(48) "alarm()" and "pause()" system calls are in to provide a user–mode timeout capability.

(49) "out of text" is no longer a panic: the process gets killed and a printf() happens.

(50) A pure text segment is no longer swapped out on initial execution, if there is core around for separate text allocation. If not, an "xswap()" is done.

(51) To do this, there are new routines analogous to plock() and prelse(), called xlock() and xunlock(), for text segments. Text segments now have flags for locked and unlocked, and writable/written into, etc.

(52) 11/70 memory parity errors are reported via printf() and a recovery attempted. Parity on any other machine causes a panic.

リスト 8–3 Ken Thompson によるメモ

NOTES

by Ken Thompson

(1) Separate definition and declarations of tables: a more portable C will require that there be only one space definition in a group of programs. This has to do with loader restrictions that are on some notable big blue machines.

(2) Aging: an old bug on delayed writes. A buffer will age normally until it hits the end of the av-list. At that time it is turned into an asynchronous write. The bug is that when the

asynch-write finishes, the buffer is put back on the head of the av-list; thus spending double time in the cache.

(3) bio sleep on pri+1: another old bug. When 2 processes are waiting on the same thing (buffer in one case and swap block in another), and one is waiting completion while another is waiting to use the thing, a single wakeup will cause both to be scheduled at the same pri. If the one waiting on completion wakes up first, everything is fine, but if the one waiting to use the block comes up first then there are 3 context switches where one would do.

(4) Process groups: the process groups are now a more dynamic notion; mainly they do not need to be tied to a tty structure. The only new use of this is in my network code where a "listener" needs to create a new process group. There is no current way to set up a new group. The reserved sys call is for this purpose. You can lose the control of your teletype if a process without a controlling teletype (daemon or something) opens your teletype.

(5) Children times: the times in the system are now declared long so some explicit code is taken out. Times is different in that the parent times are now 32 bits rather than 16. This causes some trouble with "time" and "sh".

(6) In the code in closef, the wakeups on pipes need to be a little farther down to prevent rare race conditions between reading a pipe just as it is being closed.

(7) The sorting of the disk blocks by the shell sort routine is commented out. It's so elegant that I hated to delete it outright, but in fact, it's quite a loser. I meant to delete it from the diff so that no one would be led astray.

リスト 8–4 リスト 8–3 の翻訳

(1) テーブルの定義と宣言の分離
よりポータブルな C では、プログラム中のスペース定義を 1 箇所のみにする必要があるでしょう。これは、かの有名なビッグブルー（IBM）のマシンのローダーの制限と関係があります。

(2) 高齢化
後から書いたものに含まれる古いバグです。通常、バッファは av–list の最後に至るまで生き残り続け、av–list の最後に至ると非同期書き込みが発生します。バグは、非同期書き込みが終了したとき、バッファが av–list の先頭におかれることです。これによりバッファはキャッシュの中で 2 倍の時間を過ごすことになります。

(3) プライオリティ pri+1 の bio sleep
もう 1 つの古いバグです。2 つのプロセスが同じバッファあるいはスワップブロックを待っていて、1 つのプロセスが処理中で、もう 1 つのプロセスがバッファあるいはスワップブロックの

第 8 章　Unix at Berkeley

使用を待っている場合、シグナルによる wakeup によって、両者が同じプライオリティでスケジュールされてしまいます。処理中のプロセスが先に起こされたなら、すべてはうまくいくでしょう。しかし、ブロックを使おうとしているプロセスが先に起こされた場合、その処理を行うためにコンテキストスイッチが 3 回も発生してしまいます。

(4) プロセスグループ
プロセスグループは今より動的な概念になり、特に tty 構造体と結び付ける必要がありません。これを活用した唯一の例は私のネットワークコードで、「リスナー」が新しいプロセスグループを作る必要があります。新しいグループを設定する方法は現在ありませんが、この目的のためにシステムコールを予約しています。（デーモンなどの）テレタイプの制御を必要としないプロセスがテレタイプをオープンしているのであれば、テレタイプの制御を失う場合があります。

(5) 子プロセスの時間
システムの時間が long で宣言されるようになったため、いくつかのあからさまなコードは取り除きます。親プロセスの時間が 16 ビットから 32 ビットに変わったため、時間は異なります。これは time や sh において問題を引き起こします。

(6) closef の中のコードにおいて ……
closef の中のコードにおいて、クローズしようとしているパイプをリードするまれに稀に起こる競合状態を回避するため、パイプの起動にはもう少し先に停止する必要があります。

(7) シェルソートのルーチン
シェルソートのルーチンによるディスクブロックのソートがコメントアウトされています。非常にエレガントなので、完全に削除するのは嫌だったのですが、実際には、それはできそうにないです。誰も惑わされないように、私は diff から削除するつもりでした。

Ken Thompson が 1 年間滞在したことが、UCB の Unix コミュニティの技術面での質的向上に大きく寄与したことは間違いないでしょう。そして 1975 年の秋、新しい大学院生として Bill Joy（ビル・ジョイ）が UCB に入学してきました。彼の登場により、その活動は BSD Unix へと指向し始めます。

第9章
Berkeley Software Distribution

客員教授として Ken Thompson（ケン・トンプソン）が 1 年間在任するという幸運に恵まれた University of California Berkeley（UCB）は、そのチャンスを生かして Unix に関する技術力を格段に向上させました。当然の帰結ともいえますが、より若く、しがらみも少なく、楽観的である大学の研究室の特性とも相まって、彼らの UCB でのアクティビティを対外的に強くアピールしたいという欲求は高まりました。それが、UCB 独自のディストリビューションの配布活動へとつながっていきます。本章では、後の 1980 年代に当時の IT 業界の注目を集め、今日でも開発が続けられている Berkeley Software Distribution（BSD）が成立した経緯について紹介します。

9.1　Unix 互換 OS

　Unix と互換性のある OS は、今日でも多数存在します。皆さんにとって身近だと思われる例をあげると、Linux、FreeBSD、MacOS X、Solaris などなど……。

　こういったシステムは、そのルーツを探っていくと、すべて Ken Thompson と Dennis Ritchie（デニス・リッチー）の作ったオリジナルの研究版 Unix にたどり着きます。互換 OS がたくさん存在するのは Unix 特有の現象で、そうなってしまった理由は、オリジナルの Unix がソースコード公開の OS だったからです。

　Unix と同じ動作をするように新たに書き起こした Linux のような例も存在しますが、Unix 互換 OS の大多数は、Unix のソースコードを流用して開発されています。Unix のソースコードを手に入れて、その一部を手直ししたり、新たな機能を追加したり……。こういった Unix 互換 OS は、オリジナルの研究版 Unix が開発途上だった 1970 年代から存在していました。

　Unix 互換 OS の中で、オリジナルの研究版 Unix との互換性が最も高く、研究版 Unix と同等の評価を得てきたのが、UCB で開発された BSD Unix です。BSD Unix は、インターネットの標準プロトコルである TCP/IP をサポートする Unix として 1980 年代に大ブレークをするわけですが、元はというと 1 人の大学院生が始めたプロジェクトでした。その大学院生の名前は、Bill Joy（ビル・ジョイ）。後の Sun Microsystems の創業メンバーの 1 人です。

　Bill Joy が UCB に入学したのは 1975 年のことでした。ごく普通の大学院生として入学してきたのですが（ではなかったかも知れませんが）、そこには研究休暇中の Ken Thompson がいました。その後の展開を考えれば、その出会いはまったく幸運な出来事だったのですが、その経緯はどこの大学にもあるありふれた光景だったようです。

　大学院に入学した新入生の場合、まずは自分の指導教官が行っている研究の手伝いから始めるのがお約束ですが、Bill Joy が取り組んだ課題は、文脈自由文の解釈アルゴリズムにかかわるプログラムの作

第 9 章　Berkeley Software Distribution

Bill Joy
"Bill Joy" (CC:BY 2.0)

成でした。そして、そのために Bill Joy が選んだプログラムの開発環境こそ、ちょうどそのとき Ken Thompson が開発を進めていた、Unix 上で動く Pascal システムだったというわけです。

9.2　Pascal: モダンなプログラミング言語

「Pascal」といえば、「人間は考える葦である」で有名なフランスの数学者/哲学者の Blaise Pascal（ブレーズ・パスカル）を思い浮かべる人も多いと思いますが、それに由来する同名のプログラミング言語もたいへんよく知られています。

1970 年代に Niklaus Wirth（ニコラス・ヴィルト）によって設計されたこのプログラミング言語は、ALGOL の流れをくむモダンなプログラミング言語として一世を風靡しました。本格的なプログラミング言語として、APPLE II を始めとする 8 ビットマイクロコンピュータにも数多く搭載されたので、かつてのマイコン小僧の皆さんはよくご存じでしょう。

その後の C 言語の登場によって、現在ではメインストリームからは少し外れた感がありますが、プログラミング言語「Pascal」は、いまもって根強い人気を有しています。

Pascal 開発の背景

その名前からも想像できるように、Niklaus Wirth はスイスの出身です。第 2 章で紹介したように、C 言語のベースとなった BCPL を開発した Martin Richards（マーチン・リチャーズ）もイギリスの出身ですから、当時の優れたプログラミング言語の設計者にはヨーロッパ出身者が多かったようにみえ

ます。といっても、これは不思議な偶然でもなさそうです。

まず前提として、1970 年代初頭には、コンピュータのプログラムが FORTRAN で書かれることが多かったことを説明しなければなりません。商業コンピュータの誕生からほどなく出現した、最古のプログラミング言語である FORTRAN は、「アセンブラプログラミングの繁雑さから逃れたい人々が必要に迫られて作ったプログラミング言語」でした。プログラミング言語という概念が確立されていない時期に生まれた経緯もあって、FORTRAN の問題点[*1] もまた古くから指摘されていました。とはいえ、当時のコンピュータ業界の巨人であった IBM がサポートしていたこともあって、FORTRAN は主要なプログラミング言語の地位に長く君臨していました。「技術的に正しいものが市場を制覇するとは限らない」というのは、今も昔も変わらない真実ですね。

FORTRAN の問題点

FORTRAN の問題点/弊害を指摘する事例としては、たとえば Structured Programming（構造化プログラミング）で有名な Edsger Dijkstra（エドガー・ダイクストラ）が 1968 年に発表した、"Go To Statement Considered Harmful" [*2] です。この論文で Dijkstra は、FORTRAN によるプログラミングの問題点を正面から指摘しました。当時、Dijkstra の主張に賛同する研究者のあいだでは ALGOL のもつ洗練された制御構造が「望ましいもの」と考えられていました。

しかし、主にコンピュータを実務に使っている立場の人々は、Dijkstra の主張は絵空事だと考えていたようです。なぜなら、当時のプログラミング環境において、問題はあったとしても仕事にまともに使えるプログラミング言語が FORTRAN や COBOL 以外には存在しなかったからです。たとえば、後に書かれた作者不詳の論文 "Real Programmers Don't Use Pascal" を読むと、この立場の人々の意見がよくわかります。

両者の対立は、本質的には産業界 vs. 学術界という構図であったように思われます。とりわけ新しいプログラミング言語を開発する仕事では、開発者のある種のセンスによってその出来が大きく左右されるので、「即物的なものの見方をするアメリカ人にはない洗練された思考の必要な仕事」とヨーロッパ人に主張されたら、妙に納得してしまいそうです。

また、アメリカでは当時の IBM の存在を絶対視する風潮が強かったせいか、「プログラミング言語はビッグプレーヤーが手がけるべき仕事」と考える研究者が多かったのかもしれません。確かに、当時はよりよいプログラミング言語を開発しても、それが IBM のサポートする FORTRAN を打ち破るだけの商業的成功を収めるとは考えにくい状況ではありました。こういう状況下では、あえて挑戦する試みが少なかったのにも合点がいきます。

けっきょく、ヨーロッパ人の ALGOL 好きは、武骨なアメリカ人を体現したような FORTRAN に対する対抗心の表れと理解するのが無難かな？　と私は考えたりします。

[*1] FORTRAN の問題点：IBM 自身も FORTRAN の問題点はよく理解していたようです。その対策として打ち出されたのが、新しいプログラミング言語 PL/I でした。ゆえに 1960 年代には、実際に動作する処理系が存在しなかったにもかかわらず、PL/I は次世代の主要プログラミング言語として広く認知されていました。第 1 章で紹介したように、Multics のシステムプログラミング用言語として PL/I を採用した理由の 1 つには、こういう世相からの影響があったのでしょう。

[*2] "Go To Statement Considered Harmful"：http://www.acm.org/classics/oct95/

第 9 章　Berkeley Software Distribution

---

column

■ 本物のプログラマは **PASCAL** を使わない

"Real Programmers Don't Use Pascal" は 1983 年に *DATAMATION* という雑誌に記事として掲載されました。日本でも 1985 年、共立出版の『bit』に「本物のプログラマは PASCAL を使わない」というタイトルでその翻訳が掲載されたので、記憶にある人もいることでしょう。

私事で恐縮ですが、翻訳版が発表された翌年、新人研修の講師を担当した私は、この論文を教材に使って各方面で騒ぎを起こしました。

今は原版/翻訳版ともにインターネットで公開されているので [*3]、ぜひ読んでみてください。

9.3　Pascal 誕生

Niklaus Wirth は、1963 年に UCB で博士号を取得し、1968 年に帰国してスイスの Federal Institute of Technology（ETH）の教授に就任するまでのあいだに Stanford University の助教授を勤めたので、当時のアメリカのコンピュータ業界の様相はよく知っていたと思われます。そして、Stanford University 在籍時から、ALGOL に基づくプログラミング言語の設計/開発に手を染めています。このときの成果である ALGOL–W は、IBM System/360 で動く ALGOL コンパイラでした。

1968 年、帰国して母校の教授に就任した Niklaus Wirth は、ALGOL–W 開発の経験を踏まえて、新たなプログラミング言語の設計に着手します。これが、「Pascal」でした。Pascal は、当初から大学生に対するプログラミング教育に活用することを目的として設計されたプログラミング言語でした。Dijkstra の提唱した構造化プログラミングが「正しいプログラミングのあり方」として認知され始めた時代だったので、実際にそれを体験できるプログラミング言語やその処理系が求められたわけです。

Pascal の存在は、1970 年ごろに論文として発表されていましたが、その実装は 1972 年に発表された論文 "The Programming Language PASCAL" [*4] において紹介されました。これは、CDC 6600[*5] で動作するコンパイラで、「Pascal 6000」と名付けられました。実際に動作するコンパイラが出現したことが、以降の Pascal のブームに火を付けることになります。

Pascal–S：ポータブルなサブセット

1975 年に発表された「Pascal–S」により、Pascal のブームはさらに拡大します。Pascal–S はオリジナル Pascal のサブセットで、より多くの学生に望ましいプログラミング演習の環境を提供することを目的として開発されました。"Pascal–S: A Subset and its Implementation" [*6] で詳しく解説され

[*3] "Real Programmers Don't Use Pascal"：
　　原版：http://www.ee.ryerson.ca/~elf/hack/realmen.html
　　翻訳版：http://www.genpaku.org/realprogrammerj.html
[*4] "The Programming Language PASCAL"：
　　http://www.fh-jena.de/~kleine/history/languages/Wirth-PascalRevisedReport.pdf
[*5] CDC 6600：Control Data Corporation の Seymour Cray（シーモア・クレイ。後に Cray Research を創業）が開発した当時最高速のコンピュータ。演算速度は 9MFLOPS。
[*6] "Pascal–S: A Subset and its Implementation"：
　　http://www.fh-jena.de/~kleine/history/languages/Wirth-PascalS.pdf

114

ていますが、この論文には 25 ページにわたって Pascal–S 自身で記述された Pascal–S のソースコードが掲載されており、論文の読者の手で Pascal はさらに広まっていきました。UCB に着任した Ken Thompson が Pascal システムを手がけ始めた理由も、おそらく Pascal–S の論文が発表されたことよると思われます。論文の発表は、Ken Thompson が UCB に着任する数か月前のことだったからです。同じように、論文の発表を契機として、各所で Pascal システムの実装が始まりました。Pascal–S もまた、今日でいうオープンソースの草分けの 1 つと考えてよいでしょう。

当時の Pascal が普及するスピードは、Unix よりもずっと速かったと推測されます。というのも、1970 年代の後半にはマイクロプロセッサが発明され、初期の PC（Personal Computer）が出現したからです。当時の PC に搭載されたのは 8 ビットのマイクロプロセッサだったため、Unix を移植するのは事実上不可能だったのですが、Pascal–S はこういったマイクロプロセッサの上でも動作しました。ALGOL の流れをくむ洗練されたプログラミング言語で、たいへんコンパクトなうえに、どんなコンピュータにも移植できるとなれば、当時であれば注目されないはずがありません。

こうして Pascal はモダンなプログラミング言語の代表格として、広く認知されるようになりました。1970 年代末の時点では、Pascal は Unix や C 言語よりも多方面に普及していたといってよいでしょう。

Pascal の弱点

いいことづくめのように見える Pascal ですが、もちろん弱点はあります。

もともとプログラミングを教育するための教材として作られた Pascal は、プログラムの記述に対して厳格さを求める設計になっていました。つまり、プログラミングの過程でできるだけバグを排除するという考え方の下に、プログラムを記述するうえでの自由度をできるだけ制限する作りになっていたのです。Pascal が普及し、多種多様なプログラムの作成に活用されるようになると、Pascal のもつ厳格さがプログラミングの制約となるケースが増えてきました。1980 年代に入ると、このような制約は Pascal の問題点として指摘されるようになってきます。

Pascal 批判の著名な論文の 1 つに、Brian Kernighan（ブライアン・カーニハン）の "Why Pascal is Not My Favorite Programming Language" [7] があげられます。彼が 1976 年に FORTRAN を教材に使った *Software Tools*（『ソフトウェア作法』）を出版したことはすでに紹介しましたが、後に同じツールを Pascal で記述することも試みました。論文は、その経験を踏まえて Pascal の問題点を指摘したものです。

Pascal に対する Kernighan の評価は、論文の最後で簡潔に述べられています。

I feel that it is a mistake to use Pascal for anything much beyond its original target.

In its pure form, Pascal is a toy language, suitable for teaching but not for real programming.

---

[7] "Why Pascal is Not My Favorite Programming Language"：挑発的なタイトルだったせいか、この論文は何度も出版社からの掲載拒否を受けたという逸話があります。C 言語を生み出した研究グループのメンバーの 1 人が書いた Pascal 批判の論文ですから、公表すれば物議を誘うのは間違いないわけですが、あえて火に油を注ぐようなタイトルを付けたのも Brian Kernighan（ブライアン・カーニハン）流のジョークだったのかもしれません。あるいは、C 言語を普及させるためのプロモーション活動の一環だったのでしょうか？

"Why Pascal is Not My Favorite Programming Language"：
http://www.lysator.liu.se/c/bwk-on-pascal.html

第 9 章　Berkeley Software Distribution

> 私は当初の目的以外のどんな用途にも Pascal を使うのは間違っていると思います。そもそも
> Pascal は玩具の言語で、教育用には使えても、実際のプログラミングには適さない代物だから
> です。

　ちょっと引いてしまうような表現ですが、Kernighan の批判の鉾先は Niklaus Wirth ではなく、
Pascal に過大な期待を抱く多くの人々に向けられています。このような過激な表現を使わなければな
らないほど、当時は Pascal に熱狂し、支持する人がたいへん多かったことを物語っています。

　このように、1980 年代初頭には、Pascal は多くの共通点をもつ C 言語とよく比較されました。いず
れも ALGOL という共通のルーツをもつプログラミング言語ですが、その設計思想の違いから両者は
対照的な性格をもっていたからです。C 言語支持者にいわせれば Pascal は「制約が多すぎて使いもの
にならない」言語ですし、Pascal 支持者にいわせれば C 言語は「自由度がありすぎて危険極まりない」
言語だと考えられていました。ともにアクの強いプログラミング言語であることは間違いないでしょ
う。両者はともに標準化されましたが、その標準化作業ではお互いの機能を部分的に取り入れることで
そのアクを薄めるような検討が行われたのは面白いところです。

　けっきょく、Pascal と C 言語のどちらがより優れたプログラミング言語だったのでしょうか?

　公平な立場からこれを説明するには、Niklaus Wirth と Pascal に関するエピソードをもう 1 つ紹
介しておく必要があります。Ken Thompson と Dennis Ritchie が Turing Award を受賞した翌年、
1984 年に Niklaus Wirth は Pascal を開発した功績により同賞を受賞しています。両者はともに、コン
ピュータサイエンスの発展に大きく貢献したというわけですね。

9.4　UNIX Pascal System

　Pascal 自体の話で大きく脱線してしまいましたが、ここで Bill Joy の話に戻りましょう。

　Bill Joy が Pascal を使って作成しようとしていたのは、文脈自由文の解釈アルゴリズムにかかわる
プログラムでした。一般にどのような構文解釈プログラムでも、とかくプログラムサイズが大きくなり
がちなものなのですが、主にコンピュータハードウェアのリソース不足が原因で、この当時の開発ツー
ルは、生成できるアプリケーションプログラムにさまざまな制約が設けられることが多かったのです。

　Ken Thompson の Pascal システムは、任意の大きさのアプリケーションプログラムを実行すること
を許すように作られていたとされていますが、これはおそらく Ken Thompson の Pascal システム独
自の機能だったと推測されます。まぁ、FORTRAN を目指して実装を始めたのに、結果的に B 言語が
できあがるような経験の持ち主であった Ken Thompson が、そもそも Pascal–S を忠実に再現するよ
うな作業をしたか否かは怪しいところでしょう。論文を見ながらコーディングを進めるうちに、どんど
ん仕様が変わってしまって……、Dennis Ritchie 風に解説すると「Ken Thompson の Pascal システ
ムが Pascal–S だったのは最初 1 週間だけでした」といった様子を容易に思い浮かべることができます。

　1BSD に付属する "UNIX Pascal User's Manual" によれば、1976 年の初頭には Ken Thompson の
独自の Pascal システムが動作していたようです。しかし、このシステムはソースコードもドキュメン
トも残されていないので、今となっては確かめるすべがありません。

　さて、Bill Joy のプログラムは書き上がり、予想どおり大きなものになりました。「もちろんプログ
ラムは動いたが、Pascal システムには大きすぎた」と Bill Joy は説明していますが、おそらくアプリ

116

ケーションプログラムが大きすぎて Pascal システム自身がコケてしまうような状況に陥ったと推測されます。この問題を解決するため、Bill Joy が Ken Thompson に Pascal システムの内部について直接質問したことが、2 人が親密な関係になるきっかけでした。

Unix Wizard の誕生

こうした経緯で、Bill Joy と同じ大学院生だった Chuck Haley（チャック・ヘイリー）は、問題のプログラムを動かすため、Ken Thompson の Pascal システムのハッキングに没頭することになりました。当初は、手直し作業程度でプログラムが動くだろうとの楽観的な見通しで作業を始めたようですが、後にこれは完全な見込み違いであったことが判明したようです。というのも、Pascal システムは何でもかんでもメモリ上で処理を行う作りになっていたからです。

問題を解決するには、Pascal システムの大がかりな改造が必要であることが判明したわけですが、Bill Joy と Chuck Haley は（おそらく学部の先生に）けっきょく説得されて、有償のアルバイトとしてこの問題の解決に挑戦することになりました（この逸話からも、当時の大学では Pascal がたいへん重要視されていたことがうかがえます）。Bill Joy の説明では、この作業は summer job だったそうですから、おそらく 1976 年の夏休み期間中であったと推測されます。そして、夏休みが終わり、この問題が一応解決したころには、Ken Thompson は Bell Telephone Laboratories（BTL）に戻っていました。

1976 年ごろの UCB では、Ken Thompson が持ち込んだ Sixth Edition Unix（Version 6 Unix）に切り替わりつつある時期で、Ken Thompson が在籍しているあいだは各種のシステムトラブルも彼自身の手で解決されていたと推測されます。そして、1976 年の秋に Ken Thompson が BTL に戻って以降、その役割は Bill Joy と Chuck Haley のコンビに引き継がれることになりました。それまで Ken Thompson が行っていた 50 Bugs のパッチ当て作業も彼らが担当することになったといいますから、その守備範囲はカーネルまで一気に広がったことになります。

2 人は文字どおり「きっちりハメられた」わけですが、本人たちはそれほど不本意には感じてなかったようです。なぜなら、彼らはすでに Unix 中毒に侵されていたからでした。

9.5 Editor for Mortals

1976 年夏の UCB では、もう 1 つ重要な事件がありました。University College in London の George Coulouris（ジョージ・クールリス）が UCB を訪れており、そのときに em エディタ がもたらされたのです。実は、この事件がなければ、" vi " は生まれていなかったかもしれません。

Unix の標準テキストエディタ ed は、もともと Ken Thompson 版 QED のサブセットであったことは第 3 章で紹介したとおりです。ed は、いわゆる「ラインエディティング」という考え方に基づくエディタなのですが、QED としての実績を踏まえていたため、当時のテキストエディタとしては最初から完成されたものでした。1960 年代のテレタイプ端末や、1970 年代のコンソールの能力を考えれば、それ以上の機能は必要なかったというわけです。

しかし、1970 年代になっていわゆるビデオターミナルが普及し始めると、テキストエディタに対しても新しい可能性を指摘する声が増えてきます。今日「スクリーンエディティング」と呼ばれる、スクリーン上のカーソルの位置を移動しながら、任意の文字を追記、修正する考え方です。ラインエディティングに比べて直感的な操作が可能であるため、スクリーンエディティングは一般には「より優れている」と考えられていました。

第 9 章　Berkeley Software Distribution

テレタイプ端末：ASR-33
"English: Teletype Model 33 ASR with paper tape punch/reader"
by Marcin Wichary (CC:BY 2.0)

ビデオターミナル：Hazeltine 2000
写真協力：Bill Degnan / vintagecomputer.net

　em エディタ Editor for Mortals は、Unix におけるスクリーンエディタの草分けとして知られていますが、それ自体は拡張版 ed と呼んだほうが正確でしょう。em では o という内部コマンドが追加され、いわゆる open mode がサポートされていました。この open mode とは、ed の a/i/c コマンドなどのテキスト入力について、今日の tcsh や bash がサポートするコマンドラインエディティングのような操作ができるようなモードです。したがって、em は完全なフルスクリーンエディタではなく、おそらく従来のテレタイプ端末では ed と互換のエディタとして、最新式のビデオターミナルではスクリーン

エディタのような操作ができるという、ハイブリットなエディタだったといえるでしょう。

　面白いことに、Ken Thompson を始めとする BTL のメンバーは、スクリーンエディタという考え方にはまったく関心を示しませんでした。OS やプログラミング言語に関しては当時最先端技術を追求していた彼らが、このような反応をするのは意外と思われるかもしれませんが、複数の文献で語られている数々の証言から、これは事実だったようです。em の作者である George Coulouris もまた、Ken Thompson が em にそっけない反応を示したことを語っています。

vi 誕生前夜

　UCB の若い大学院生 2 人の em に対する反応は、まったく違ったものでした。そのとき、彼らは ed を使って Pascal システムの開発をしていましたが、同時に ed もハッキングの対象で、すでにさまざまな機能の追加をしていました。そのような彼らにとって、em はたいへん興味をそそられるハックだったようです。George Coulouris によれば、彼らが em を見たとき、UCB にあった端末ではうまく動かないところもあったにもかかわらず、"that's nice, the system support people might be interested in that" と語ったといいます。「いかにも」というようなセリフですが、本音はおそらく em の実装の秘密が知りたかったのでしょう。

　その秘密の 1 つは、今日 tty raw mode として知られているテクニックです。Unix では tty ドライバを介して端末との入出力を行いますが、tty ドライバの中ではバッファが定義されており、端末に出力される文字や端末で入力された文字は原則としてこのバッファに一時的に蓄えられます。したがって、端末との入出力を行うプログラムは 1 回の read/write で複数の文字をまとめて入出力できます。「デバイスもファイルと同じようにアクセスできる」という Unix の特徴を実現するのに必要な実装でした。

　しかし、「スクリーンエディタ」を開発するには、このバッファリング機構が邪魔になります。たとえば、vi の h/j/k/l はカーソルを移動させるためのコマンドですが、これらの文字が入力されたら vi は直ちにカーソルを移動させる処理を行う必要があります。ところが、tty ドライバを普通の状態で使うと、これらの文字が内部のバッファに貯め込まれてしまうため、「キー入力されたら直ちに」という処理はできないのです。これではキー操作にリアルタイムに反応する必要のあるスクリーンエディタは実装できません。この問題を解決するために George Coulouris が編み出したのが、tty raw mode というテクニックでした。tty ドライバを raw mode に設定すると、バッファリングなどの tty ドライバの機能が無効化され、端末とのリアルタイムの入出力が可能になります。em エディタは、このテクニックを使った最初のアプリケーションでした。

　tty raw mode はシステムに大きな負荷をかける問題もあり、件のシステムサポートの人間はその懸念を語ったのですが、おそらく Bill Joy と Chuck Haley が説き伏せたのでしょう。とりあえずの試みとして、その方法を試してみることになりました。彼らは George Coulouris から em のソースを受け取り、それを書き換えて Berkeley 版の em である " en " というエディタを作り上げました。George Coulouris によれば、これはわずか 1 週間の作業の成果だったそうです。

　後に en が大幅に機能強化されて、「ex コマンド」となります。元の em が ed に対するラインエディティング拡張であったのに対し、ex は「フルスクリーンエディタ」の機能をもつ visual mode までサポートしました。

　ex の visual mode こそが、現在私たちが vi と呼んでいるコマンドのオリジナルです。

第 9 章　Berkeley Software Distribution

表 9–1 ed の内部コマンド

コマンド	ed 1	ed 6	ed 7	em	ex(vi)
append	a	a	a	a	a
break				b	
change	c	c	c	c	c
copy		t	t	t	co
delete	d	d	d	d	d
edit	e	e	e	e	e
file		f	f	f	f
global	g	g, v	g, v	g, v	g, v
help				h	
insert	i	i	i	i	i
join			j		j
mark		k	k	k	
list	l	l	l	l	l
move		m	m	m	m
number					nu
open				o	o
preserve					pre
print	p	p	p	p	p
quit	q	q	q	q	q
read	r	r	r	r	r
recover					rec
substitutes	s	s	s	s	s
undo			u		u
write	w	w	w	w	w
crypt		x	x		
exchange				x	
z					z
line number	=	=	=	=	=
shell command	!	!	!	!	!

　参考までに、ed/em/ex の内部コマンドの変遷を表 9–1 にまとめてみました。機能が追加された過程がうかがい知れますね。

　ちなみに、オリジナルの vi は ex のハードリンクによる別名で、実はまったく同じプログラムが動いていました。おそらく、いきなり visual mode で起動するために、この別名が用意されたのでしょう。vi という名前も、visual mode の頭 2 文字からとられたと思われます。

　1976 年の秋以降、Bill Joy と Chuck Haley は ex の開発などさまざまなハッキングを行いながらも、Pascal システムの機能拡充に努めていました。彼らの Pascal システムも、原則として Niklaus Wirth

の Pascal–S の論文で解説されているシステム構成に沿ったもので、" pi "（Pascal interpreter code translator）と " px "（Pascal interpreter）の 2 つのコマンドを基本とします。今日の Java の処理系に似ていると説明すれば、わかりやすいでしょう。

1977 年秋ごろに、このシステムはほぼ完成したとされています。一説によれば、「この時期に Pascal コンパイラが完成した」という説明がありますが、これは Niklaus Wirth の論文に掲載された Pascal–S コンパイラのソースを正常にコンパイルし、正しく実行できるようになったこと意味すると思われます。

この Pascal システムの特徴は、何といってもその充実したエラーリカバリー機能にありました。リスト 9–1 は、1BSD に収録されている "UNIX Pascal User's Manual" に掲載されていた UNIX Pascal の出力例を抜粋したものです。これを見るとわかるように、ソースコードを引用して、どこがマズいかまでを示してくれる懇切丁寧な機能は、Pascal を使うプログラミングの初心者の関心を大いに集めるものでした。

リスト 9–1 UNIX Pascal の出力例

```
% pix bigger.p
     9          h = 34;        (* Character position of x-axis *)
w -----------------------------^---- (* in a (* ... *) comment
    16          for i := 0 to lim begin
e_------------------------------^---- Inserted keyword do
    18                y := exp(-x9 * sin(i * x);
E_------------------------------^---- Undefined variable
e_----------------------------------------------^---- Inserted ')'
    19                n := Round(s * y) + h;
E_--------------------------^---- Undefined function
E_-------------------------------------------^---- Undefined variable
    23                writeln('*')
e_----------------------^---- Inserted ';'
    24  end.
E_------^---- Expected keyword until
e_---------^---- Inserted keyword end matching begin on line 15
In program graph1:
 _w_- constant c is never used
  E - x9 undefined on line 18
  E - Round undefined on line 19
  E - h undefined on line 19
Execution suppressed due to compilation errors
%
```

UNIX Pascal システムのうわさは UCB の外部にもすぐに伝わり、配布を求める声が UCB に集まるようになってきました。これが、Berkeley Software Distribution が始まった直接のきっかけだったようです。

1BSD に付属するマニュアルの日付によれば、1977 年 11 月にはディストリビューションテープとし

第 9 章　Berkeley Software Distribution

てまとまっていたように見えます。このテープの価格は、50 ドルでした。一説によれば、Bill Joy はこのテープを数本作成して、テープに興味をもちそうな人が集まるコンファレンスなどに出かけていっては、自信たっぷりの名調子で宣伝し、テープを何本も叩き売って、周囲の人間を驚かせたといいます。彼はエンジニアリングやプログラミングの資質だけではなく、企画も営業もこなすビジネスマンとしての才能にもあふれていました。Berkeley Software Distribution というちょっとかしこまったネーミングも Bill Joy のビジネスセンスのたまものだったというわけです。

　今日、BSD Unix といえば、FreeBSD を想像される人が多いでしょう。少し年配の人であれば、DEC の VAX–11 で動作する 4.2BSD を思い浮かべるかもしれません。確かに、4.2BSD は 1980 年代を代表するシステムでした。しかしながら、それを開発した UCB のアクティビティが 1980 年代に突如として出現したわけではないことは、わかっていただけたかと思います。

　1970 年代の UCB は、その当時にいくつか存在した Unix サイトの 1 つでしたし、こうした Unix サイトは BTL の開発者グループと日常的な交流がありました。BTL を中心に複数の組織をまたいで形成された人的ネットワークこそが、Unix コミュニティの実体でした。1980 年代に入って BTL が開発する研究版 Unix が配布されなくなった後、BSD Unix がその役割を受け継ぐことができたのも、Unix コミュニティの存在があったからです。

122

第10章
UNIX 32/V

第7章でも紹介したように、Unix が成功した理由の1つは、「移植が可能な OS（オペレーティングシステム）」であったことといわれています。第7章に引き続き、本章では移植性を中心に研究版 Unix の進化ついて掘り下げていきます。

10.1 *BSTJ* UNIX 特集号

1975年5月から始まった Sixth Edition Unix（Version 6 Unix）の配布が、従来の教育機関に加えて一般の企業へも行われるようになったことから、Unix のユーザーと知名度は急速に拡大しました。必然的に、Bell Telephone Laboratories（BTL）の Unix チーム以外でも Unix の機能を拡張する試みが増えていきました。

1978年7月に発行された *BSTJ* UNIX 特集号では、AT&T 社内のさまざまな部署での Unix の機能拡張の試みが、22本の論文の形で網羅されています。プログラミング環境に向けた PWB やリアルタイムに対応する MERT（Multi–Environment Real Time）など、Unix ならではのユニークな試みがありますが、Unix のポータビリティに関する取り組みも含まれます。

1979年1月から配布が始まった Seventh Edition Unix（Version 7 Unix）は、このようなさまざまな成果を集約したリリースでもありました。

---

column

■ *BSTJ* UNIX 特集号

BSTJ: Bell System Technical Journal [*1]は、BTL のジャーナルです。

UNIX 特集号は *Bell System Technical Journal*, Volume 57, Issue 6, July–August 1978 です。次の論文が収録されています。

- "UNIX time–sharing system: Preface"
  Crowley, T.H.
- "UNIX time–sharing system: Foreword"
  McIlroy, M.D.; Pinson, E.N.; Tague, B.A.
- "The UNIX time–sharing system"
  Ritchie, D.M.; Thompson, K.

第 10 章 UNIX 32/V

- "UNIX time–sharing system: UNIX implementation"
  Thompson, K.
- "UNIX time–sharing system: A retrospective"
  Ritchie, D.M.
- "Unix time-sharing system: the unix shell"
  Bourne, S.R.
- "UNIX time–sharing system: The C programming language"
  Ritchie, D.M.; Johnson, S.C.; Lesk, M.E.; Kernighan, B.W.
- "UNIX time–sharing system: Portability of c programs and the UNIX system"
  Johnson, S.C.; Ritchie, D.M.
- "UNIX time–sharing system: The mert operating system"
  Lycklama, H.; Bayer, D.L.
- "UNIX time–sharing system: UNIX on a microprocessor"
  Lycklama, H.
- "UNIX time–sharing system: A minicomputer satellite processor system"
  Lycklama, H.; Christensen, C.
- "UNIX time–sharing system: Document preparation"
  Kernighan, B.W.; Lesk, M.E.; Ossanna, J.F.
- "UNIX time–sharing system: Statistical text processing"
  McMahon, L.E.; Cherry, L.L.; Morris, R.
- "UNIX time–sharing system: Language development tools"
  Johnson, S.C.; Lesk, M.E.
- "UNIX time–sharing system: The programmer's workbench"
  Dolotta, T.A.; Haight, R.C.; Mashey, J.R.
- "UNIX time–sharing system: The UNIX operating system as a base for applications"
  Luderer, G.W.R.; Maranzano, J.F.; Tague, B.A.
- "UNIX time–sharing system: Microcomputer control of apparatus, machinery, and experiments"
  Wonsiewicz, B.C.; Storm, A.R.; Sieber, J.D.
- "UNIX time–sharing system: Circuit design aids"
  Fraser, A.G.
- "UNIX time–sharing system: A support environment for MAC–8 systems"
  Rovegno, H.D.
- "UNIX time–sharing system: No. 4 ESS diagnostic environment"
  Pekarich, S.P.
- "UNIX time–sharing system: RBCS/RCMAS — converting to the MERT operating system"
  Nagelberg, E.R.; Pilla, M.A.

- "UNIX time–sharing system: The network operations center system"
  Cohen, H. ; Kaufeld, J.C.

原文はスキャンコピー *2 で見ることができます。

Unix のポータビリティ研究の動向

1975 年から 1979 年までの Unix のポータビリティの試みの方向性を見ると、「マイクロプロセッサ」と「32 ビットミニコン」の 2 つのターゲットに大きく分けられることがわかります。

この当時、半導体は LSI の時代で、8080、6800、Z80 のような「8 ビットマイクロプロセッサ」が普及し始め、8086、68000 といった「16 ビットマイクロプロセッサ」が登場する時期と重なります。これらの 16 ビットマイクロプロセッサは、PDP–11 とハードウェア的にはおおむね等価な機能を備えているので、Unix の稼働が期待できました。

BSTJ UNIX 特集号では、"UNIX time–sharing system: UNIX on a microprocessor" *3 で、PDP–11 をマイクロプロセッサ化した「LSI–11」への Unix の移植を試みています。従来のミニコンがキャビネット数本分の大きさだったのに対し、マイクロプロセッサならデスクトップサイズまで小型化できるわけで、廉価な量産 16 ビットマイクロプロセッサや、それを使ったコンピュータシステム（マイコン）が市場に出回るようになると、OS の需要も増えてきます。当時、Unix はこれらの需要に応える OS の 1 つと目されていました。

一方、マイコンの出現により、従来のミニコンは高機能化による住み分けを迫られるようになりました。従来はメインフレームの領域の侵食する「32 ビットプロセッサ」を備えたミニコン、すなわちスーパーミニコンが製品化されるようになります。UNIX 32/V の母体である DEC の「VAX–11/780」やそのライバルである DG の「Eclipse MV」などが、その代表例です。

BSTJ UNIX 特集号の "Portability of C Programs and the UNIX System" *4 は、Unix の Interdata 8/32 への移植の試みですが、Unix が 32 ビットプロセッサにも対応可能であることを実証する、Seventh Edition Unix へとつながる重要な研究であったことは第 7 章で紹介したとおりです。

同時期の BTL 以外でのポータビリティ研究

「ソースコード付きの OS」など当時は皆無だったので、Sixth Edition をベースとしたポータビリティ研究は、BTL 以外でも行われていました。

たとえば、Dennis Ritchie（デニス・リッチー）と Steve Johnson（スティーブ・ジョンソン）が丁重にお断りしたはずの IBM のシステムに対する移植は、Princeton University で 1975 年から進行していました。Tom Lyon（トム・リオン）のチームが IBM VM/370 への Sixth Edition の移植を試みてい

---

*1 BSTJ: Bell System Technical Journal :
   https://en.wikipedia.org/wiki/Bell_System_Technical_Journal [Wikipedia]
*2 BSTJ UNIX 特集号のスキャンコピー :
   http://emulator.pdp-11.org.ru/misc/1978.07_-_Bell_System_Technical_Journal.pdf
*3 "UNIX time–sharing system: UNIX on a microprocessor" :
   https://archive.org/details/bstj57-6-2087
*4 "Portability of C Programs and the UNIX System" :
   https://www.bell-labs.com/usr/dmr/www/portpap.html

第 10 章　UNIX 32/V

たようです*5 。 この移植作業は 1979 年には完了していたようで、後に製品化された Amdahl UTS*6 のベースとなりました。

　また、Dennis Ritchie と Steve Johnson が Interdata 8/32 に取り組んでいたほぼ同時期に、Interdata のマシン*7 をターゲットとするもう 1 つのプロジェクトが進んでいたことは有名な話です。

　オーストラリアの University of Wollongong では、1976 年から Interdata 7/32 に Sixth Edition を移植するプロジェクトが進行していました。その開発者である Richard Miller（リチャード・ミラー）が、1998 年の USENIX の "Historical UNIX" セッションで行った講演 "The First Unix Port" *8 では、Sixth Edition の移植を決意した経緯や、1977 年 4 月にスタンドアローンでカーネルが起動できた後に BTL に連絡したところ、BTL でも Interdata 8/32 への移植を進めていてマシンの到着を待っていると告げられたこと、などを語っています。今日、彼らのソースコードは The Unix Heritage Society の Unix Tree*9 で参照できます。

　Richard Miller たちの作業は数か月先行しており、1977 年 5 月、Dennis Ritchie と Steve Johnson の元に Interdata 8/32 が到着した段階で Six Edition カーネルの起動を達成していたので、Dennis Ritchie と Steve Johnson はカーネル内の Interdata 依存コードなどについてアドバイスを得ていたようです。

　こういった貴重な情報を得ながら、Seventh Edition は徐々に形になっていったと推測されます。たとえば、Six Edition のカーネルのソースコードは、全体の 80 パーセントまで手が入ったといわれています。PDP–11 のアセンブラコードは可能な限り C 言語に書き直し、機種依存コードも整理されました。Interdata 8/32 の実装は、1977 年の 10 月ごろには安定し、Seventh Edition のポータビリティにかかわる作業は、1978 年の春ごろには完了しました。

---

*5 IBM VM/370 への Sixth Edition の移植を試み：
　　`https://en.wikipedia.org/wiki/Amdahl_UTS#History` [Wikipedia]

*6 Amdahl UTS：Amdahl が開発・販売した IBM メインフレーム向けの Unix です。Amdahl の創業者 Gene Amdahl（ジーン・アムダール）は IBM の System/360 の設計者であり、その後独立して同社を設立しました。富士通との密接な連携による「プラグコンパチブル」戦略で、1950 年代以来コンピュータ業界で圧倒的な存在であった IBM に正面から挑んだことは有名です。
　　Amdahl：`https://ja.wikipedia.org/wiki/`アムダール [Wikipedia]

*7 Interdata のマシン：Interdata 7/32、8/32。Interdata Inc. は 1966 年に設立されたミニコンメーカーですが、1974 年に分析機器メーカーの Perkin–Elmer に買収されたのち、Concurrent Computer Corporation として独立し現在も存続しています。Interdata 7/32、8/32 は、Perkin–Elmer からの資金を得て開発された 32 ビットミニコンでスーパーミニコンの草分け的存在ですが、そのアーキテクチャは IBM System/360 の影響を受けています。
　　Interdata 7/32、8/32：`https://en.wikipedia.org/wiki/Interdata_7/32_and_8/32` [Wikipedia]
　　Concurrent Computer Corporation：`http://www.ccur.com/about/about-concurrent/`

*8 "The First Unix Port"：
　　`http://www.usenix.org/legacy/publications/library/proceedings/usenix98/invited_talks/miller.ps`

*9 Interdata732：`http://minnie.tuhs.org/cgi-bin/utree.pl?file=Interdata732`

10.2 VAX–11/780 への移植

しかしながら、Interdata 8/32 のソースコードが BTL から公開されることは、けっきょくありませんでした。PDP–11 の開発元である DEC が、1977 年 10 月に新しい 32 ビットマシン「VAX–11/780」を発表したからです。

Dennis Ritchie の VAX への評価

当時 PDP–11 のビッグユーザーだった BTL は、次のように DEC の公式の製品発表以前から VAX–11/780 の技術情報を得ていたようです。

- Historical Perceptions about the VAX architecture [10]
    - Summary of DEC 32–bit machine [11]
    - 1988 Netnews posting about 1977 VAX perceptions [12]

この（少々ひねくれた）文面からあまり好意は感じられませんが、実は Unix チームの面々も PDP–11 と親和性の高い新しい 32 ビットマシンを好意的に評価していました。が、素直になれない理由がありました。

当時の DEC のエンジニアは、自社製品を無視して独自の OS を開発する Unix グループの面々を快く思っていなかったようです。一方、Unix グループの面々も、教育関係を中心に多くのユーザーを獲得している Unix を完全に無視する DEC のエンジニアを快く思っていなかったようです。ゆえに、彼らは日常的に顔を合わせるコンピュータ関連の学会などでバトルを繰り返していたと推測されます。

気の毒なのは、両者の板挟みになっていた DEC のセールスマンでしょう。せっかく新製品に関してスペシャルなオファーをしたにもかかわらず、Unix グループの面々からは拒絶されたようです。けっきょく、彼らは BTL の他のグループを口説き落とし、VAX–11/780 への Unix の移植の約束を取り付けました。

UNIX 32/V

Thomas B. London（トーマス・B・ロンドン）と John F. Reiser（ジョン・F・ライザー）が手がけた UNIX 32/V の開発の詳細は、"A UNIX Operating System for the DEC VAX–11/780 Computer" [13] で明らかになっています。

---

[10] Historical Perceptions about the VAX architecture：
https://www.bell-labs.com/usr/dmr/www/vax.html
[11] Summary of DEC 32–bit machine：
https://www.bell-labs.com/usr/dmr/www/vax1.html
[12] 1988 Netnews posting about 1977 VAX perceptions：
https://www.bell-labs.com/usr/dmr/www/vax2.html
[13] "A UNIX Operating System for the DEC VAX–11/780 Computer"：
https://www.bell-labs.com/usr/dmr/www/otherports/32v.html

第 10 章　UNIX 32/V

スキャンコピー[14] からもわかるように、このドキュメントは実は BTL 内部の資料のようです。後の BSD Unix のカーネルドキュメントの「参考文献」にもあげられていたので、その存在は古くから知られていましたが、原文が公開されるようになったのは、「Ancient UNIX」[15] が発表された 2002 年以降だったように思います。

"July 7, 1978" のクレジットのあるこの文書は、論文というよりは報告書の体裁で、次の 4 つのセクションから構成されています。

A UNIX Operating System for the DEC VAX–11/780 Computer

1. Introduction
2. Overview
   - Environment
   - Hardware
   - Configuration
   - Software
   - Performance
   - Evaluation
3. Details
   - Hardware
     - the central processor
     - console
     - main memory
     - and input/output
   - C Compiler
   - Operating system conversion
   - Subroutine libraries
     - libc.

---

[14] "A UNIX Operating System for the DEC VAX–11/780 Computer" スキャンコピー：
`https://www.bell-labs.com/usr/dmr/www/otherports/32vscan.pdf`

[15] Ancient UNIX：UNIX 32/V を含む Seventh Edition 以前の Unix 実装が該当します。
Ancient UNIX：`https://ja.wikipedia.org/wiki/Ancient_UNIX` [Wikipedia]

　　1980 年代にコンピュータビジネスに参入した際に、AT&T は Unix ライセンスの価格を高騰させ、利用に関する制限を増やしていきました（"Old licenses and prices" 参照）。最終的に AT&T は Unix ビジネスをあきらめ、1993 年に Unix ライセンスの権利を Novell に譲渡しますが、1995 年にこの権利は Santa Cruz Operation（SCO）に再譲渡されます。

"Old licenses and prices"：`https://www.bell-labs.com/usr/dmr/www/licenses.html`
Novell：`https://en.wikipedia.org/wiki/Novell` [Wikipedia]
Santa Cruz Operation（SCO）：`https://en.wikipedia.org/wiki/Santa_Cruz_Operation` [Wikipedia]

　　Ancient UNIX は、SCO の関連会社である Caldera International が Unix ライセンスの権利を保持している 2002 年に発表した際に用いられた用語で、これらの古い Unix（およびその派生バージョン）を事実上フリーソフトウェアとする宣言がなされています。

Caldera International の発表：`http://www.tuhs.org/Archive/Caldera-license.pdf`

10.2 VAX–11/780 への移植

- – libS.
- Commands
  - – as, ld.
  - – c2.
  - – adb.
  - – sh.
  - – ps, iostat.
  - – pr.
  - – cat, dc.
  - – nroff/troff
  - – SCCS.
4. Software portability

　まず、"Overview" では、VAX–11 のアーキテクチャ、および 780 のハードウェア解説、さらに開発機のシステム構成、使用したソフトウェアと移植作業の手順の概要、移植後の PDP–11/70 との性能比較、そして Unix プラットホームとして VAX–11/780 の評価が述べられています。

　当時の OS ポーティング作業は、ターゲットホスト向けのバイナリ生成環境の作成と、生成したバイナリによる動作確認と修正という、大きく分けて 2 ステップの作業を行っていたようです。これは、先行した Interdata マシンでの作業とも共通で、今日の組み込み系ソフトウェアのクロス開発とも大差はないように見えます。もっとも、当時のミニコンの大多数は受注生産で、システムの発注から納入までには数か月待たされるのが普通だったので、発注後マシンが到着するまでにできる「バイナリ生成環境の作成」が独立した作業になるのは、自然な成り行きだったように思います。UNIX 32/V の開発では、PDP–11/45 でバイナリの生成が行われたようです。

　また、"Details" では実際に行った作業が簡潔に述べられています。開発ホストからターゲットホストへのバイナリの移動には、この時代の低コストな記憶媒体である 1/2 インチのテープが使われました。ランダムアクセスが苦手なテープを使う関係で、ブートシーケンスを考慮してデータを書き込める tp フォーマットが用いられています。Six Edition から登場したこの方式が、32/V でも踏襲されています。

　異なるアーキテクチャの基本的な差異をコンパイラで吸収・隠蔽する Seventh Edition の提案は、OS の移植性を格段に向上させるのですが、"Operating system conversion" では、残された機種に依存する次のような問題、すなわち「Unix のソフトウェアアーキテクチャを VAX–11/780 のハードウェアアーキテクチャにマップするデシジョン」について簡潔に述べられています。

- システムコンテキスト
- メモリマッピング
- システムサービスの呼び出しシーケンス
- プロセスコンテキストと U エリア
- コンテキストスイッチング
- IO ハードウェアの DMA にかかわる問題
- プロセススワッピング

129

第 10 章　UNIX 32/V

- Unix シグナルのハンドリング

このデシジョンは、後続の 4.3BSD までのカーネルやライブラリでも原則的には継承され、必要に応じて修正されています。いずれもソースコードから読み取るのが困難な内容なので、カーネルハッカーにとっては貴重な情報源でしょう。

UNIX 32/V の評価

このドキュメントでは、一連の移植作業を通じての VAX–11/780 への評価として、次の 3 点をあげています。

1. VAX–11/780 は、Unix と C 言語を実行する非常に優れたハードウェア環境を提供している。
2. 現状でも Unix が稼働する PDP–11/70 と等価なオペレーションが可能だが、64K バイトのプロセスアドレス空間の制限がなく、プログラムはより高速に実行できる。
3. VAX–11/780 が提供する高度なメモリ管理とユーザー/システム通信機能は、将来の Unix システムが現在の PDP–11/70 Unix よりも実質的に高いスループットを提供すると思われる。

さらに、OS のポータビリティという点では、Interdata 8/32 への移植がターゲットハードウェアが到着してから 6 か月を要したのに対し、VAX–11/780 では 3 か月以内で移植作業が完了していることは、特筆すべきでしょう。

UNIX 32/V のリリース

「UNIX 32/V」は、1979 年 6 月にリリースされました。まず、Seventh Edition Unix の「ポータブルな OS」の実証例としての意義がありますが、同時に BTL から一般に公開された最後の Unix リリースとしての側面もあります。Thomas London と John Reiser は、ドキュメントの中で "the second implementation" という表現を何度か使っていますが、けっきょく 32/V のアップデートバージョンが公開されることはありませんでした。

当時のアメリカでの通信事業の自由化の流れを背景に、これまでは禁じられていたコンピュータ市場への参入を企図していた AT&T とって、Unix は市場参入の切り札だったからです。商用 Unix としての System III、のちに System V の開発に着手し、Unix を配布する UNIX Support Group（USG）を組織しました。結果的に、BTL は Unix を配布する権限を奪われた格好になりました。

以降、Unix コミュニティは、University of California Berkeley（UCB）によって牽引されていくことになります。

130

第11章
Third Berkeley Software Distribution (3BSD)

前章で取り上げた Tom London（トム・ロンドン）と John Reiser（ジョン・ライザー）のメモランダムで言及されていた UNIX 32/V の開発は、結果的に University of California Berkeley（UCB）の「Third Berkeley Software Distribution（3BSD）」に引き継がれることになりました。本章では、3BSD について紹介します。

11.1 Richard Fateman と Macsyma

「必要は発明の母」という言葉がありますが、UCB の面々が UNIX 32/V の仮想記憶拡張（彼ら自身は「Virtual UNIX」と呼んでいたようです）を実現できたのは、足元に具体的な「必要」が存在していたからでしょう。3BSD 開発の動機は、「数式処理システム Macsyma の利用」であったそうです。

UCB での Macsyma の稼働を望んだのは Richard J. Fateman（リチャード・J・フェイトマン）教授でした。彼のホームページ[*1] や、後に彼が設立したベンチャー企業 Franz Inc. の沿革のページ[*2] には、Fateman と Macsyma のかかわりが詳しく紹介されています。要約すると、次のとおりです。

- Macsyma は、MIT の AI Lab が開発した数式処理システムで、PDP–10 で稼働する MACLISP の（当時としては）巨大な LISP アプリケーションだった。
- Richard Fateman は（MIT の隣の）Harvard University で 1971 年に博士号を取得したが、学位論文は Macsyma で動作するアルゴリズムの設計と実装にかかわるテーマだった。すなわち、彼はオリジナル Macsyma の開発にかかわるプログラマーの 1 人だった。
- 1974 年に UCB の教授に就任した後も、ARPANET 経由で MIT の PDP–10 にアクセスして作業を続けていた。

Fateman が MIT の Macsyma を利用し続けていたのは、PDP–10 やその上で動作する OS（オペレーティングシステム）である Incompatible Timesharing System（ITS）、および MACLISP の環境を手に入れられなかったからだろうと推測されます。そもそも、PDP–10 はミニコンとしては非常に高価でした。

[*1] Richard J. Fateman（リチャード・J・フェイトマン）のホームページ：`http://www.cs.berkeley.edu/~fateman/`
[*2] Franz Inc. の沿革：`http://franz.com/about/company.history.lhtml`

第 11 章　Third Berkeley Software Distribution（3BSD）

VAX–11/780 の登場

しかし、1977 年 10 月の DEC の新しい（そして PDP–10 よりはずっと低コストな）32 ビットマシンの発表が、状況変化の転機になりました。1978 年初頭に VAX–11/780 の発表を知った Fateman は、学部の他の 13 名の教授と連名で、学部予算の不足分を補う形で VAX–11/780 の購入補助をしてくれるよう National Science Foundation（NSF）に申請しました。もちろん、Macsyma が必要とする広大なメモリ空間が手に入れられることを期待してのことです。申請が許可され、購入した VAX–11/780 が納入され、さらに学部生が慣れ親しんでいる Unix（UNIX 32/V）が UCB に到着したのは、一説によると 1978 年の 8 月ごろと聞きます。公式には、Seventh Edition Unix（Version 7 Unix）が 1979 年 1 月に、UNIX 32/V が 1979 年 6 月にリリースされたので、UCB はかなり早い段階で入手できていたようです。

残された課題は？

まず、Macsyma 自体は、AI Lab からライセンスしてもらうしかありません。MIT と交渉した結果、暫定的なライセンスを取得できました。しかし、これが後々大きな問題になっていくことになります。

次に、VAX Unix で動作する LISP インタープリタが必要ですが、Fateman の研究室の学生が開発することになりました。この LISP インタープリタが、「Franz Lisp」です。後に Fateman は、Franz Lisp を販売するベンチャー企業 Franz Inc. を設立します。

そして最後に、Macsyma が必要とする広大なアドレス空間を用意するためには、MIT の ITS がサポートするような仮想記憶機能を、UNIX 32/V に追加しなければなりません。

---

column

■ その後の Franz Lisp と VAX Macsyma

その後の Franz Lisp と VAX Macsyma については、Wikipedia の「Macsyma」[*3]の項が詳しいので参考にしてください。簡単に説明すると、Macsyma のライセンスを巡って MIT と UCB が反目することになります。これは後に、おのおのの大学の研究成果を商用化するベンチャー企業の Symbolics と Sun Microsystems の争いへと発展します。Macsyma に関しては、開発元である MIT が絶対的な権利をもっていたため、その意向に沿ってプロプラエタリ化が進みますが、LISP 実行環境としては LISP 専用マシンだった Symbolics の市場を、Franz Lisp を搭載した Sun Microsystems が奪っていく展開になります。そして、Franz Inc. が後継製品の「Allegro Common Lisp」を発表するころには両社の差は決定的になり、Macsyma は Symbolics とともに表舞台から消えていく結果となりました。といっても、その後の紆余曲折を経てオープンソース化された「Maxima」[*4]が、今日では利用可能です。

[*3] Macsyma：https://ja.wikipedia.org/wiki/Macsyma [Wikipedia]
[*4] Maxima：https://ja.wikipedia.org/wiki/Maxima [Wikipedia]

11.2　仮想記憶機能のサポート

　問題を解決するため、Fateman は OS の専門家であるシステム学科の Domenico Ferrari（ドミニコ・フェラーリ）に相談しました。けっきょく、Ferrari の研究室の学生だった Ozalp Babaoglu（オザルプ・ババオグル）が、VAX のメカニズムを使ったデマンドページング方式の仮想記憶システムの実装方法を研究することになりました。そこで、32/V カーネルの修正を行うにあたり、Unix カーネルを熟知していた Bill Joy（ビル・ジョイ）にサポートを依頼したというのが、3BSD カーネルの開発の真相のようです。

Ozalp Babaoglu の研究

　3BSD 以降、4.3BSD Tahoe までの BSD Unix では、Ozalp Babaoglu と Bill Joy が開発した仮想記憶機能が搭載されており、その実装の概要は、論文 "4.2BSD and 4.3BSD as examples of the UNIX system" [5] で広く解説されていました。

　しかしながら、その開発の経緯や設計にかかわる詳細は、あまり知られていませんでした。この研究で博士号を取得した Babaoglu は、1981 年にはバークレーを離れ、その後の Unix を巡る喧騒からは距離をおいていたからかもしれません。今日では、3BSD の vmunix の開発に関する論文 "Converting a Swap–Based System to do Paging in an Architecture Lacking Page–Referenced Bits" [6] が、彼自身のホームページで公開されています。

　この論文、スキャン画像からは非常に古い印象をもちますが、内容は現在の仮想記憶システムの技術的要点を網羅しています。OS 研究の基礎的なケーススタディとしては優れた教材ですし、有名な「グローバルクロックによるページ置換アルゴリズムをなぜ採用したのか?」「あるいは Unix に合わせて最適化するために何を考慮したのか?」など、Unix ユーザーの長年の「なぜ?」に答える資料としても、たいへんおもしろいです。

　Babaogle 論文の "Beginnings" と "Goals" では、本章でここまで紹介してきた経緯を述べています。「なぜ、仮想記憶機能が必要だったのか?」とあえて問えば、「Macsyma は 2.5M バイトもある巨大な LISP プログラムなのに、Fateman が買った VAX は 0.5M バイトしか物理メモリがなかったから」という、わかりやすい答が返ってくるでしょう。スワップベースの UNIX 32/V では、物理メモリ以上のプログラムは実行できません。

　Babaogle 論文の "Search for a Replacement policy" では、有名な VAX–11 ハードウェアの「ページ参照ビットがない」問題の指摘から始まり、その弱点を克服できるページ置換アルゴリズムについて議論しています。ページ置換アルゴリズムは、仮想記憶を実現するにあたってカーネルソフトウェアが最も考慮しなければならない技術の 1 つです。簡単に表現すると、「あるプロセスで新しい仮想ページが必要になったときに割り当てられる物理ページがなかった場合、すでに使っている仮想ページの中からいちばん問題がなさそうなページを選んで置き換える」ためのアルゴリズムです。

　この「いちばん問題がなさそうなページを選ぶ」方法はすでにいろいろ考案されているのですが

---

[5] "4.2BSD and 4.3BSD as examples of the UNIX system"：
　　http://citeseerx.ist.psu.edu/viewdoc/summary?doi=10.1.1.117.9743&rank=1
[6] "Converting a Swap–Based System to do Paging in an Architecture Lacking Page–Referenced Bits"
　　http://www.cs.unibo.it/babaoglu/papers/pdf/sosp81.pdf

第 11 章 Third Berkeley Software Distribution（3BSD）

（Wikipedia の「ページ置換アルゴリズム」参照）、その中でもページ参照ビットを使わない方法は、First–In–Firtst–Out（FIFO）か Random（RAND）くらいしかありません。VAX を販売する DEC の OS、VMS の仮想記憶機構は FIFO を使っているらしいが、この方法は効率が悪いと述べています。

そこで、Babaoglu はまず FIFO ともっと効率のよい Least–Recently–Used（LRU）を組み合わせたハイブリッドなページ置換方法を考え出しました。しかし、この方法は却下されました。Unix がとにかくプロセスをたくさん作ることを推奨する OS で、プロセスが必要とする物理メモリも不均一で動的に変化するからです。

FIFO は、プロセスごとに一定数の物理ページを割り当てることを前提とし、プロセス内で割り当てられている物理メモリを使い回す方法ですが、Unix はプログラムに動的にメモリ領域を確保する手段（malloc など）を提供しているので、メモリを確保するたびにページフォルトの頻度が増える、つまり実行時間が長くなるとその分実行速度が遅くなります。特にプログラム内部でメモリ管理をし、随時ガベージコレクションを実行する LISP インタープリタがまともに動くように、全プロセスの共通の割り当て物理ページ数を固定的に決めるのは、ほとんど不可能でしょう。

次に Babaoglu がひねり出したのが、Fernando J. Corbató（フェルディナンド・J・コルバト）の論文 "A Paging Experiment with the Multics System"[7] で述べられているグローバルクロックによるページ置換アルゴリズムでした。これは、実際の Unix プログラムのアドレスを調べてシミュレーションをしてみたところ、いちばん結果がよかった方法です。このアルゴリズムは、実は Multics の仮想記憶機能の設計なのですが、参照ビットをソフトウェア的にシミュレートでき、実装も比較的に単純で済むところがメリットだったようです。ちなみに、このグローバルクロックを使う方法をまとめた論文 "Virtual Storage Management in the Absence of Reference Bits" が Babaoglu の博士号の学位論文となりました。が、残念なことに原文は見つけられませんでした[8]。

Babaogle 論文の "Memory demand and clock triggering" では、ページフォルトの発生を待たずに、使ってないページをドンドン狩り集めてフリーページリストにつなぎ直していくメンテナンス方法について述べています。プログラムのサイズの動的変化が不均一な Unix では、突発的にページフォルトの負荷が高くなるのですが、あらかじめフリーページを集めておくことにより、ページフォルトの負荷を平衡化する狙いがあるそうです。

Babaogle 論文の "Implementation: new system facilities" では、実際に vmunix を稼働させて調査した結果、fork システムコール呼び出しの 80 パーセント以上がシェルに起因していること、そしてそれがシステムのパフォーマンスに重大な影響を与えていることを発見し、その対策について議論しています。望ましい解決策として、"TENEX, a Paged Time Sharing System for the PDP–10" などで紹介されている "copy–on–write" 機能が検討されましたが、ソースコードの修正量の多さから断念し、暫定解として virtual-fork、すなわち vfork システムコールを選択したことが述べられています。ほとんどの fork システムコールがシェルから呼び出されていることから、シェルの fork のみを vfork に差し替えるだけで大きな負荷軽減効果が得られたと報告しています。ちなみに現在の BSD Unix の仮想記憶は、4.3BSD Reno で CMU Mach VM 由来の uvm に差し替わっていて、前述の望ましい解決作である copy–on–write がサポートされているので、事実上 vfork は消滅しています（vfork システムコールのエントリーは残っていますが、呼び出されるのは fork システムコールです）。

Ozalp Babaoglu の仮想記憶機能は、今日では古典的な実装例に数えることができると思います。が、

---

[7] "A Paging Experiment with the Multics System"：http://www.multicians.org/paging-experiment.pdf
[8] Ph.D. Dissertations – Domenico Ferrari：
　　http://www.eecs.berkeley.edu/Pubs/Dissertations/Faculty/ferrari.html

11.3 Third Berkeley Software Distribution（3BSD）

実際に学部のコンピュータとして運用されているシステムに実装されたという意味では、今では考えられないくらいたいへんチャレンジャブルな試みでしたし、本書でも紹介している先行事例の成果を上手に取り込んでいる点、さらに結果的に先行事例とは比較にならない設置ベースの数を考えると「最も新しく最も成功した古典的実装」といえるでしょう。

vmunix の誕生

一説によると、UNIX 32/V が公式にリリースされる 1 年近く前の 1978 年 8 月には、UCB は UNIX 32/V を手にしていたといわれています。Kirk McKusick（カーク・マクージク）によれば、仮想記憶機能をサポートした "Virtual VAX/UNIX" が稼働し始めたのは、1978 年のクリスマス休暇を挟む数週間だったようです。このころの UCB には、Fateman が導入した VAX–11/780 が 1 台しかなく、さらにその 1 台を学部で共同利用していたこともあって、何人ものユーザーが作業している最中にカーネルを切り替えるリブートを何度も繰り返したとのこと。休暇が終わる 1979 年 1 月には、初期のバグはおおむねフィックスされて、vmunix に完全に切り替えられたようです。

したがって Seventh Edition が公式にリリースされたころには、すでに 3BSD は稼働を始めていたことになります。

ちなみに、3BSD は Virtual VAX/UNIX とも呼ばれていましたが、カーネルのイメージファイルは 32/V の "unix" と区別するため、"vmunix" と名付けられました。それ以降の VAX 版 BSD Unix ではカーネルを vmunix と呼ぶことが慣例となりました。

11.3　Third Berkeley Software Distribution（3BSD）

1978〜1979 年といえば、Intel、Zilog、Motorol などの 8 ビットマイクロプロセッサで商業的な成功を収めた製造メーカーが、16 ビットマイクロプロセッサの製品化でしのぎを削っていたころにあたります。すでに Apple II などのホビーやホームユースのコンピュータも登場し「個人がコンピュータを所有する」が現実のものになっていたこの時期、32 ビットマイクロプロセッサの登場も時間の問題と考えられていました。Bill Joy が 32 ビットマシンで動く Unix の重要性に気づいていたとしても不思議はないでしょう。

Ozalp Babaoglu との作業を通じて「いずれ 16 ビットを駆逐する」と確信した Bill Joy は、2BSD に含まれていたプログラムを VAX 向けに移植するプロジェクトに着手しました。

3BSD で追加された開発ツール

32/V には、Seventh Edition で追加された Portable C Compiler（PCC）などが追加されていましたが、それらに加えて UCB 独自で開発されたツールも収録されました。

Bill Joy は、第 9 章で紹介した ex エディタと vi エディタ、そして C Shell を始めとする 2BSD に含まれていたプログラムの移植を担当しました。

Pascal システムの px コマンドは、その大部分が PDP–11 のアセンブラで記述されていました。VAX で動作させるには全面的なリライトが必要になりますが、この作業は Peter Kessler（ピーター・ケスラー）と Kirk McKusick が担当しました。PDP–11 と VAX–11 はアセンブラが非常によく似ているため、当初はアセンブラレベルでの書き換え作業だけで移植は終わると見込まれていましたが、結果的に C 言語を使った再開発になってしまったようです。

第 11 章　Third Berkeley Software Distribution（3BSD）

　もちろん、Fateman の学生たちが開発した Franz Lisp も収録されています。一方、MIT からのライセンスを別途取得する必要があったので、Macsyma 本体は収録されていません。3BSD には、LISP のソースコードからオブジェクトファイルを生成する Liszt コンパイラ も付属していますが、その作者は、なんと UNIX 32/V を開発した Thomas B. London（トーマス・B・ロンドン）です。

　そして、Pascal や LISP に比べると地味な存在ですが、3BSD には APL と呼ばれるプログラミング言語のインタープリタも付属しています。こちらの作者は、なんと Ken Thompson（ケン・トンプソン）なんですね。

　3BSD では、シンボリックデバッガ sdb も提供されています。もともと sdb は UNIX 32/V の開発の際に作成されたのですが、当初は C プログラムしかデバッグできなかったのに対し、3BSD ではデバッグ対象を FORTRAN にまで拡大しています。

　このように、3BSD では仮想記憶機能のサポートに加え、プログラミング環境としての充実度もアピールポイントだったようです。

3BSD のリリース

　新たな Berkeley Software Distribution の企図した作業の成果を始めて発送したのは、1979 年 2 月だったとのことです。移植作業全体は 1979 年が暮れるころまでには完了し、1979 年 12 月、最終的に 100 本近く配布されることとなる 3BSD のリリースを開始します。

　このリリースは、以降の UCB での活動の大きな布石になります。

第12章
ARPANET

3BSD の成功は、University of California Berkeley（UCB）の面々にさらなるチャンスをもたらしました。ARPANET の研究開発を続けていた ARPA は、新たな研究プラットホームを探していたからです。その理由は、ARPANET の歴史にさかのぼって説明する必要があります。

12.1　ARPANET (1) ── コミュニケーションデバイスとしてのコンピュータ

第 1 章で紹介したように、ARPA（Advanced Research Projects Agency：国防総省高等研究計画局）はスプートニクショックの影響でアメリカ軍の内部に設立された研究組織でしたが、その後、本来の宇宙開発のミッションを NASA に奪われた結果、その他の先端技術研究へと方針変更を迫られた経緯があります。新たなミッションとして J. C. R. Licklider（J・C・R・リックライダー）の提案を受け今後有望であると目された情報処理技術の研究開発のための組織 Information Processing Techniques Office（IPTO）が設立されました。

3 人のディレクター

IPTO の当初の研究目標は、Licklider の意向が強く反映された「対話型コンピューティング」でした。この研究目標に従って、IPTO は次のような研究グループに高度なコンピュータとネットワーク技術の研究に資金を提供し、人間とコンピュータの相互作用と分散システムに関連する技術の研究を依頼しました。

> Massachusetts Institute of Technology (MIT)
> Carnegie Mellon University (CMU)
> RAND Corporation
> Stanford Research Institute (SRI)
> System Development Corporation (SDC)
> University of California at Berkeley (UCB)
> University of California at Santa Barbara (UCSB)
> University of California at Los Angeles (UCLA)

第 12 章　ARPANET

> University of South Carolina
> University of Utah

　これらは、後に ARPANET で結ばれる研究拠点ですが、1960 年代初旬には、Q–32（SDC）、Project GENIE（UCB）、Project MAC（MIT）の 3 種類のタイムシェアリングシステムがすでに稼働していました。

　2 代目ディレクターである Ivan Sutherland（アイバン・サザランド）、3 代目ディレクターである Robert Taylor（ロバート・テイラー）の時代、1962〜1969 年の 8 年間を通して、IPTO のこの研究目標は一貫していました。そもそも、Licklider と Taylor は心理学の専門家ですし、Sutherland は対話型グラフィックスシステムの草分けである Sketchpad の発明者でしたから、「対話型コンピューティング」は彼ら 3 人の個人的な関心と強く結び付いていました。

　彼らにとって「コンピュータネットワーク」とは、コンピュータをコミュケーションの媒体として活用する際に必要となる手段でした。Licklider と Taylor が 1968 年に記した "The Computer as a Communication Device"[1] では、このビジョンが明確に語られています。今日のスマートフォンを介したコミュニケーションはこのビジョンを完全に具現化していますが、およそ 50 年前に語られたペーパーですから恐るべき洞察であったといわざるえません。

Interface Message Processor（IMP）の開発

　Licklider、Sutherland、Taylor の 3 人は、ビジョンを具現化するためにいくつかの小さな試みを行っていましたが、この試みをさらに加速させるため呼ばれたのが、後に 4 代目ディレクターとなる Lawrence Roberts（ローレンス・ロバーツ）でした。

　1966 年に発表した論文 "Toward a Cooperative Network of Time–Shared Computers"[2] で Roberts は、コンピュータ間でデータパケットを介したコミュニケーションを行うコンセプトを打ち出しました。この論文に着目した IPTO が、彼をマネージャーとして引き入れることを画策しました。MIT の Lincoln Laboratory（Boston）に在籍していた Roberts は、当初 IPTO のある Washington D.C. への移住に難色を示していましたが、けっきょく ARPA からの圧力に屈し、1967 年に IPTO になかば強引に引きずり込まれたのでした。同年に発表された、"Multiple Computer Networks and Intercomputer Communication"[3] には、後の ARPANET の原型が記されています。

　翌 1968 年の半ばといいますから、Roberts が IEEE のコンファレンスで "Resource Sharing Computer Networks"[4] を発表した直後でしょう。Robert Taylor は構築計画をまとめあげ、ARPA の承認を得た後、開発を請け負えるであろう 140 社に見積依頼を出しました。しかし、この依頼に応じたのは、たったの 12 社だけ。最終的に選考に残った Bolt, Beranek and Newman（BBN）の提案は、Taylor の要求に非常に近い内容でした。この提案には、現在の IP ルーターの先祖ともいうべき

---

[1] "The Computer as a Communication Device"：
　http://www.kurzweilai.net/the-computer-as-a-communication-device
[2] "Toward a Cooperative Network of Time–Shared Computers"：
　http://www.packet.cc/files/toward-coop-net.html
[3] "Multiple Computer Networks and Intercomputer Communication"：
　http://www.packet.cc/files/multi-net-inter-comm.html
[4] "Resource Sharing Computer Networks"：
　http://www.packet.cc/files/res-share-comp-net.html

12.1 ARPANET (1) — コミュニケーションデバイスとしてのコンピュータ

Interface Message Processor（IMP）[*5] の開発が含まれていました。

このとき IMP の開発を担当した BBN のスタッフは、次の 7 人でした。最後の Bob Kahn（ボブ・カーン）は、その後 IPTO の 5 代目ディレクターになります。

- チームリーダー: Frank Heart
- ソフトウェア　: Willy Crowther, Dave Walden, Bernie Cosell
- ハードウェア　: Severo Ornstein, Ben Barker
- 理論およびシステム設計全般の調整: Bob Kahn

1969 年には、最初の IMP が完成して納入されましたが、その後も IMP は各種の改変が行われ、最終的な仕様は、"BBN Report 1822"[*6] にまとめられます。

---

column

■ Lawrence Roberts の論文

Lawrence Roberts の論文は、彼のホームページ [*7]で確認できます。特に、IPTO 在任中の論文は、実質的に ARPANET に関する設計書や報告書、広報資料のように見えます。

- "Toward a Cooperative Network of Time–Shared Computers"
  Proceeding of the Fall Joint Computer Conference, San Francisco, California – November 1966.
- "Multiple Computer Networks and Intercomputer Communication"
  ACM Symposium on Operation System Principles, Gatlinburg, Tennessee – October 1967.
- "Access Control and File Directories in Computer Networks"
  IEEE International Convention Record.
- "Resource Sharing Computer Networks"
  IEEE International Conference, New York City – June 1968.
- "Data Processing Technology Forecast"
  First derivation of 18 month doubleing of performance for computers – Preceeded Moore's 18 month Law for semiconductors – April 1969.
- "Computer Network Development to Achieve Resource Sharing"
  Proceedings of the Spring Joint Computer Conference, Atlantic City, New Jersey – May 1970
- "The ARPA Network"
  By L. G. Roberts, Advanced Research Projects Agency, Washington, D.C. and Barry D. Wessler University of Utah, May 1971

[*5] Interface Message Processor（IMP）：
  https://en.wikipedia.org/wiki/Interface_Message_Processor [Wikipedia]
[*6] BBN Report 1822：
  http://bitsavers.trailing-edge.com/pdf/bbn/imp/BBN1822_Jan1976.pdf

第 12 章　ARPANET

- "ARPA Network Implications"
  EDUCOM, Vol. 6, No. 3, pp. 5–8, Fall 1971
- "A Forward Look"
  Signal, Vol. XXV, No. 12, pp. 77–81, August 1971.
- "Extension of Packet Communication Technology to a Hand-Held Personal Terminal"
  Proceedings of the Spring Joint Computer Conference, Atlantic City, New Jersey, May 1972.
- "Dynamic Allocation of Satellite Capacity through Packet Reservation"
  National Computer Conference, New York, New York, 4–8 June 1973.
- "Aloha Packet System with and without Slots and Capture"
  Telenet Communications Corporation
- "Evolution of Packet Switching"
  Proceedings of the IEEE, Vol. 66, No. 1 – November 1978.

ARPANET の構築

　1969 年に締結された ARPA と BBN の最初の契約は、4 台の IMP を製造し、9 月から 12 月まで 1 か月おきに 4 か所に設置するというものでした。そして、表 12–1 の大学・研究機関に実際に設置されました。

表 12–1 IMP が最初に設置された大学・研究機関

組織	指導者	コンピュータ	設置日
University of California, Los Angeles (UCLA)	Leonard Kleinrock	SDS Sigma 7	August 30, 1969
Stanford Research Institute (SRI)	Douglas Engelbart	SDS 940 (NLS)	October 1, 1969
University of California, Santa Barbara (UCSB)		IBM 360/75 (OS/MVT)	November 1, 1969
The University of Utah	Ivan Sutherland	DEC PDP-10 (TENEX)	December 1969

　これが、ARPANET の最初の 4 地点によるネットワークとなりました。ARPANET の最初のテスト接続は、1969 年 10 月 29 日に UCLA と SRI のあいだで確認されました。

　ちなみに、みなさんがよくご存じの「RFC」は、IMP を介して ARPANET サイト間で共有されたメモランダムが始まりです。特に、1〜460 は、当時の ARPANET への接続に関する技術的なノウハウが記されています。

---

[6] Lawrence Roberts の論文：http://www.packet.cc/files/toward-coop-net.html

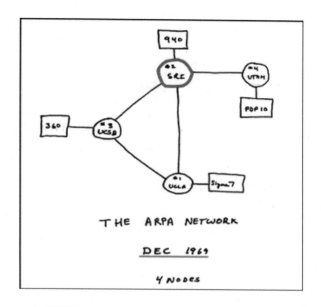

ARPANET1969

図版協力：SRI International

12.2　1969 年のアメリカ社会の情勢

　少し脱線して、ここで 1969 年のアメリカ社会の情勢について簡単に説明しておきます。

　今日、ARPANET が立ち上がった 1969 年は、アメリカ社会の大きな転換点の 1 つだと認識されています。アポロ 11 号が月面着陸を行った年と記憶されている人も多いと思います。でも、これはアメリカの輝かしい光の側面。では、影の側面は？　というと、それはベトナム戦争です。

　少し時代をさかのぼりますが、大統領選の遊説中に凶弾に倒れた John F. Kennedy（ジョン・F・ケネディ）の後を引き継いで、Lyndon Johnson（リンドン・ジョンソン）が大統領に就任したのは、1963 年のことでした。そして、その直後の 1964 年 8 月に発生したトンキン湾事件が、アメリカがベトナム戦争に大規模な軍事介入するきっかけとなりました。

　1964 年の大統領選挙も制し、戦争を継続した Johnson ですが、戦争終結への道筋が一向に見えない状況に、国論の戦争継続懐疑論や反戦意見の台頭を許すこととなりました。次なる大統領選の年である 1968 年には、ついにベトナム戦争の是非を巡って国論が二分される事態に至り、国内情勢が混乱。けっきょく、Johnson は、大統領再選の出馬断念に追い込まれました。

　このときの大統領選で「法と秩序の回復」と「名誉ある撤退」の公約を引っさげ、周囲の下馬評をひっくり返して選挙を制した Richard Nixon（リチャード・ニクソン）が大統領に就任したのが、1969 年です。その後の 1974 年のウォーターゲート事件によって、任期中の辞任に追い込まれた評判のあまりよくない大統領ですが、在任中の彼の政策は、意外にも「デタント」、すなわち冷戦下において敵と見なしていたソ連や中国との緊張緩和を推し進める中道的な内容でした。

　そもそも、アメリカのベトナム戦争への介入の本質的な動機は、ソ連や中国の工作によるアジア諸国

第 12 章　ARPANET

の共産化に対する懸念です（ドミノ理論*7 と呼ばれています）。Johnson 政権は、この理論に与する国防総省の強硬な主張に押し負かされる形で武力による解決を模索したわけですが、Nixon は、自身が副大統領であった Eisenhower（アイゼンハワー）政権でとられた共産主義勢力の封じ込め政策を踏襲し、交渉による平和共存を模索しました。ベトナム戦争の閉塞状況を打開するために、Nixon は政策の大転換を行ったわけです。

　対外的に融和政策に転じる場合、同時に好戦的な国内強硬派の引き締めを同時に進めなければなりません。Johnson 政権下において強硬な提言を続けてきた国防総省は、国内強硬派の筆頭です。彼らを抑え込む役回りの一端を引き受けたのが、Nixon の大統領就任で野党に転じた民主党でした。

　今日のインターネットの歴史に関する説明では、1972 年に ARPA が DARPA と改称され、翌 1973 年には予算執行に多くの制限を課されたことは、大事件として紹介されています。しかし、この政策を推進したのが、当時民主党の上院院内総務だった Michael Mansfield（マイケル・マンスフィールド）であったことは、あまり語られていません。後に駐日大使を 13 年も務め、たいへんな親日家であった Mansfield は、私たち日本人にとっては友好的なアメリカ人と記憶されていますが、当時の国防総省にとってはそうではなかったようです。

　Mansfield が主導する DARPA の研究開発全体への支出法案の修正 "The Mansfield Amendments"*8 は、1969 年と 1973 年の 2 回行われたようですが、1973 年の 2 回目の修正では「国防に直接関係のない研究開発への支出は認めない」条項が盛り込まれました。

　この政策変更は、それまで ARPA の手厚い支援を受けてきた研究プロジェクトに大きな打撃を与えました。たとえば、Douglas Engelbart（ダグラス・エンゲルバート）が率いる Stanford Research Institute（SRI）*9 の Augmentation Research Center（ARC）*10。ARPANET の 2 番目のサイトであり、革新的なマルチユーザー連携システムである "oN-Line System（NLS）"*11 を開発し、1968 年には後に "The Mother of All Demos"*12 と呼ばれるようになるデモンストレーション *13 を成功させたこの研究所は、ARPA の資金が途絶えると民間企業に売却され、その研究アクティビティは完全に消滅しました。

　このように、ベトナム戦争でのアメリカの敗北を認め、いくたの先進的な研究アクティビティを葬った Nixon の政策転換は、彼自身のダーティなイメージとも相まって、長らくネガティブな出来事として語られてきました。が、40 年以上経過した今日、この政策転換は再評価されつつあります。当時、すでに非現実的なチキンレースと化していた冷戦にからいち早く離脱したアメリカは、小さくない犠牲を払いつつも、その後の民間活力による経済発展による繁栄の足場を得る結果になりました。一方、その後もチキンレースを続けたソ連は、10 年後の 1980 年代に連邦崩壊という破滅的な変革に見舞われることになります。

---

*7 ドミノ理論：https://ja.wikipedia.org/wiki/ドミノ理論 [Wikipedia]
*8 The Mansfield Amendments：
　 https://en.wikipedia.org/wiki/Mike_Mansfield#The_Mansfield_Amendments [Wikipedia]
*9 Stanford Research Institute（SRI）：
　 https://en.wikipedia.org/wiki/Augmentation_Research_Center [Wikipedia]
*10 Augmentation Research Center（ARC）：
　 https://en.wikipedia.org/wiki/Augmentation_Research_Center [Wikipedia]
*11 oN-Line System（NLS）：https://en.wikipedia.org/wiki/NLS_(computer_system) [Wikipedia]
*12 "The Mother of All Demos"：https://en.wikipedia.org/wiki/The_Mother_of_All_Demos [Wikipedia]
*13 Douglas Engelbart の研究：今日でも多くのインスパイアを与える Douglas Engelbart（ダグラス・エンゲルバート）の研究は、彼の名前を冠した研究所のサイトで確認できます。
　 Doug Engelbart Institute：http://www.dougengelbart.org/

コンピュータサイエンスの分野でも、それまで先駆的研究の守護者として存在していた ARPA が消滅することにより、民間活力による自律的・継続的な技術革新が促されることになります。たとえば、ARC で NLS の開発に従事していた若手研究者は、その後 Douglas Engelbart の元を離れ、民間企業である Xerox の Palo Alto Research に移籍して、後のパーソナルコンピュータにつながる先駆的な研究に着手します。

1969 年は、第 2 次世界大戦の際に築かれ、その後も長らく生き残ってきた軍産学複合体の終焉だったように思います。1940 年代後半から 1960 年代は、国家が壮大なビジョンを提示し、それを軍産学複合体による巨大科学[14] が達成する「夢多き時代」でした。しかし、巨額の国税が投入されるプロジェクトには、納税者が納得するわかりやすい成果が求められます。NASA によるアポロ計画は、常にこの問題に悩まされ続けました。「アポロ 11 号の月面着陸」は納税者にとって最もわかりやすい成果でしたが、その後のプロジェクトの続行までを説明できるものではありませんでした。「夢多き時代」のフィナーレを飾る一大イベントだったのでしょう。

12.3 ARPANET (2) ── インターネット前史

1972 年 ── 転換点

1972 年は、転換点であったように思います。ARPA は DARPA に改称され、その影響力が届く範囲が大きく縮小されました。それまで ARPA から支援を受けていた研究のいくつかには、National Science Foundation（NSF）などからの資金援助に切り替えるものも現れました。しかしながら、ARPANET は、DARPA の支援が継続されるプロジェクトとして生き残りました。軍用技術としての重要性が、アメリカ軍にも認識されていたからです。

1969 年のいずれかの時期、ARPANET の構築計画の目処が立った Robert Taylor は、ベトナムに派遣されていました。現地から上がってくる戦況に関する相互に矛盾する報告を調査するためです。ベトナム各地のアメリカ軍の基地を回り、戦況に関する情報伝達の実情を調査した Taylor は、けっきょくサイゴン（現ホーチミン）にある南ベトナム軍事援助司令部（U.S. Military Assistance Command, Vietnam：MACV）にコンピュータセンターを設置する支援を行いました。

このようにコンピュータを使ったコミュニケーションの有効性を実地で証明して見せたこともあって、いくつかの軍の組織が ARPANET に接続され、軍産学連携の体制でコンピュータネットワークの研究が継続されました。

パケットスイッチングとメッセージスイッチング

1972 年の秋、この年 IPTO に着任した Bob Kahn が主導して、International Computer Communication Conference で ARPANET のデモンストレーションを行っています [15]。「パケット」という概念さえ一般的でなかった当時、突如「パケットスイッチング技術を使ったコミュニケーションを行う、メーカーの異なる 20 台のコンピュータのネットワーク」のデモンストレーションが行われたのですから、その衝撃は大きかったことでしょう。その理由を説明するには、少し時をさかのぼって 1960 年代の先駆的な研究に取り組んだ 3 人の研究者を紹介しなければなりません。

---

[14] 巨大科学：https://ja.wikipedia.org/wiki/巨大科学 [Wikipedia]
[15] ARPANET のデモンストレーション：このときのデモンストレーションについては、RFC 371 に記述があります。
　RFC 371：https://tools.ietf.org/html/rfc371

第 12 章　ARPANET

「パケットスイッチング」（パケット交換）[16] が、それまでの回線交換より効率的であること（そして、それゆえに低コストであること）は技術的に明らかだったのですが、その事実を電気通信事業者が受け入れるには、長い時間を要しました。パケットスイッチングの最初の考案者とされる Paul Baran（ポール・バラン）は、辛酸を舐めることになります。彼が所属した RAND Corporation はアメリカ空軍のシンクタンクで、この提案は純粋に軍事目的で考案されたようです。第 1 章で紹介した SAGE（Semi–Automatic Ground Environment）は、複数のレーダーサイトと司令室をデータ回線で接続し、防空監視を行うシステムでした。したがって、核攻撃にも耐える強固なコミュニケーションネットワークの構築は、必須の命題でした。

核攻撃に対する残存性を確かめるシミュレーションの研究（ "Reliable Digital Communications Systems Using Unreliable Network Repeater Nodes"[17] 、"On Distributed Communications Networks"[18] ）を経て、Baran は 1964 年に分散型コミュケーションに関する報告書 "On Distributed Communications"[19] を取りまとめます。この報告書は、「データをブロックに分割して送信」すれば、「終端により賢い多重化装置があればネットワークには信頼性が高い高価な機器は不要」で、「データを高速に移動させることができ通信回線の利用効率も高められる」という、当時の電気通信事業者の常識を真っ向から否定する結論が述べられていました。が、その後の学会では電話網の延長上でデータ通信を考える AT&T の通信技術者に、「わかっていない」と一蹴されました。アメリカの電気通信事業を事実上独占している AT&T の同意が得られないネットワーク提案をアメリカ空軍が強行するはずもなく、Baran の提案は葬り去られることになりました[20] 。

Baran の提案が頓挫したころ、別なところでもパケットスイッチングによるネットワークを構築する新たな試みが始まっていました。舞台は、イギリスの National Physical Laboratory（NPL）[21] 。NPL は、Alan Turing（アラン・チューリング）が Automatic Computing Engine（ACE）[22] の設計を行った研究所として有名ですが、Donald Davies（ドナルド・デイビス）のグループが構築したパケットスイッチングによるネットワークは、1960〜1970 年代の NPL の重要な研究成果の 1 つになっています。

Davies がデータコミュニケーションに関心をもったのは、1960 年代の中ごろ、アメリカの MIT を訪問したときだとされています。MIT が開発したタイムシェアリングシステム（おそらく Multics で

---

[16] パケットスイッチング：https://en.wikipedia.org/wiki/Packet_switching [Wikipedia]

[17] "Reliable Digital Communications Systems Using Unreliable Network Repeater Nodes"：
https://www.rand.org/content/dam/rand/pubs/papers/2008/P1995.pdf

[18] "On Distributed Communications Networks"：
https://www.rand.org/content/dam/rand/pubs/papers/2005/P2626.pdf

[19] "On Distributed Communications"：https://www.rand.org/about/history/baran-list.html

[20] ARPANET の設計目標：ARPANET の設計目標については、今日でも議論がありますが、本文で述べたように、軍事技術として自律性や耐障害性の側面が強調された背景には、「研究を軍が支援しなければならない理由」を明確にしなければならなかった経緯があります。特に、ARPANET に関しては先行する Paul Baran（ポール・バラン）の研究が存在し、軍事目的での利用を明確に想定していたことから、それを根拠に「そもそもは軍事利用のために開発された」と主張する意見もあります。もちろん、ARPANET の開発・構築時には Baran の研究の存在が優位に働いたでしょうが、今日、ARPA IPTO の歴代のディレクターは、いずれも「Baran の研究との直接的な関係はなかった」と述べているそうです。まぁ「インターネットは私たちが作った」と思いたいアメリカ人は多いでしょうから、「実はイギリス人（Donald Davies）の取り組みの 2 番煎じであった」などとは絶対信じないでしょう（笑）。
ARPANET に関する議論：https://en.wikipedia.org/wiki/ARPANET#Debatee_on_design_goals [Wikipedia]

[21] National Physical Laboratory（NPL）：
https://en.wikipedia.org/wiki/National_Physical_Laboratory_(United_Kingdom) [Wikipedia]

[22] Automatic Computing Engine（ACE）：
https://en.wikipedia.org/wiki/Automatic_Computing_Engine [Wikipedia]

12.3 ARPANET (2) ― インターネット前史

しょう）を見た Davices は、ターミナルを介して対話的にコンピュータを利用している姿に魅了され
たようです。「私たちのところでも同じような環境を実現するとなると……」と考え始めたところで、
問題に気づきました。「研究者は誰もがターミナルをほしがるだろう。研究者の数だけデータ回線が必
要になる。それをすべて電話回線でまかなうとすると、膨大な金額の請求書が電話会社から届くことに
なる……」。Davies の研究の動機は、Baran に比べていくぶんわかりやすいものでした。

Davies は、1965 年の末に NPL 向けの最初の提案書である "Proposal for the Development of a
National Communication Service for on–line Data Processing"[*23] をまとめ、翌 1966 年には彼をヘッ
ドとする設計チームを組織します。そして、その検討結果を取りまとめた "A Digital Communications
Network For Computers Giving Rapid Response at Remote Terminals"[*24] を 1967 年にアメリカの
Tennessee 州 Gatlinburg で催された ACM Symposium on Operating System Principles（SOSP）で
発表しました。

このシンポジウムに参加していた ARPA IPTO の Lawrence Roberts は、Davies たちと意見交換を
し、彼らが考案したキャッチーな用語「パケット」と「パケットスイッチング」を拝借することにした
ようです。その後 NPL のネットワークは実現され、1970 年に Mark I が、1973 年には Mark II[*25] が
構築されています。

最後の 1 人は、メッセージスイッチング（メッセージ交換）[*26] の研究を行った Leonard Kleinrock
（レナード・クラインロック）です。彼は、1950 年代にアメリカ空軍と国防総省が設置した「Plan 55
Switching Center」[*27] において待ち行列よる遅延の分析を行い、1961 年に論文 "Information Flow
in Large Communication Nets" [*28] をまとめました。

この論文の冒頭であげられている 7 つの研究課題は、次のようなものです。

1. 任意の 2 つのノード間でのメッセージ受信処理に要する時間の確率密度分布とその分布の期待値
   とは何か?

2. 任意の 2 つのノード間の実効性のあるチャネル容量に関して議論することは可能か?

3. トラフィックに関する統計量の変化によりネットの過渡的な挙動とその回復に要する時間を予測
   することは可能か?

4. 各ノードにおいて確保すべきストレージ容量の大きさは?

5. 異なるネットワークから到着したメッセージに関するルーティングルールについて、どのような
   方法を用いて対応すべきか?　すなわち（許容されるルールセットにいくつかの制約下で）ルー
   ティングルールとは独立して、ネットの最適なパフォーマンスにかかわるいくつかの限界を述べ
   ることはできるか?

6. どのような条件で、ネットの混雑、すなわちネットを介したメッセージ送信で過度な遅延が発生
   するか?　この問題を解決するには、各リンクの容量を使用できる程度（すなわち一般的に利用

[*23] "Proposal for the Development of a National Communication Service for on–line Data Processing"：
http://thelinuxmaniac.users.sourceforge.net/docs/be/chc61/archives/Davies04.pdf
[*24] "A Digital Communications Network For Computers Giving Rapid Response at Remote Terminals"：
http://www.mpi-sws.org/~gummadi/teaching/sp07/sys_seminar/how_did_erope_blow_this_vision.pdf
[*25] Mark II：http://www.rogerdmoore.ca/PS/NPLPh/NPL1974A.html
[*26] メッセージスイッチング：https://en.wikipedia.org/wiki/Message_switching [Wikipedia]
[*27] Plan 55 Switching Center：https://sites.google.com/site/mdprcp/plan55switchingcenter
[*28] "Information Flow in Large Communication Nets"：
http://www.lk.cs.ucla.edu/data/files/Kleinrock/Information%20Flow%20in%20Large%
20Communication%20Nets.pdf

第 12 章　ARPANET

率として知られているチャネル容量に対する割合の比）を決定するだろう。

7. センター内ノードの遅延やメッセージの優先度といった要素がどのような影響をもたらすか?

「メッセージ」を「パケット」、「ストレージ」を「メモリ」に置き換えると、現在の IP ネットワークの評価を行っている論文の冒頭とも見紛うような普遍性があります。

Kleinrock の研究は、テレックスのネットワーク分析に基づき、ネットワーク上を流れるデータの振る舞いについて数学的な理論付けを試みるものでした。続く 1962 年には、博士号の学位論文 "Message Delay in Communication Nets with Storage" [*29] が提出されましたが、Kleinrock 自身が「1961〜1962 年の博士課程での研究からパケットネットワークの数学的理論が確立された」と語っているように、1964 年に彼の学位論文は、*Communication Nets: Stochastic Message Flow and Delay* [*30] として刊行されました。その後、Kleinrock は UCLA の教壇に立つことになり、Network Measurement Center（NMC）の設立に尽力しました。

他の二人とは異なり、Kleinrock は ARPANET の構築にも参加しています。実は、Kleinrock は IPTO の 4 代目ディレクター Lawrence Roberts と大学院のクラスメートでした。1966 年に Roberts が IPTO に参加し、ARPANET の実現性を説得するために活用したのが、Kleinrock の著作だったといわれています。このような経緯から、1968 年 10 月、Kleinrock が率いる UCLA の NMC は ARPA と契約を結び、ARPANET 構築での中心的な役割を果たすことになりました。NMC は 1969 年 9 月に IMP が導入された最初のサイトでしたし、10 月の IMP を経由した最初の通信を行ったのも NMC と Douglas Engelbart の ARC とのあいだでした。

このように、ARPANET は、1960 年代に登場したパケットスイッチングという画期的なアイデアによる広域コンピュータネットワークの先駆的な実例でした。1972 年の秋のデモンストレーションは、初期の ARPANET 構築がおおむね完了した節目のイベントだったようです。

ちなみに、その後の 1975 年には ARPANET は研究としての期間を脱し、「運用可能」が宣言され、その運営責任は ARPA から The Defense Communications Agency に移管されました。といっても、その後も ARPANET は拡大していきます[*31]。

Bob Kahn と Vint Cerf

1972 年のデモンストレーションは、IPTO にとっても節目となりました。翌 1973 年、ARPANET の構築を見届けた 4 代目ディレクター Lawrence Roberts は職を辞し、BBN が設立した商用パケットスイッチングネットワークサービスである Telnet [*32] の社長に就任しました。そして 5 代目ディレクターには、Bob Kahn が就任しました。

Kahn は、SATNET の衛星パケットネットワークや PRNET の無線パケットネットワークと

[*29] "Message Delay in Communication Nets with Storage"：
　　http://dspace.mit.edu/handle/1721.1/11562
[*30] *Communication Nets: Stochastic Message Flow and Delay*：
　　https://books.google.co.jp/books?id=wefhAwAAQBAJ&dq=Communication+Nets:+Stochastic+Message+Flow+and+Design&lr=&hl=ja
[*31] ARPANET の拡大："40 maps that explain the internet"：http://www.vox.com/a/internet-maps
　　ARPANET Technical Information: Geographic Maps：
　　http://mercury.lcs.mit.edu/~jnc/tech/arpageo.html
　　ARPANET Technical Information: Logical Maps：http://mercury.lcs.mit.edu/~jnc/tech/arpalog.html
[*32] Telnet：https://en.wikipedia.org/wiki/Telnet [Wikipedia]

ARPANET との相互接続（ALOHAnet）[*33] の経験から、任意のネットワークがハードウェアおよびソフトウェア構成の異なる他のネットワークと通信できるオープンアーキテクチャのネットワークモデルの必要性を確信していました。

さらに、これを実現するプロジェクトでは、次の 4 つの目標を掲げました。

- ネットワーク接続：任意のネットワークはゲートウェイを介して別のネットワークに接続できる。
- 自律分散　：中央集中型のネットワーク管理・制御は行わない。
- エラー回復：失われたパケットは再送される。
- ブラックボックス化：任意のネットワークの内部変更は接続する他のネットワークの変更なしに行える。

ここでうたわれたデセントライズで自律性の高いネットワークモデルこそ、今日のインターネットワーキングのコンセプトの起源です。

1973 年、Bob Kahn が着手したこのプロジェクトに Vint Cerf（ヴィント・サーフ）が参加します。Vint Cerf は、Kleinrock が主導する UCLA の ARPANET プロジェクトに参加していた大学院生で、Kahn と同じ知見を共有するとともに、Network Control Program（NCP）[*34] を始めとする ARPANET のプロトコルに習熟していました。1972 年に博士号を取得した Cerf は、Stanford University に移り、DARPA の研究員となりましたが、Kahn とともに初期の検討に着手し、その結果を取りまとめた論文、"A Protocol for Packet Network Intercommunication" [*35] を 1974 年に発表します。この論文が、その後開発される TCP/IP の青写真となる技術文書でした。

今日では「インターネットの父」と称され、さまざまな形で紹介されている Bob Kahn と Vint Cerf なので、その後の彼らの業績の紹介はここでは割愛します。

12.4　DARPA と 4BSD

本章では、ここまで "Unix" という言葉をひとことも出さないまま ARPA IPTO と ARPANET に関する長い長い前振りを行ってきました。そろそろ、本章のテーマである DARPA と 4BSD の関係について触れたいと思います。

数ある Unix 関連書籍において、BSD Unix を紹介する節の冒頭には、必ず「DARPA（国防高等研究計画局）の資金援助を得て……」との文言が踊っているわけですが、お金を出したはずの ARPANET に関する文献で UCB や BSD Unix という単語を目にすることはほとんどありません。「BSD Unix は ARPANET の何の役に立ったんだろう?」という素朴な疑問が浮かんでしまいます。

単に「ARPANET と接続する Unix のための実装を必要とした」というわけではないようです。事実、University of California Berkeley（UCB）の Computer Systems Research Group（CSRG）[*36] が参加するずっと以前から ARPANET に接続できる Unix ソフトウェアは存在し、Bell Telephone

---

[*33] ALOHAnet：`https://en.wikipedia.org/wiki/ALOHAnet` [Wikipedia]

[*34] Network Control Program（NCP）：
`https://en.wikipedia.org/wiki/Network_Control_Program` [Wikipedia]

[*35] "A Protocol for Packet Network Intercommunication"：
`https://www.cs.princeton.edu/courses/archive/fall06/cos561/papers/cerf74.pdf`

[*36] Computer Systems Research Group（CSRG）：
`https://en.wikipedia.org/wiki/Computer_Systems_Research_Group` [Wikipedia]

第 12 章　ARPANET

Laboratories（BTL）が配布する Unix を使って ARPANET に参加するサイトも存在していました。

　また、CSRG が「Vint Cerf のグループが開発を進めていた TCP/IP について特別な知見を有していた」わけでもありません。そもそも、4BSD に搭載された TCP/IP のプロトコル実装のオリジナルは ARPANET のプロジェクトに長らく参加してきた BBN によって実装されました。もちろん、CSRG は BBN のコードが組み入れられた後の BSD Unix に数多くの最適化や機能強化を行いましたが、だからといってインターネットプロトコルスイートの開発者として賞賛を得る立場にはなかったはずです。

　ここでは、今見ることのできる 2 つの文献を適宜さらいながら、ARPANET にかかわった人々にとっての BSD Unix の意義を追ってみたいと思います。

BSD Unix が果たした役割

　1 つ目の文献は、Bob Barden（ボブ・バーデン）の 2001 年の講演資料 "The First 31 Years of the Internet — An Insider's View."[37] です。Barden は、UCLA の ARPANET プロジェクトにかかわったキャリアをもち、UCLA が保有する IBM System/360 の ARPANET 接続に責任者として携わった ARPANET の完全なインサイダーです。

　もう 1 つの文献は、IEEE Spectrum [38] のウェブマガジンに掲載された Andrew L. Russell（アンドリュー・L・ラッセル）の記事 "OSI: The Internet That Wasn't" [39] です。Russell は、Stevens Institute of Technology の歴史学の准教授なので、ARPANET の完全なアウトサイダーです。ちなみに、この記事の副題には、"How TCP/IP eclipsed the Open Systems Interconnection standards to become the global protocol for computer networking"（コンピュータネットワーキングのグローバルプロトコルになるため、TCP/IP はどのようにして Open Systems Interconnection standards を失墜させたのか?）という刺激的なタイトルがついています。

　両方の文献ともに BSD Unix への直接の言及がありますが、特に Russell の記事では BSD Unix が果たした役割が明確に述べられています。

Meanwhile, the Internet flourished. With ample funding from the U.S. government, Cerf, Kahn, and their colleagues were shielded from the forces of international politics and economics. ARPA and the Defense Communications Agency accelerated the Internet's adoption in the early 1980s, when they subsidized researchers to implement Internet protocols in popular operating systems, such as the modification of Unix by the University of California, Berkeley. Then, on 1 January 1983, ARPA stopped supporting the ARPANET host protocol, thus forcing its contractors to adopt TCP/IP if they wanted to stay connected; that date became known as the "birth of the Internet."

---

[37] "The First 31 Years of the Internet — An Insider's View." :
　　http://www.isi.edu/~braden/myfiles/internet31may01.pdf
[38] IEEE Spectrum : https://en.wikipedia.org/wiki/IEEE_Spectrum
[39] "OSI: The Internet That Wasn't" :
　　http://spectrum.ieee.org/computing/networks/osi-the-internet-that-wasnt

148

一方、インターネットは栄えました。アメリカ政府からの潤沢な資金により、Cerf、Kahn とその同僚は国際政治と経済の力から遮蔽されました。1980 年代初頭、ARPA と防衛通信庁はカリフォルニア大学バークレー校の Unix のような一般的なオペレーティングシステムにインターネットプロトコルを実装するために研究者を支援し、インターネットの普及を加速させました。1983 年 1 月 1 日、ARPA は ARPANET のホストプロトコルのサポートを停止しました。これにより、TCP/IP を採用した契約者は接続を維持を強制されることになりました。この日は「インターネットの誕生日」となりました。

　少し補足するとと、当時の ARPANET には、研究開発を行う大学・研究機関だけでなくアメリカ軍と契約する事業者も多数接続しており、ARPANET への接続が維持できなくなると契約が履行できなくなる事業者も多かったのです。そこで（ほぼ無料の）新たな接続手段をあらかじめ用意し、古い接続手段を停止する期限を明示して、新たな接続手段への移行を強制したのでした。軍への納入業者を頂点とする産業構造をもつ当時の軍産共同体のアメリカでは、これは新たなプロトコルを普及させる最も効果的な方法でした。そのための「一般的な OS（オペレーティングシステム）」として、「BSD Unix」が選ばれたのでした。
　この荒っぽい方法は、効果絶大でした。その中で BSD Unix により得られた効果について、Barden の資料の "Why did the Internet Succeed?" に言及があります。

> 2 ARPA–funded BSD Unix development used TCP/IP
> 　Publicly funded OS – – > many vendor products

　つまり、「国が資金提供して開発された（ノンプロフィットの）OS は、その後多くのベンダーの製品になった」ということです。事実、1980 年代以降に登場したコンピュータ製品の多くは、4BSD がサポートした TCP/IP 実装を参照あるいは活用して、自社製品のインターネットへの接続性を確保しました。したがって、UCB の 4BSD は ARPANET の研究開発そのもののためにではなく、その研究成果である TCP/IP のプロモーションのために開発されたということになります。

TCP/IP の普及努力

　では、そこまでして研究成果の普及をなぜ急いだのか？　それは、パケットスイッチングネットワークの国際標準化作業において、ARPANET プロジェクトが常に劣勢に立たされ続けたことに起因します。彼らの成功を望まない勢力が存在していました。ARPANET のデモンストレーションが行われた 1972 年、世界各国の電話・電信は、独占的な事業者によって運営されていました。たとえば、アメリカでは AT&T が事実上事業を独占し、日本には電信電話公社（現在の NTT）が存在しました。さらに、コンピュータ業界も IBM が業界を事実上独占していました。
　彼らは、パケットスイッチングの革新性や将来性を十分理解していたわけですが、それがもたらす Paul Baran が提唱した "End–to–End Principle" は、彼らの既存権益を破壊する危険性を伴うものでした。「ネットワークの両端の機器さえ賢ければ、そのあいだの通信の品質はあまり問題にならない」

第 12 章　ARPANET

という原理は、それまでのデータ回線の価格体系を破壊し、それまでの品質保証のための投資を無効化してしまうからです。

　それゆえ、パケットスイッチング技術を可能であれば葬り去る、それが難しいのであればその普及速度を自分たちでコントロールしたいと考えていました。彼らにしてみれば、Paul Baran の提案は設計段階でつぶすことができましたが、ARPANET では稼働させることに成功し、その仕様を国際標準にする動きを見せているとなると傍観してはいられません。

　Vint Cerf が率いる International NetworkWorking Group（INWG）は、1975 年に当時の電気通信規格を監督する国際機関である CCITT（現在の ITU–T）に ARPANET のプロトコル仕様を提案しましたが、Paul Baran のときと同じような「リスクが大きすぎ、テストもされていない」との理由により却下されました。

　この結果をみて、Vint Cerf は INWG の議長を辞任し、さらに Stanford University の教職も退いて、Bob Kahn との TCP/IP の開発に専念する決意を固めます。この決意は ARPANET に参加する彼の仲間には支持されましたが、INWG にはもう少し穏便なアプローチを望むメンバーもいました。その結果、INWG は分裂しました。

　1977 年、標準化プロセスを優先するメンバーたちの活動によって、国際規格を策定するための非政府組織である ISO（国際標準化機構）にパケットスイッチングネットワークの規格化を進める分科会が設立されました。事実上、TCP/IP のライバルとなる Open Systems Interconnection（OSI）の検討が始まりです。以降の OSI と TCP/IP の技術開発競争については、前述の Russell の記事のメインテーマなので、そちらを参照してください。

1978 年の状況

　ARPANET では、1978 年 6 月に（今でも使われている）TCP/IP の version 4 の仕様が Internet Experiment Note（IEN）[*40] で配布され、TCP/IP の開発はいよいよ最終段階を迎えていました。

　Russell の記事にもあるように、ARPANET は 1983 年 1 月 1 日にインターネットに移行することが決定しています。このデッドラインがどのような経緯で決定されたかはわかりませんが、この時期には X デーに向けて着々と準備が進められていました。UCB へのコンタクトもその準備の一環であったと推察されます。TCP/IP のリファレンスマシンとして最適なコンピュータで動く、標準化の動向に左右されないインディペンデントなプラットホームが求められたのでした。

[*40] Internet Experiment Note（IEN）：
　　https://en.wikipedia.org/wiki/Internet_Experiment_Note [Wikipedia]

第13章
4BSD

ARPA IPTO から University of California Berkeley（UCB）に対して BSD Unix に関するコンタクトがあったのは、1978 年の秋だといわれています。ちょうど、Ozalp Babaoglu（オザルプ・ババオグル）と Bill Joy（ビル・ジョイ）が 3BSD の仮想記憶の実装に奮闘していた時期でした。BSD Unix が DARPA の ARPANET プロジェクトの支援で開発されたのは有名な話ですが、本章では UCB の Computer Systems Research Group（CSRG）の設立と DARPA からの支援の経緯から「4BSD」の紹介を始めたいと思います。

13.1　DARPA からの支援

UCB への評価

　UCB の Computer Systems Research Group（CSRG）[*1] の最後のディレクターであった Kirk McKusick（カーク・マクージック）によれば、DARPA が UCB にコンタクトしてきたのは、1979 年の秋ごろだったそうです。当時、BSD Unix の開発の指導に当たっていた Bob Fabry（ボブ・ファブリー）は、3BSD（Third Berkeley Software Distribution）をベースにした ARPANET 向けのバージョンの開発提案を携えて、DARPA とのミーティングに応じました。画像処理や VLSI の分野の研究での DARPA の契約企業に混じり、このミーティングには ARPANET 開発の契約者である Bolt, Beranek and Newman（BBN）の責任者も参加していました。これらの DARPA の契約企業は、商用 OS（オペレーティングシステム）と同レベルの品質に対する懸念から BSD Unix の採用に慎重論を唱えていたと推測されます。

　一方、ARPANET プロジェクトの中には、BSD Unix の採用に積極的な意見もありました。たとえば、TCP の開発のために設けられた Internet Experiment Note（IEN）[*2] の IEN 121 "Internet Meeting Notes – 10, 11, 12 & 13 September 1979" [*3] には、UNIX SMALL GROUP の次のような議事概要が残っています。

[*1] Computer Systems Research Group（CSRG）：
　　https://en.wikipedia.org/wiki/Computer_Systems_Research_Group [Wikipedia]
[*2] Internet Experiment Note（IEN）：
　　https://en.wikipedia.org/wiki/Internet_Experiment_Note [Wikipedia]
[*3] IEN 121 "Internet Meeting Notes – 10, 11, 12 & 13 September 1979"：
　　http://www.rfc-editor.org/ien/ien121.txt

第 13 章　4BSD

XVI. SUMMARY OF SMALL GROUP MEETINGS
　2. UNIX SMALL GROUP MEETING - Cain
　　3. Use of UNIX on VAX machines.

Keith Lantz discussed a meeting with ARPA, Rochester, CMU, and others associated with ARPA-funded research involving VAX machines. At the meeting, the decision was made to use UNIX on the VAX machines, specifically the version of UNIX modified at Berkeley to take advantage of the VAX paging hardware. The source of support for the VAX UNIX is not yet named. Rochester and CMU are both interested in implementing TCP and IP on their VAX machines. A mailing list (see Appendix A) was established for those interested.

このミーティングを契機として、"VAX–UNIX" というメーリングリストが新たに作成されたようですが、報告者の Keith Lantz（キース・ランツ）は、1981 年に Stanford University で Distributed Systems Group（DSG）を設立し、V Operating System[*4] の開発の指導に当たったのではないかと想像しています。

また、「Rochester と CMU のグループ」とありますから、4.2BSD の開発時には Steering Committee のメンバーであり、後に Mach Operating System[*5] を開発する Rick Rashid（リック・ラシッド）も参加していたのではないでしょうか?

彼らのような分散システムの研究者にとって、すべてのソースが入手可能なノンプロフィットの OS、特にすでに世界中に多くのユーザーを抱える Unix のポピュラリティ、そして当時最新鋭のページング機構をもつ 32 ビットマシンである VAX–11 で動くカーネルは、自身の研究のベースコードとしてたいへん魅力的なものだったに違いありません。

UCB から VAX–Unix の提供を受けることについては、APRANET プロジェクト内部でも賛否両論があったように思います。しかし、1979 年 12 月の 3BSD のリリースよって、慎重派の懸念は解消に向かったのでしょう。もちろん、3BSD がちゃんと機能しただけでなく、彼らが実装したページング機能の詳細を述べた文書 "Design and Implementation of the Berkeley Virtual Memory Extensions to the UNIX Operating System" [*6] がディストリビューションに同梱されていたことにより、OS 研究のアクティビティとしての認知が得られた点が大きかったのではないかと思います。

最初の契約

最終的に、Fabry は DARPA との 1980 年 4 月から 18 か月間の開発契約の締結にこぎ着けたとされています。この契約の内容については、BBN の活動記録である "A Culture of Innovation: Insider

---

[*4] V Operating System：
　https://en.wikipedia.org/wiki/V_(operating_system) [Wikipedia]
[*5] Mach Operating System：
　https://en.wikipedia.org/wiki/Mach_(kernel) [Wikipedia]
[*6] "Design and Implementation of the Berkeley Virtual Memory Extensions to the UNIX Operating System"：
　http://roguelife.org/~fujita/COOKIES/HISTORY/3BSD/design.pdf

Accounts of Computing and Life at BBN" [7] に、次のような記述があります。

17.2 On to Internet

TCP Research

In 1979, ARPA solicited proposals to replace the aging TENEX operating system with a
new research operating system for the ARPA community. ARPA split the work between two
teams: the Computer Science Research Group at U.C. Berkeley, which would implement a
paged version of UNIX 32/V; and BBN, which was responsible for all the networking code.
This version of UNIX and TCP ran on a DEC VAX minicomputer.

　この記述によると、DARPA は旧式化した TENEX に代わる研究用 OS を公募し、1979 年の秋
から約半年をかけて複数の応募の精査を行った結果、契約者として OS の実装は UCB の Unix を、
TCP/IP の実装は BBN を選定したことになります。契約時期が Vint Cerf（ヴィント・サーフ）が率
いる Stanford の TCP プロジェクトの終結宣言 IEN 151 "FINAL REPORT OF THE STANFORD
UNIVERSITY TCP PROJECT" [8] と一致するのは、偶然ではないでしょう。

　1980 年 1 月の DoD 標準化をもって、TCP は一応の完成をみます。以降、ARPANET は、1983 年
の 1 月 1 日をデッドラインとする NCP から TCP/IP への移行作業に突入します。

4BSD の役割

　UCB が DARPA の公募で選択された理由について、"Twenty Years of Berkeley Unix — From
AT&T–Owned to Freely Redistributable" [9] の中で、McKusick は次のように述べています。

Meanwhile, in the offices of the planners for the Defense Advanced Research Projects Agency
(DARPA), discussions were being held that would have a major influence on the work at
Berkeley.　One of DARPA's early successes had been to set up a nationwide computer
network to link together all their major research centers. At that time, they were finding
that many of the computers at these centers were reaching the end of their useful lifetime
and had to be replaced. The heaviest cost of replacement was the porting of the research
software to the new machines. In addition, many sites were unable to share their software
because of the diversity of hardware and operating systems.

---

[7] "A Culture of Innovation: Insider Accounts of Computing and Life at BBN"：
　　`http://walden-family.com/bbn/`
[8] IEN 151 "FINAL REPORT OF THE STANFORD UNIVERSITY TCP PROJECT"：
　　`http://www.rfc-editor.org/ien/ien151.txt`
[9] "Twenty Years of Berkeley Unix — From AT&T–Owned to Freely Redistributable"：
　　`http://www.oreilly.com/openbook/opensources/book/kirkmck.html`

第 13 章　4BSD

> Choosing a single hardware vendor was impractical because of the widely varying computing needs of the research groups and the undesirability of depending on a single manufacturer. Thus, the planners at DARPA decided that the best solution was to unify at the operating systems level. After much discussion, Unix was chosen as a standard because of its proven portability.

　この主張は、かつて Seventh Edition Unix（Version 7 Unix）の開発の際に、Dennis Ritchie（デニス・リッチー）が掲げた設計目標と一致しています。あらゆるハードウェアに対応でき、操作性を統一できるポータブルな OS は、この時代のニーズにマッチしていたと Unix コミュニティは主張するでしょう。

　しかし、1980 年ごろに ARPANET で最も普及していたコンピュータは PDP–10/TENEX で、その理由はページング方式の仮想記憶が利用できることでした。

　リース時期を迎え、新しいマシンへの交換を考える際、ページング機構をもち、性能が向上した新しい（そして安い）マシンを選ぶのは自明でしょう。1983 年、VAX–11/780, 750 の受注増を理由に、DEC は PDP–10 は生産中止を決定しました。あるいは、ARPANET の TCP への移行が VAX–11 のブームの引き金になったのかもしれません。

---

column

■ ARPANET における PDP–10

　次ページに示すのは、1977 年当時の ARPANET の構成図 です。網掛けマークされているのが PDP–10 です。

　当時の DEC は次のような宣伝を行っていました。

ARPA has a network of Supercomputers

There are two dozen huge computer systems in the Advanced Research Projects Agency network.

Over half of them are DECsystem–10s. Our Supercomputer. MIT has two. So does Utah. Then there's Harvard, BBN, Carnegie, Case, SRI, Stanford and Rand.

Which should give you some idea of how popular our DECsystem–10 really is.

In the ARPA network, DEC–system–10's are doing state–of–the–art research into global climate dynamics, econometric studies, resource management, computer sciences, and much more. Everyone shares their computer and expertise with everyone else. Everyone comes out ahead.

13.1 DARPA からの支援

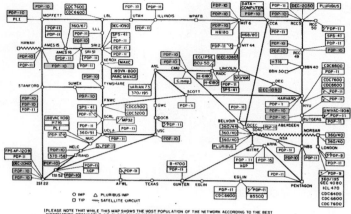

1977 年当時の ARPANET の構成図
"ARPANET logical map circa 1977, with PDP–10 systems highlighted." (Public Domain)
http://en.wikipedia.org/wiki/File:Arpanet_logical_map,_march_1977.png

Additional DECsystem–10's will be part of ARPA's mammoth ILLIAC IV number crunching complex now being installed at NASA Ames Research Centre in California. They'll handle all communications while at the same time managing up to a trillion bits of file storage.

Once ILLIAC IV is in gear, ARPA members will be able to do in hours jobs so big that they wouldn't even attempt them now. ARPA is one of the biggest brain trusts ever assembled. If half of its members have a DECsystem–10, you really ought to know about it.

Write for the literature that explains why 62 of the leading universities and research institutions in the country have selected DECsystem–10's. (Hint: It does computation and timesharing at half the cost of other systems — without sacrificing throughput)

DECsystem-10 Education Group. Digital Equipment Corporation, 146 Main St., Maynard, Mass. 01754. (617) 897-5111.

文中の "other systems" とは、おそらく当時の IBM のシステムを指しています。

第 13 章　4BSD

13.2　4BSD

　DARPA との契約を受けて、Farby は学内に「Computer Systems Research Group（CSRG）」*10
を立ち上げました。財政的な裏付けを得て、プロジェクトの運営に携わるパーマネントなスタッフやプ
ログラマーを雇用する必要があったからです。

　たとえば、これまでは Bill Joy（ビル・ジョイ）が内職のように続けてきた配布テープの作成や問い
合わせ電話の応対は、専従スタッフに交代しました。ですが、Bill Joy は博士号の資格認定試験を取得
したばかりにもかかわらず、なぜか CSRG に加わりました。Bill Gates（ビル・ゲイツ）などと同様
に、ベンチャー起業家としての血が騒いだのかもしれません。

　これまでよりも堅固な体勢で 4BSD の開発が始まりました。

ターミナルインターフェイスの向上

　3BSD に比べるとユーザーランドの機能追加が少なかった 4BSD ですが、目玉というと、やはり
「Job Control」*11 機能でしょう。皆さんがよくご存じの C Shell の CTRL–Z でプロセスをサスペン
ドし、bg コマンドでバックグラウンド実行する機能は、4BSD からサポートされるようになりました。
この機能、International Institute for Applied Systems Analysis（IIASA）*12 の Jim Kulp（ジム・
クルプ）が PDP–11/70 上で実装したオリジナルを、Bill Joy が VAX の上に移植したとされています。
この機能強化は、単に C Shell の内部コマンドが追加されただけのような印象を受けますが、実際には
新しい tty ドライバ の開発など、カーネルに対して多くのコード追加を必要とする手間のかかる作業
でした。

　新しい tty ドライバのおかげで、BSD Unix にはビデオターミナルを前提とした高機能のターミナ
ルインターフェイスが実現されました。Seventh Edition Unix（Version 7 Unix）の tty ドライバは 1
文字削除時にエコーバックが出ないなど、あまり優しくないターミナルインターフェイスで、オリジナ
ル Unix の弱点の 1 つだったのですが、tty ドライバによって、現在私たちが使っている CUI（コマン
ドユーザーインターフェイス）と同じような挙動をするようになりました。TENEX など、ビデオター
ミナルを活用する当時の ARPANET に接続されていた一般的なホストのターミナルインターフェイス
を強く意識した機能追加だったのではないでしょうか。

VAX–11/750 のサポート

　4BSD には、もう 1 つ目玉がありました。VAX–11 の 2 番目のプロダクトである、「VAX–11/750」
のサポートです。

　これには、びっくりするような逸話があります。4BSD の開発当時、VAX–11/750 は製品発表はさ
れていたものの、まだ販売されていませんでした。Bill Joy は、DEC 社内では数少ない Unix シンパ
だった Armando Stettner（アルマンド・ステットナー）の手引きを受けて、DEC 社内にあった発売

---

*10 Computer Systems Research Group（CSRG）：
　　https://en.wikipedia.org/wiki/Computer_Systems_Research_Group [Wikipedia]
*11 Job Control：https://en.wikipedia.org/wiki/Job_control_(Unix) [Wikipedia]
*12 International Institute for Applied Systems Analysis（IIASA）：
　　https://en.wikipedia.org/wiki/International_Institute_for_Applied_Systems_Analysis [Wikipedia]

156

前の VAX–11/750 を使って BSD Unix のポーティングを行ったのでした。

DEC の社員だった Stettner と Bill Shannon（ビル・シャノン）の協力を得て、Bill Joy はなんと 10 日間でこの作業を文字どおり「やっつけた」のでした[13]。

一般に、同一アーキテクチャのハードウェアへの Unix の移植作業は比較的短期間で終わらせることができることは第 7 章、第 10 章でも触れましたが、それでも「10 日間」というのは尋常でないスピードです。

リリース

4BSD は、1980 年 10 月にリリースされました。VAX–11/750 の出荷開始と同じ月です。マーケティングに優れる Bill Joy のことですから、これは偶然ではないでしょう。ARPANET の各サイトは、VAX–11/750 が納入されると DEC が提供する OS である VMS ではなく、ユーザーに最初から 4BSD をインストールさせることを狙ったのだと思います。

その後、4.1BSD がリリースされるまでの 9 か月間に 150 本近く出荷されましたが、ライセンス契約はサイト単位だったので、4BSD はおおむね 500 台のマシンで使われていたことになります。

今日、4BSD は、The Unix Heritage Society の The Unix Tree [14] で参照できます。

BBN による TCP/IP の実装

一方、BBN による TCP/IP の実装は、どうだったでしょう。実装を担当した Robert Walsh（ロバート・ウォルシュ）と Rob Gurwitz（ロブ・ガーヴィッツ）が書いた "Converting the BBN TCP/IP to 4.2BSD" [15] によると、1980 年 9 月に 4BSD に対する「BBN TCP/IP」の実装の契約を結んだとあります。

また、"A Culture of Innovation: Insider Accounts of Computing and Life at BBN"[16] によれば、BBN は TCP 開発の初期から TENEX への実装を担当していたことがわかります。VAX–Unix への実装の契約をとりつける以前に、Jack Haverty（ジャック・ハヴァーティ）が PDP–11 で動く Sixth Edition Unix（Version 6 Unix）に TCP を実装していたこともあり、「BBN BSD TCP」の実装を担当した Rob Gurwitz はこのコードから作業を始めることができました。ですが、Gurwitz は、けっきょく最初からやり直すことにしました。元の NCP の実装から始めた Haverty のコードは、TCP と IP のコードが絡み合って実装されていたからです。

Gurwitz のコードは、その後さまざまなところで活用された、Unix での TCP/IP 実装になりました。特に、IMP のハードウェアとして利用された BBN の C/70 では Seventh Edition Unix が稼働していたので、BBN BSD TCP と多くのコードを共有していました。

Gurwitz のコードには、いくつかの特徴があります。まず、TCP のコネクションを確立する際、当時の Unix のお作法だったスペシャルファイル（`/dev/tcp`）をオープンする仕様でした。つまり、

---

[13] Armando Stettner（アルマンド・ステットナー）と Bill Shannon（ビル・シャノン）：ともに DEC の Unix Engineering Group（UEG）に所属するスタッフでした。UEG は、後に商用 Unix となる Ultrix を開発します。
Ultrix：`https://en.wikipedia.org/wiki/Ultrix` [Wikipedia]

[14] The Unix Tree：`http://minnie.tuhs.org/cgi-bin/utree.pl?file=4BSD`

[15] "Converting the BBN TCP/IP to 4.2BSD"：
`https://web.archive.org/web/20041015132400/http://bob-walsh.com/papers/saltLake84.pdf`

[16] "A Culture of Innovation: Insider Accounts of Computing and Life at BBN"：
`http://walden-family.com/bbn/`

第 13 章　4BSD

TCP/IP のプロトコルスイートは、キャラクターデバイスのドライバーとして実装されていました。
　また、パケットハンドリングのデータ構造として mbuf を定義したのも、さらにプロトコルハンドリングに関数をマップする状態遷移表（a state–event matrix of functions）を導入したのも Gurwitz でした。この実装方法は以降のさまざまな Unix での TCP/IP 実装でも踏襲されたので、カーネルハッカーの皆さんの中には思い出される人も多いでしょう。
　TCP/IP Digest, Volume 1 : Issue 1 [17] では、次の man page が紹介されています。

リスト 13–1 BBN BSD TCP の man page

```
NET(5)                      UNIX Programmer's Manual                    NET(5)


NAME
    tcp, ip, rawnet - internet networking software

SYNOPSIS

    open ("/dev/net/net", ncon);

    struct con *ncon;

    struct lhost {              /* net library format internet address */
          unsigned char l_hoi;          /* host on imp */
          unsigned char l_net;          /* network */
          n_short l_imp;                /* imp */
    };
                                        /* c_mode field definitions */
    struct con {                /* user connection structure */
          unsigned char c_mode;         /* mode 0-passive 1-active (see flags) */
          unsigned char c_sbufs;        /* # send buffers to use */
          unsigned char c_rbufs;        /* # rcv buffers to use */
          unsigned char c_prec;         /* precedence */
    #define c_lo c_prec                  /* low raw link or proto # */
          unsigned char c_sec;          /* security level */
    #define c_hi c_sec                   /* hi raw link or proto # */
          unsigned char c_compt;        /* compartment */
          unsigned char c_timeo;        /* tcp open timeout */
          unsigned char c_x;            /* (unused) */
          unsigned short c_lport;       /* local port */
          unsigned short c_fport;       /* foreign port */
          struct lhost c_con;           /* foreign socket */
    };
```

---

[17] *TCP/IP Digest*, Volume 1 : Issue 1 :
　　https://www.rfc-editor.org/rfc/museum/tcp-ip-digest/tcp-ip-digest.v1n1.1

```c
struct netstate {                   /* network status structure */
      unsigned char n_lolink;         /* low link no. in range (IP, RAW) */
      unsigned char n_hilink;         /* high link no. in range (IP, RAW) */
      unsigned char n_snd;            /* # send bufs allocated */
      unsigned char n_rcv;            /* # receive bufs allocated */
      unsigned char n_ssize;          /* # bufs on send buffer */
      unsigned char n_rsize;          /* # bufs on receive buffer */
      unsigned char n_state;          /* state of this connection */
      unsigned char n_flags;          /* misc. flags (see below) */
      unsigned short n_lport;         /* local port */
      unsigned short n_fport;         /* foreign port */
      struct lhost n_con;             /* foreign socket */
};

#define CONACT   1                      /* active connection */
#define CONTCP   2                      /* open a tcp connection */
#define CONIP    4                      /* open a raw ip connection */
#define CONRAW   8                      /* open a raw local net connection */
#define CONDEBUG 128                 /* turn on debugging info */


                                     /* net ioctl definitions */
#define NETGETS 1                       /* get status */
#define NETSETD 2                       /* set debugging info */
#define NETSETU 3                       /* set urgent mode */
#define NETRSETU 4                      /* reset urgent mode */
#define NETSETE 5                       /* set EOL mode */
#define NETRSETE 6                      /* reset EOL mode */
#define NETCLOSE 7                      /* initiate tcp close */
#define NETABO            /* initiate tcp abort */

#define SIGURG 16                    /* urgent signal */

% #ifndef KERNEL                         /* n_flags field definitions */

#define UEOL    0001                    /* EOL sent */
#define UURG    0002                    /* urgent data sent */
#define UDEBUG  0004                    /* turn ongging info recording */
#define ULOCK   0010                    /* receive buffer locked */
#define UTCP    0020                    /* this is a TCP connection */
#define UIP     0040                    /* this is a raw IP connection */
#define URAW    0100                    /* this is a raw 1822 connection */
#define ULISTEN 0200                    /* awaiting a connection */

                                     /* n_state field definitions */
#define UCLOSED 0000                    /* connection closed */
```

第 13 章　4BSD

```
#define UCLSERR 0001        /* error -- connection closing */
#define UABORT  0002        /* connection aborted */
#define UINTIMO 0004        /* open failed -- init timeout */
#define URXTIMO 0010        /* retransmit too long timeout */
#define URESET  0020        /* connection aborted due to reset */
#define UOPERR  0040        /* open failed -- not enough buffers */
#define UURGENT 0100        /* urgent data received */
#define UNETDWN 0200        /* connection aborted due to net */

#endif KERNEL
```

DESCRIPTION

The special file /dev/net/net is used to access ARPANET type packet-switched networks via the DoD standard host-host Internetworking Protocols, TCP (Transmission Control Protocol), and IP (Internet Protocol). It also allows communication over the local network(s) to which the system is connected with "raw" packets, enabling user software to do its own communications processing. Access to the network at this level is the most direct form of use. It is assumed that most users will use higher level protocol programs, like ftp(1) and telnet(1) to communicate over the network. (This description assumes the reader is familiar with ARPANET type communications protocols.)

ESTABLISHING CONNECTIONS

To establish a connection via TCP or IP, or to communicate with raw packets, the open(2) call is given, with the usual mode argument replaced by a pointer to a connection structure, defined in /usr/include/con.h. The c_mode field of this structure specifies what type of connection is desired (TCP, IP, or RAW), and whether or not the connection is to be active (specifying a specific foreign host address), or passive (with no foreign address, implying that the connection will be established when any foreign process tries to communicate with the opener).

The c_sbufs and c_rbufs fields specify buffer allocations for the send and receive sides of the connection, respectively. If either value is zero, the default allocation will be used for that direction (currently 1K bytes). The user can request up to 4K bytes each for send and receive directions by varying these parameters between 1 and 4.

The c_prec, c_sec, and c_compt fields specify values of precedence, security level, and compartmentalization for TCP connections. (N.B. This feature is currently not implemented). For IP and RAW connections, the c_hi and c_lo fields specify a range of IP protocol numbers or local net dispatch numbers (e.g., ARPANET link numbers) to watch for. Messages falling into this range are queued for the user. The end of the range is used in sending messages. Low must be less than or equal to high, and numbers in the range must not be in use in any other connection.

The c_timeo parameter specifies a length of time in seconds to wait for connection establishment before aborting (this does not apply to passive opens). If the field is zero, the default of 30 seconds is used.

The remaining fields specify local, and foreign ports for TCP, and the foreign host address in net long format (see libn(3)). The local port may be zero, in which case TCP assigns a unique port number to the connection. The foreign port and host address may only be zero for a passive open.

READING AND WRITING

If the open succeeds, a file descriptor is returned which may be used in subsequent reads and writes (see, read(2), write(2)). Reads and writes work as usual with a few exceptions. A read may return with error condition ENETSTAT, which indicates that some exceptional condition has been detected. In this case, a 16 bit value is returned to the read buffer, which give the status of the connection that caused the return. Further status may be determined with ioctl(2). (see, NETWORK STATUS). If the condition is non-fatal, the read may be re-issued. Reads may return less data than requested if a TCP EOL was detected. Reads will block if there is no data for the user. Writes block if the amount of send buffer resources for the connection is exceeded. IP and RAW reads return the appropriate protocol leaders along with any data received. Only one IP or RAW message may be received or sent per call.

In addition to normal TCP reads and writes, the user may wish to indicate EOL and URGENT data on writes and receive notification of URGENT data sent by the foreign peer. EOL and URGENT are enabled by issueing the NETSETE or NETSETU ioctl calls. Once set, EOL is sent at the last byte of each subsequent write. Similarly, the URGENT pointer is set to start at the first byte of the next write, and ends with the first byte sent after URGENT mode is disabled. These modes are disabled by the NETRSETE and NETRSETU ioctl calls. URGENT data is indicated by signal SIGURG when the first byte is received. This signal is normally ignored. (A status flag is also set in the presence of urgent data.)

CLOSING CONNECTIONS

Normally, the close(2) call is used to close a TCP, IP, or RAW connection. In each case, it indicates that the user will send or receive no more data. For TCP connections, close initiates the connection closing protocol, though it returns immediately. Thus, the internal connection structures persist until the connection has reached the CLOSED state. For IP and RAW connections, the close is immediate and deletes all internal structures.

第 13 章　4BSD

In addition to close for TCP connections, there is an ioctl call, NETCLOSE, which indicates that the local connection will send no more data, but is still able to receive data from the foreign peer. In this case, subsequent writes are illegal and will terminate with errors, but subsequent reads will work until the connection is closed by the foreign peer.

NETWORK STATUS

There are several ioctl(2) calls available for receiving network status information or initiating certain modes or functions. Most of these calls have been described above. The status call, NETGETS, takes a status buffer pointer, which points to a netstate structure, illustrated above, which is filled in by the call.

To summarize, the various ioctl calls are:

NETGETS　　Return network status information to the structure pointed at by third argument of ioctl.

NETSETD　　Reset the debugging log to the file name pointed at by the third argument. The file must already exist. If the argument is zero, turn off debug logging (see, DEBUGGING).

NETSETU　　Set urgent mode starting at next byte written (TCP only).

NETRSETU　　Reset urgent mode, urgent pointer ends at last byte written (TCP only).

NETSETE　　Set EOL mode, send EOL at last byte of each subsequent write (TCP only).

NETRSETE　　Terminate EOL mode (TCP only).

NETCLOSE　　Start TCP connection close. User can continue to receive data (TCP only).

NETABORT　　Abort TCP connection. Foreign peer is reset and no more data may be sent or received (TCP only).

DEBUGGING

The network software enables certain trace information to be recorded for TCP connections. This information is logged in a single debugging log file. To enable this feature, the CONDEBUG bit in the c_mode field of the open connection parameter structure must be set. The default debugging log is /etc/net/tcpdebug. This may be changed or the feature may be disabled system wide with the NETSETD ioctl call. Only the superuser may do this. The format of the debugging information is several bytes of binary data per TCP transaction. The log may be printed in readable form with trpt(1).

DIAGNOSTICS

The following system error codes may be returned by network system calls:

ENETSTAT   (35) Network status available (not a fatal error, see READS AND WRITES).

ENETDWN   (36) Open failed because network connection is unavailable.

ENETCON   (37) Open failed because there were too many connections.

ENETBUF   (38) No more network buffer space.

ENETERR   (39) Fatal error from network protocol processor.

ENETRNG   (40) IP or RAW open failed because the protocol or dispatch number was out of range or already in use. TCP open failed because the user tried to open an already existing connection (i.e., one with the identical foreign host address and local and foreign ports).

FILES

/dev/net/net
/etc/net/tcpdebug

SEE ALSO

ftp(1), telnet(1), trpt(1), read(2), write(2), open(2), close(2), ioctl(2), libn(3)

R.F. Gurwitz, VAX–UNIX Networking Support Project Implementation Description, DARPA Information Processing Techniques Office, IEN 168, January, 1981.

J. Postel (ed.), DoD Standard Internet Protocol, DARPA Information Processing Techniques Office, IEN 128, January, 1980.

J. Postel (ed.), DoD Standard Transmission Control Protocol, DARPA Information Processing Techniques Office, IEN 129, January, 1980.

Unix プログラミングに習熟している人であれば、これで BBN BSD TCP の概要が把握できるでしょう。

「BBN BSD TCP」は、1981 年 5 月にリリースされました。

13.3 4BSD のパフォーマンスチューニング

McKusick によれば、4BSD のリリースと前後して、そのパフォーマンスの問題が議論されるようになったようです。

> With the increasingly wide distribution and visibility of Berkeley Unix, several critics began to emerge. David Kashtan at Stanford Research Institute wrote a paper describing the results of benchmarks he had run on both VMS and Berkeley Unix. These benchmarks showed severe performance problems with the Unix system for the VAX. Setting his future plans aside for several months, Joy systematically began tuning up the kernel. Within weeks he had a rebuttal paper written showing that Kashtan's benchmarks could be made to run as well on Unix as they could on VMS.

ここで話題に上っている「David Kashtan（デビッド・キャシュティン）の論文」とは、1980 年 2 月に書かれた "UNIX and VMS, Some Performance Comparisons" です。この論文は、学会などには投稿されなかった非公開の文書のようで、今日では原文を確認できませんが、OS のシステムコマンドを使った独自のベンチマークを作成し、ファイルリード、イベントフラグ、タスクスイッチ、パイプの性能を計測した結果を報告したもののようです。論文の執筆時期から判断して、計測対象は 3BSD だったと思われます。

ちなみに、David Kashtan は、VAX/VMS（DEC の OS）で動く Unix エミュレーターである Eunice[18] の開発者なので、VMS と Unix の両方に習熟しているが、むしろ VMS を支持する立場であったのでしょう。

Eunice は、次の 3 つから構成されていました。

1. VMS オブジェクトとして作成されたシステムコールライブラリ
2. VMS のネーティブコードとして実行される、シェルを含む Unix コマンド
3. VMS にポーティングされた Unix のアセンブラ

今日でいえば、Windows 上で動く Unix エミュレーター Cygwin とよく似たシステムを想像してもらえればよいでしょう。

Bill Joy は、論文 "Comments on the performance of UNIX on the VAX"[19] で、Kashtan が指摘するパフォーマンスの問題について、具体的なチューニング方法を示しながら、かなり執拗な反論を行っています。

この論文での Bill Joy の結論は、Unix の移植性がもたらす単純性とモジュラリティによって、チューニングは比較的短期間で容易に対処できること、さらにそのような柔軟な対応が可能な Unix こそが長期的な運用に耐える最適な OS だと主張しています。「問題点の発見と対処には 1980 年 3 月の 3 週間

---

[18] Eunice：`https://en.wikipedia.org/wiki/Eunice_(software)` [Wikipedia]

[19] "Comments on the performance of UNIX on the VAX"：
`https://web.archive.org/web/20050306211143/http://www.boulderlabs.com/BILLJOY/joy.pdf`

しか要しなかった」とありますが、そこまでの迅速な対応が可能だったのは Bill Joy ならではの知識と経験があってのことなので、この主張はいささか強引にも思えます。

そもそも、同じシリコンバレーに所在していたことから、たまたま目にすることとなった非公開の文書を強引に引き合いに出したようにも見えるこの論文自体が、4BSD のチューニング方法の説明を派手に脚色し、続いてリリースする予定だった 4.1BSD の待望感をあおるための演出だったかもしれません。当時の Bill Joy の言動には、こういったよくも悪くも派手な立ち振る舞いが多かったとうわさされました。とはいえ、論文で具体的に示されたチューニング方法のポイントは 4BSD を使う多くの人にとって役立ったでしょう[20] 。

13.4　4.1BSD

1981 年の 6 月、CSRG は「4.1BSD」をリリースします。BBN BSD TCP のリリースに合わせてのことだと推測されます。

残念ながら、4.1BSD のソースコードはインターネットでは入手できません。どうしても手に入れたい場合には、Kirk McKusick が配布している CSRG Archive CD–ROMs[21] を入手するしかありません。

といっても、このディストリビューションの変更点に関する次のドキュメントは、インターネットに公開されています。

- "Bug fixes and changes in 4.1bsd" [22]
- "Changes in the Kernel in 4.1bsd" [23]

次の公式リリースである「4.2BSD」がリリースされるまでの 2 年間に、4.1BSD は約 400 セットが配布されました。

リリースの命名方法の変更

4.1BSD のリリースの命名方法について、Mckusick は次のように述べています。

---

[20] Bill Joy の反論：Boulder Labs の Bob Gray（ボブ・グレイ）は、"performance tuning with source code UNIX" の中で、Bill Joy の "Comments on the performance of UNIX on the VAX" について解説しているので、参考にしてください。
　　"performance tuning with source code UNIX"：
　　https://web.archive.org/web/20060924030105/http://www.usenix.org/publications/login/2000-4/
　　features/performance.html
　　"Comments on the performance of UNIX on the VAX"：
　　https://web.archive.org/web/20050306211143/http://www.boulderlabs.com/BILLJOY/joy.pdf
[21] CSRG Archive CD-ROMs：http://www.mckusick.com/csrg/
[22] "Bug fixes and changes in 4.1bsd"：
　　http://www.informatica.co.cr/bsd/research/acrobat/810510.pdf
[23] "Changes in the Kernel in 4.1bsd"：
　　http://www.informatica.co.cr/bsd/research/acrobat/810901.pdf

第 13 章　4BSD

> The original intent had been to call it the 5BSD release; however, there were objections
> from AT&T that there would be customer confusion between their commercial Unix release,
> System V, and a Berkeley release named 5BSD. So, to resolve the issue, Berkeley agreed to
> change the naming scheme for future releases to stay at 4BSD and just increment the minor
> number.

　これは、いささか言い訳のような物言いです。なぜなら、「UNIX System III」が AT&T よりリリースされるようになったのは 1982 年で、1981 年のこの時期、「UNIX System V」は影も形もなかったからです。

　詳細は第 16 章で紹介しますが、実際には、この時期すでに 1983 年の独占禁止法違反の訴訟での敗訴を予期していた AT&T は、自社の分割と引き換えに、それまで禁じられていた電話・電信以外への事業への参入許可が降りることを見越して、コンピュータ業界への参入準備を水面下で進めていました。そして、その際に最大の武器となるであろう Unix を独占するため、Unix ライセンスの改定を繰り返していました。その中には AT&T が供与する Unix のソースを活用したあらゆるソフトウェアに対し、今後のメジャーバージョンのアップデートを禁じる条項が後から追加されたと記憶しています。

　このため、CSRG は、以降名目上はバグ修正などのメンテナンス目的のリリースと見せかけるマイナーバージョンのみのアップデートを繰り返すことになりました。今日、Unix は事実上フリーソフトウェアとなっているので、当時は訴訟問題で苦闘していた Mckusick ですから、あえて過去の傷を蒸し返すことは避けたのでしょう。

TCP/IP の実装の所在

　4BSD のソースコードを見た人は気がつくでしょうが、4BSD/4.1BSD には、TCP/IP の実装は収録されていません。実は、BBN VAX TCP/IP は、BBN が配布していました。

　1983 年 1 月 1 日までに完了する NCP から TCP への移行計画を述べた RFC801 "NCP/TCP TRANSITION PLAN" [24] では、BBN VAX UNIX の項に、次の記載があります。

BBN VAX UNIX

Date: 18 Nov 1981
From: Rob Gurwitz <gurwitz at BBN–RSM>
The VAX TCP/IP implementation is written in C for Berkeley 4.1BSD UNIX, and runs in
the UNIX kernel. It has been run on VAX 11/780s and 750s at several sites, and is due to
be generally available in early 1982.

The implementation conforms to the TCP and IP specifications (RFC 791, 793). The imple-

---

[24] RFC801 "NCP/TCP TRANSITION PLAN" : https://www.rfc-editor.org/rfc/rfc801.txt

mentation supports the new extended internet address formats, and both GGP and ICMP. It also supports multiple network access protocols and device drivers. Aside from ARPANET 1822 and the ACC LH/DH–11 driver, experimental drivers have also been developed for ETHERNET. There are user interfaces for accessing the IP and local network access layers independent of the TCP.

Higher level protocol services include user and server TELNET, MTP, and FTP, implemented as user level programs. There are also tools available for monitoring and recording network traffic for debugging purposes.

Continuing development includes performance enhancements. The implementation is described in IEN–168.

さらに、*TCP/IP Digest*, Volume 1 : Issue 20 [25] に、1982 年 5 月 7 日付の次のメールが残っています。

Date: 7 May 1982 11:27:03 EDT (Friday)
From: Rob Gurwitz <gurwitz@Bbn–Unix>
Subject: BBN VAX TCP release
To: tcp-ip at BRL

BBN has developed an implementation of TCP/IP for DEC's VAX(TM) family of processors, that runs under the Berkeley 4.1BSD version of UNIX(TM). The development effort was funded by DARPA.

Some important features of the BBN VAX TCP/IP are that it runs in the UNIX kernel for enhanced performance, it is a complete implementation of the TCP and IP protocols, and provides facilities for direct user access to the IP and underlying network protocols. The IP module supports checksums, option interpretation, fragmentation and reassembly, extended internet address support, gateway communication with ICMP, and support of multi-homing (multiple interfaces and addresses on the same or different networks). The TCP supports checksums, sequencing, the ability to pass options through to the IP level, and advanced windowing and adaptive retransmission algorithms. Support is also provided for the User Datagram Protocol (UDP).

In addition to the TCP/IP software for the VAX, BBN has developed implementations of the TELNET Virtual Terminal Protocol, File Transfer Protocol (FTP), and Simple Mail

---

[25] *TCP/IP Digest*, Volume 1 : Issue 20 :
   `https://www.rfc-editor.org/rfc/museum/tcp-ip-digest/tcp-ip-digest.v1n20.1`

第 13 章　4BSD

Transfer Protocol (SMTP), for use with TCP. These protocols are operated as user level programs. Also provided are network programming support tools, such as network name/address manipulation libraries, status, tracing, and debugging tools.

The TCP/IP and higher level protocol software are now available direct from BBN. The software is distributed on a 1600 bpi tar format tape, containing the sources and binaries for a 4 .1BSD UNIX kernel containing the network modifications and the sources and binaries for the higher level protocols and support software. Documentation is provided in the form of a set of UNIX manual pages for the network access device, user programs, and libraries. In addition, a detailed installation document is provided. Device drivers are supplied for the ACC LH/DH–11 IMP interface and the Proteon Assoc. PRONET Local Network Interface.

The tape is available for a $300.00 duplication fee to Berkeley 4.1BSD licensees. To order the tape, contact:

> Ms. Judy Gordon
> Bolt Beranek and Newman, Inc.
> 10 Moulton St.
> Cambridge, MA 02238
> 617–497–3827
> jgordon@bbn–unix

You will then receive a copy of the licensing agreement. Tapes will be mailed upon receipt of a completed agreeement and the distribution fee.

This tape is supplied as–is to 4.1BSD licensees, with no warranties or support expressed or implied. BBN would be pleased to arrange separate agreements for providing installation assistance and/or software support services, if desired.

UNIX is a trademark of Bell Laboratories. VAX is a trademark of Digital Equipment Corporation.

　このメールの記述によれば、BBN が CSRG から入手した 4BSD/4.1BSD のソースコードに TCP 実装を追加して、ARPANET のユーザーに配布していたようです。したがって、BBN BSD TCP が 4BSD/4.1BSD の標準 TCP であったという Bob Gurwitz の主張は、正しかったのです。少なくとも、1982 年 5 月の段階では。

　では、現在私たちが目にしている 4.2BSD の TCP/IP の実装は、どこから来たのでしょうか？　それは、次章で紹介します。

168

第14章
4.2BSD/4.3BSD

1981 年の 9 月ごろ、Computer Systems Research Group（CSRG）の DARPA との最初の契約が終了しました。契約終了の 3 か月前に余裕をもって 4.1BSD をリリースできた CSRG は、DARPA にとって優秀な契約者であったでしょう。もっとも、主要な技術課題を 3BSD において解決していた CSRG にとって、この契約は実働的にはともかく、精神的には比較的楽な試用期間だと認識していたのだろうと思います。彼らの真価が問われるのはここからでした。

14.1　4.2BSD

　4.2BSD が、歴代の BSD Unix の中でも最もインパクトのあったリリースであることは間違いないでしょう。もちろん、ARPANET のための Unix ディストリビューションだったのですが、TCP/IP のプロトコルスイートがフルセットで収められていたことから当時のさまざまな商用 OS（オペレーティングシステム）のリファレンスプラットホームになりましたし、それらの販売の際には「4.2BSD 互換のネットワーク機能」といった宣伝がされたので、当時は "4.2BSD" という固有名詞だけが一人歩きしているような状況もありました。Unix の知名度を一気に広げたリリースでもありました。

　しかしながら、今日入手できる当時の CSRG のメンバーの著作やインタビューなどを追いかけていくと、その内実はこのリリースもセカンドシステム症候群[1] の結果であったと思えてなりません。

---

[1] セカンドシステム症候群：セカンドシステム症候群はソフトウェアエンジニアリングの課題と取り扱った Frederic Brooks（フレデリック・ブルックス）の歴史的な名著『人月の神話 — 狼人間を撃つ銀の弾はない』で紹介されている事例（症例）です。Brooks はこの事例について、「人間が設計する 2 番目のシステムは一般に "作り込みすぎてしまう" 傾向があるため、最も危険なシステムになってしまう」と述べています。

　プログラマーが初めてのシステムを開発する際には、未経験であるがゆえに慎重な設計を行いますが、その開発に成功した後に手がける 2 番目のシステムでは初めてのシステムで採用をあきらめたアイデアを注ぎ込もうとするために、要求仕様から逸脱したオーバースペックの設計になってしまう傾向があること。さらに、複数のグループによって担当する大規模なソフトウェア開発では、おのおののグループが自らのアイデアに執着するため、システム全体では著しくバランスに欠いた設計になってしまうことを、Brooks は指摘しています。

　4BSD の成功に気をよくした、CSRG、Bolt, Beranek and Newman（BBN）、DARPA の三者が、それぞれに異なる「望ましい次期システム」を描いていたことが、4.2BSD/4.3BSD のリリースの大幅な遅延を引き起こしたのではないでしょうか?

人月の神話：https://ja.wikipedia.org/wiki/人月の神話
"The second-system effect"：
https://en.wikipedia.org/wiki/The_Mythical_Man-Month#The_second-system_effect
『人月の神話 — 狼人間を撃つ銀の弾はない』：*The Mythical Man–Month: Essays on Software Engineering*, Frederick P. Brooks Jr., Addison-Wesley Professional, Anniversary edition (August 12, 1995).　『人月の神話【新装版】』, 滝沢徹, 牧野祐子, 富澤昇 訳, 丸善出版, 2014 年（再出版）。

第 14 章　4.2BSD/4.3BSD

特に、CSRG と Bolt, Beranek and Newman（BBN）のエゴのぶつかり合いは、私たちがよく知る
「socket（ソケット）」開発の逸話として語り継がれています。

新たなリリースに向けて

Kirk McKusick（カーク・マクージック）によれば、CSRG が考えていた思われる 4.1BSD に続く
新リリースの開発課題は、次の 4 つであったようです。

1. the new system was expected to include a faster file system that would raise through-put to the speed of available disk technology,
2. support processes with multi–gigabyte address space requirements,
3. provide flexible interprocess communication facilities that allow researchers to do work in distributed systems,
4. and would integrate networking support so that machines running the new system could easily participate in the ARPAnet

このうち、1. の新しいファイルシステムの開発と 2. の仮想記憶の拡張に関しては、4BSD がリリー
スされた 1980 年の秋の時点で課題として認識されていたように思います。一方、3. と 4. に関して、
McKusick はさらに次のように述べています。

When Rob Gurwitz released an early implementation of the TCP/IP protocols to Berkeley,
Joy integrated it into the system and tuned its performance. During this work, it became
clear to Joy and Leffler that the new system would need to provide support for more than
just the DARPA standard network protocols. Thus, they redesigned the internal structuring
of the software, refining the interfaces so that multiple network protocols could be used
simultaneously.

ここで Rob Gurwitz（ロブ・ガーヴィッツ）がリリースしたとされる TCP/IP のプロトコル実装と
は、IEN-168 "VAX–UNIX Networking Support Project — Implementation Description" [2] に述べ
られている内容だと推測されるので、Bill Joy（ビル・ジョイ）が 3. と 4. の課題を認識し始めたのは、
1981 年 1 月以降のことではないかと想像しています。「複数のプロトコルが同時に扱えるようになっ
た」と述べられていますが、これは TCP/IP と「Berknet」[3]のプロトコルスイートとの共存を意味し
ていると思います。

---

[2] IEN-168 "VAX–UNIX Networking Support Project — Implementation Description" :
　http://www.isi.edu/in-notes/ien/ien168.txt
[3] Berknet : https://en.wikipedia.org/wiki/Berknet [Wikipedia]

170

ARPANET は遠距離の異なる地域を結ぶ広域ネットワークでしたが、Berknet はキャンパス内の
ローカルエリアネットワークで、Berkeley ではすでに日常的に利用されていました。広域ネットワーク
である ARPANET に最適化された Gurwitz の実装は Berknet 環境では最適ではなかった事実はあっ
たようですが、そもそも広域ネットワークに特化する Gurwitz の考えと Berknet との併用（あるいは
その置き換え）を望む CSRG の考えの違い、すなわち当初の次期リリースの開発目標に対する認識の
ズレが、その後 4.3BSD のリリースまで続く両者の対立の本質的な要因だったのでしょう。

---

column

■ Berknet と Eric Schmidt

Google の現会長 Eric Schmidt（エリック・シュミット）が Bell Telephone Laboratories（BTL）
で lex の開発に携わったことは有名ですが、彼が University of California Berkeley（UCB）の
卒業生であり、彼の修士論文が "The Berkeley Network — A Retrospective"[*4]だったことはあ
まり知られてないかもしれません。

さらに、Xerox の分散システムの論文 "Controlling Large Software Development in a Dis-
tributed Environment"[*5]にも彼は名を連ねています。

Unix Steering Committee

さらに、1981 年 4 月には、次期リリースの開発目標の混乱に拍車をかける要因が登場しました。
DARPA で新たな契約を監督する立場にあった Duane Adams（ドゥウェイン・アダムス）は、"Unix
Steering Committee" と呼ばれる、プロジェクトの指導・監督をするための委員会を設立しました。委
員会には、次のメンバーが召集されたそうです。

- 監督者である DARPA から：
  - Duane Adams（DARPA）
  - Bob Baker（DARPA）
    Interface Message Processor（IMP）[*6]のハードウェア開発を行った BBN のスタッフの 1
    人だと思われます。委員会では DARPA のおそらく技術担当の立場で参加したようです。
- UCB から：
  - Bob Fabry（UCB）
  - Bill Joy（UCB）
  - Sam Leffler（UCB）
    CSRG にディレクターとして雇用されたプログラマーです。

[*4] "The Berkeley Network — A Retrospective"：
http://www.informatica.co.cr/bsd/research/acrobat/8002.pdf
[*5] "Controlling Large Software Development in a Distributed Environment"：
https://archive.org/details/bitsavers_xeroxparcttrollingLargeSoftwareDevelopmentInaDistr_
7869519
[*6] Interface Message Processor（IMP）：
https://en.wikipedia.org/wiki/Interface_Message_Processor [Wikipedia]

第 14 章　4.2BSD/4.3BSD

- 共同開発者である BBN から：
  - Alan Nemeth（BBN）
    IMP 用のコンピュータであった BBN の C シリーズの責任者です。おそらくハードウェア担当として参加したと思われます。
  - Rob Gurwitz（BBN）
    すでに紹介したように BBN VAX TCP の開発者です。
- 有識者から：
  - Dennis Ritchie（BTL）
    紹介するまでもないでしょう（笑）。Bell Telephone Laboratories（BTL）は、こういう形で BSD Unix の開発に関与していたんですね。
  - Keith Lantz（Stanford）
  - Rick Rashid（CMU）
    この 2 人は第 13 章で紹介したとおり、ARPANET プロジェクトに参加する分散システムの研究者です。
  - Bert Halstead（MIT）
    MultiLisp [7]の開発者である Robert Halstead だと思われます。
  - Jerry Popek（UCLA）
    LOCUS[8]という分散 OS の開発する研究者でした。
  - Dan Lynch（ISI）
    ISI のディレクターで、ARPANET の NCP から TCP/IP の移行にかかわっていました。

　DARPA/UCB CSRG/BBN 以外のメンバーは、ネットーワーク機能を備えた OS が提供すべきサービスとそのインターフェイスに関するアドバイスを得ることが期待できる、OS や分散システムに造詣の深い人選になっているように見えます。DARPA がこの契約で CSRG に期待していたことは、やはり ARPANET サイト以外への TCP/IP のプロモーションであったことがうかがい知れます。

　1981 年 4 月から 1983 年 6 月までのあいだ、委員会は年 2 回のペースでミーティングが開催され、新システムにはどのような機能を含めるべきかの議論を行って、後に "4.2BSD System Manual" [9]となる提案書の策定を行いました。1981 年 7 月からは学外の関係者にも配布され、さまざまな議論が行われたそうです。周囲の大きな期待感があってのことでしょうが、次期リリースに盛り込まれるべき機能について外部に広く意見を求めることは、実装担当者の負担を大きく肥大させる結果になります。けっきょく、"4.2BSD System Manual" に記述されていたいくつかの機能は、後にキャンセルされることになりました。

　4.2BSD の開発は、当初より波乱含みの展開となりました。

---

[7] MultiLisp：https://en.wikipedia.org/wiki/MultiLisp [Wikipedia]
[8] LOCUS：https://en.wikipedia.org/wiki/LOCUS_(operating_system) [Wikipedia]
[9] "4.2BSD System Manual"：
　https://cdn.preterhuman.net/texts/manuals/4.2BSD%20UNIX%20System%20Manual.pdf

TCP/IP Digest

　4.2BSD に関する DARPA と UCB の開発契約 [*10] は、1981 年 10 月から 1983 年 9 月までの 2 年間だったと推測されます。この開発期間中には、1983 年 1 月 1 日の ARPANET の NCP から TCP への移行が予定されており、その X デーに向けた ARPANET 側のさまざまなデッドラインにも追われるという意味で、4.2BSD の開発はより窮屈なものになったでしょう。

　この移行準備期間の ARPANET の様相を伝える文献に、 *TCP/IP Digest* （『TCP/IP ダイジェスト』）があります。1981 年 10 月から 1983 月 10 月まで Mike Muuss（マイク・マウス）が発行した 46 のダイジェストは、インターネット研究の技術開発にかかわる情報、特に NCP–TCP 移行に関する情報を提供するメディアと認知されていました。このダイジェストが果たした役割については、"A Study of the ARPANET TCP/IP Digest and of the Role of Online Communication in the Transition from the ARPANET to the Internet" [*11] が詳しいのですが、ダイジェストでは "VAX–UNIX" という名前で BSD Unix に関する情報もたびたび登場しています。前章で紹介した Rob Gurwitz（ロブ・ガーヴィッツ）による BBN BSD TCP のマニュアルページが開示されたのも、このダイジェストです。

---

column

■ Mike Muuss の *TCP/IP Digest*

　TCP–IP Digests This directory contains 46 digests of email concerning the technical development of the research Internet, during the period Oct 1981 through Oct 1983. This includes the trauma of the birth of the Internet proper on January 1, 1983. These emails were collected by an Internet pioneer Mike Muuss of BRL. Mike wrote the original ping program.

　This mailing list documents the transition not only from NCP to TPC/IP, but also from the single network of the ARPANET to the split of the ARPANET into two separate networks connected via IP gateways (or routers), and thus into an Internet made up of two separate networks, the ARPANET and MILNET.

[*10] 4.2BSD に関する開発契約：この契約は 1981 年 10 月からの 2 年間の開発で、その開発費は 4BSD のときの 5 倍にもなりました。CSRG だけでは使い切れない金額なので、その半分は学部の他の研究プロジェクトに振り分けられたそうです。

[*11] "A Study of the ARPANET TCP/IP Digest and of the Role of Online Communication in the Transition from the ARPANET to the Internet"：http://www.columbia.edu/~rh120/other/tcpdigest_paper.txt

第 14 章　4.2BSD/4.3BSD

CSRG が新たな契約を結んだ直後の 1981 年 11 月には、Bill Joy が次の記事を寄稿しています [12]。

From: ARPAVAX .wnj at Berkeley
Subject: tcp–ip digest contribution
Cc: gurwitz@bbn–unix

Moderator: Here is a description of the work we are doing a Berkeley with tcp–ip. I hope it is in time for this weeks digest. We have enjoyed the past digests and hope that future digests will be as interesting.

Regards,
　　Bill Joy

===== begin =====

The Computer Systems Research Group at Berkeley is enhancing the UNIX operating system with DARPA support. We are improving UNIX memory management facilities, working on extensions to UNIX to support better inter–process communication, and incorporating support for both local and long haul networks. In particular, we expect to try using the INTERNET protocols on a number of different commercially available local network interfaces.

The basis for our INTERNET protocols is the TCP/IP implementation done by Rob Gurwitz at BBN. While this TCP has more than adequate performance for use in the ARPANET context, we need extremely good performance to be able to use the protocols as the basis for construction of distributed UNIX applications between machines on a local network. In particular, we wish to insure that data can be transferred rapidly between VAX machines on 10 Megabaud Ethernet cables. Our current file system organization uses 1024 byte records, while a newer, high–performance file system will use 4096 byte records. We are therefore interested in the effective transmission of records of these sizes. We are also interested in low per–packet overhead for distributed applications which exchange many messages.

We have just finished about three weeks of tuning of the BBN TCP/IP for our 3 Megabaud prototype Ethernet. We had previously brought TCP/IP up on the Ethernet and were interested in learning more about the internals of TCP and discovering whether the protocol would be a bottleneck when running on a local network. The results we have

---

[12] TCP/IP Digest Wednesday, 11 Nov 1981 Volume 1 : Issue 6 :
　　`https://www.rfc-editor.org/rfc/museum/tcp-ip-digest/tcp-ip-digest.v1n6.1`

obtained suggest that this is not the case.

As an experiment to investigate the performance of the resulting TCP/IP implementation, we transmitted 4 Megabytes of data between two user processes on different machines. The transfer was partitioned into 1024 byte records and encapsulated in 1068 byte Ethernet packets. Sending the data from our 11/750 to our 11/780 through TCP/IP takes 28 seconds. This includes all the time needed to set up and tear down the connections, for an user–user throughput of 1.2 Megabaud. During this time the 11/750 is CPU saturated, but the 11/780 has about 30% idle time. The time spent in the system processing the data is spread out among handling for the Ethernet (20%), IP packet processing (10%), TCP processing (30%), checksumming (25%), and user system call handling (15%), with no single part of the handling dominating the time in the system.

The TCP performance exceeds the throughput of the current VAX/UNIX file system by a factor of 3, due to the small block size of the UNIX file system. It comes within a factor of 2 of our per–spindle performance of a early prototype of a new file system organization we are working on. The relative speed of the TCP/IP protocol and the file system suggests that we will be able to transfer volumes of data regularly between machines without any special protocols. The limited bandwidth of our 3 Megabaud cable may be a bottleneck until we put in one or more 10 Megabaud cables.

Higher rates can be expected between VAX–11/780's, but we have no direct measurements yet, as we have only one 780 with easily accessible down time. Improvements are yet possible within the bounds of the TCP/IP protocol and the new Ethernet standard (which limits packets to about 1500 bytes). In particular, we may use IP fragmentation and reassembly on the local network to allow the TCP and higher level system code to process 4096 byte data records (which is a more natural block size for the newer system we are working on, being a basic file system data page size.) This is convenient within the bounds of the Ethernet standards only because IP supports fragmentation and reassembly in a general way. Simple techniques are also available which would reduce the number of ACK's by a significant amount to further speed the TCP.

Using information gathered from UNIX kernel profiling we can estimate the speed improvements possible given a 10 Megabaud cable. (All of these projections will be for user–user throughput between 11/750's.) Switching to 4096 byte segments in TCP transfers, while fragmenting at the IP layer (to stay within the packet length restriction of the Ethernet standard) we estimate an increased throughput of 1.9 Megabaud. This is with an interface which is functionality equivalent to our current prototype Ethernets. We plan on changing UNIX soon so that user i/o buffers are naturally page aligned. This would eliminate a copy of the data (when it is read) to raise the throughput to about 2.25 Megabaud.

第 14 章　4.2BSD/4.3BSD

(This speedup only at the receiver gives an end–end speedup because the receiving process otherwise has more work to do.) With checksum calculation support from the interface hardware the user–user bandwidth would rise to about 3.5 Megabaud. At this point the major overhead is the processing of the 4 interrupts for the fragments of the 4k packets; a transmission medium which allowed us to use 4k packets would let the bandwidth rise to about 6.6 Megabaud, user–user. A final improvement would be to implement a variant on the send system call which released the virtual memory when the message was sent. This would be very useful for servers and could also be used by the standard i/o library. This would reduce the transmit overhead (which at this point should be greater than the receive overhead) making the final throughput about 8 Megabaud.

On 11/780's, these numbers typically scale up by 1.4 so that we can project the throughput with the improvements described above to be about 11.2 Megabaud, user–user. While factors in the VAX architecture other than the protocol might well dominate before this bandwidth is achieved, this means that high data rates through the protocol can be achieved with a relatively small percentage of the processor.

We are working on IPC facilities for UNIX which will interface to the INTERNET protocol family, and allow us to construct distributed applications for UNIX without explicit dependence on the network layer protocols. The measurements reported here suggest that we do not need to look for more efficient local network protocols, but will need to support other protocols only for inter–operability with other networks and systems.

We will be working with Rob Gurwitz at BBN in the coming weeks, combining our version of TCP/IP with his current version. We look forward to making a high–performance version of the protocol available to the VAX/UNIX community at an early date.

Regards,
　　Bill Joy and Bob Fabry

　この文面を見ると、Bill Joy が考えていた新しいプロセス間通信機能、すなわち socket の内容がよくわかります。彼らは、当時は最新技術だった Ethernet（イーサネット）によるローカルエリアネットワークにおいて、TCP/IP を十分に性能を発揮するプロトコルスイートとして仕立て直す構想を描いていました。
　ですが、BBN の活動記録である "A Culture of Innovation: Insider Accounts of Computing and Life at BBN"[13] によれば、この試みを BBN の Rob Gurwitz は次のように理解していたようです。

---

[13] "A Culture of Innovation: Insider Accounts of Computing and Life at BBN"：http://walden-family.com/bbn/

> The BBN BSD TCP was the standard TCP for 4BSD and BSD UNIX 4.1. However, in BSD 4.2, the team at Berkeley created their own and very different implementation of TCP/IP (using the now familiar socket interface developed by Bill Joy and Sam Leffler of Berkeley along with Gurwitz).

もちろん、TCP/IP のプロトコルハンドリング部分は BBN BSD TCP の実装が流用されたのですが、パフォーマンスへの影響が大きいプロセス間通信部分は、Bill Joy が開発した socket のコードに差し替えられていました。たとえば、ネットワーク系のデバイスドライバを作成したことのある人はよくご存知であろう `mbuf` という構造体は、BBN BSD TCP に由来しています。これが、BBN 版とは異なるバークレー版 TCP/IP が開発された真相のようです。

その後、高性能を強調した Unix Steering Committee における Bill Joy の巧みなプレゼンテーションにより、この新しいプロセス間通信機能は、4.2BSD がサポートすべき機能として認知されるようになりました。その技術的詳細は、論文 "4.2BSD Networking Implementation Notes" [14] で説明されています。

もっとも、BBN のコードの実装者である Rob Gurwitz にとっては、あまり愉快な出来事ではなかったのかも知れません。

4.2BSD System Manual

Unix Steering Committee が主導してきた次期システムの機能要件に関する議論は、1982 年になると "4.2BSD System Manual" [15] という文書として形を成してきます。Kirk McKusick よれば 1982 年 2 月に配布されたとされるこの文書は、その後も頻繁にアップデートされていたらしく、この文書を引用する論文にはさまざまな期日が記されています。その中身は、次期システムで実装されるべきシステム機能のインターフェイスの概要が、次のように記されていました。

1. Kernel primitives
   1.1. Process naming and protection

sethostid	set UNIX host id
gethostid	get UNIX host id
sethostname	set UNIX host name
gethostname	get UNIX host name
getpid	get process id
fork	create new process
exit	terminate a process
execve	execute a different process
getuid	get user id

---

[14] "4.2BSD Networking Implementation Notes":
http://www.eecs.berkeley.edu/Pubs/TechRpts/1983/CSD-83-146.pdf
[15] "4.2BSD System Manual": http://www.cilinder.be/docs/bsd/4.2BSD_Unix_system_manual.pdf

第 14 章   4.2BSD/4.3BSD

geteuid	get effective user id
setreuid	set real and effective user id's
getgid	get accounting group id
getegid	get effective accounting group id
getgroups	get access group set
setregid	set real and effective group id's
setgroups	set access group set
getpgrp	get process group
setpgrp	set process group

1.2. Memory management

<mman.h>	memory management definitions
sbrk	change data section size
(sstk)	change stack section size
getpagesize	get memory page size
(mmap)	map pages of memory
(mremap)	remap pages in memory
(munmap)	unmap memory
(mprotect)	change protection of pages
(madvise)	give memory management advice
(mincore)	determine core residency of pages

1.3. Signals

<signal.h>	signal definitions
sigvec	set handler for signal
kill	send signal to process
killpgrp	send signal to process group
sigblock	block set of signals
sigsetmask	restore set of blocked signals
sigpause	wait for signals
sigstack	set software stack for signals

1.4. Timing and statistics

<sys/time.h>	time–related definitions
gettimeofday	get current time and timezone
settimeofday	set current time and timezone
getitimer	read an interval timer
setitimer	get and set an interval timer
profil	profile process

1.5. Descriptors

getdtablesize	descriptor reference table size
dup	duplicate descriptor
dup2	duplicate to specified index
close	close descriptor

select	multiplex input/output
fcntl	control descriptor options
(wrap)	wrap descriptor with protocol

1.6. Resource controls

<sys/resource.h>	resource–related definitions
getpriority	get process priority
setpriority	set process priority
getrusage	get resource usage
getrlimit	get resource limitations
setrlimit	set resource limitations

1.7. System operation support

mount	mount a device file system
swapon	add a swap device
umount	umount a file system
sync	flush system caches
reboot	reboot a machine
acct	specify accounting file

2. System facilities

2.1. Generic operations

read	read data
write	write data
<sys/uio.h>	scatter–gather related definitions
readv	scattered data input
writev	gathered data output
<sys/ioctl.h>	standard control operations
ioctl	device control operation

2.2. File system

<sys/file.h>	file system definitions
chdir	change directory
chroot	change root directory
mkdir	make a directory
rmdir	remove a directory
open	open a new or existing file
mknod	make a special file
(portal)	make a portal entry
unlink	remove a link
stat*	return status for a file
lstat	returned status of link
chown*	change owner
chmod*	change mode
utimes	change access/modify times

第 14 章　4.2BSD/4.3BSD

link	make a hard link
symlink	make a symbolic link
readlink	read contents of symbolic link
rename	change name of file
lseek	reposition within file
truncate*	truncate file
access	determine accessibility
flock	lock a file

2.3. Communications

\<sys/socket.h\>	standard definitions
socket	create socket
bind	bind socket to name
getsockname	get socket name
listen	allow queueing of connections
accept	accept a connection
connect	connect to peer socket
socketpair	create pair of connected sockets
sendto	send data to named socket
send	send data to connected socket
recvfrom	receive data on unconnected socket
recv	receive data on connected socket
sendmsg	send gathered data and/or rights
recvmsg	receive scattered data and/or rights
shutdown	partially close full–duplex connection
getsockopt	get socket option
setsockopt	set socket option

　ここでは、4.2BSD リリース時のサマリーを列挙しました。() で括られたエントリは 4.2BSD では実装されなかった機能、また末尾に*が付けられたエントリはシステムコールとライブラリ関数の両方でサポートされる（システムコール名の先頭に f の文字が付与された C ライブラリ関数も用意される）ことを示しています。

　このサマリーを一見するとわかるように、今日 man page に「4.2BSD に由来する」と記された機能は、すべてこの文書で規定されたものです。これまで BTL が開発した Unix の各バージョンでは、開発者がコミュニティで提示されたユーザーの意見に耳を傾けることはあっても「広くユーザーの意見を求める」機会はありませんでした。Unix Steering Committee の試みは、後の POSIX[16] などの Unix をベースにした OS に関する標準化の先駆けとなるもので、また 4.2BSD の仕様はおのおのの標準化作業においても敬意を払われました。今日的な表現を借りれば、「デファクトスタンダード」を策定する作業だったと理解できます。

---

[16] POSIX : `https://en.wikipedia.org/wiki/POSIX` [Wikipedia]

4.1a

今日では、4.1BSD と 4.2BSD のあいだに、関係者のみに配布された 3 つの中間リリースが存在したことはよく知られています。その 1 つ目のリリースである「4.1a」は、初期の socket が実装されたバージョンで、1982 年 4 月にリリースされました。

4.1a の内容について、McKusick は次のように述べています。

> With the internal restructuring completed and the TCP/IP protocols integrated with the prototype IPC facilities, several simple applications were created to provide local users access to remote resources. These programs, rcp, rsh, rlogin, and rwho were intended to be temporary tools that would eventually be replaced by more reasonable facilities (hence the use of the distinguishing "r" prefix). This system, called 4.1a, was first distributed in April 1982 for local use; it was never intended that it would have wide circulation, though bootleg copies of the system proliferated as sites grew impatient waiting for the 4.2 release.

古くからの Unix ユーザーにはお馴染みの r シリーズのコマンドセットは、4.1a の時点で存在したようです。が、「暫定的に作られた」という当時の CSRG のメンバーの思惑を完全に外れ、今日でも r シリーズのコマンドセットのコードは、OpenSSH のコードベースとして生き残っています。たとえば、"How the SCP protocol works" [17] をよれば、現在の scp コマンド のプロトコルは、当時の rcp コマンド のプロトコルを踏襲していることがわかります。

残念ながら、4.1a のソースコードを閲覧するには、McKusick が配布している CSRG Archive CD-ROMs [18] を入手するしかありません。ただし、実際に確認してみたところ、r シリーズのコマンドセットなどの新たに追加されたコマンドのソースコードは付属していませんでした。当時のユーザーも、これらのソースコードを入手するには、4.2BSD のリリースまで待たなければならなかったようです。

Fast File System（FFS）

今日、「Unix File System（UFS）」というと、「Fast File System（FFS）」に由来したものを指すそうですが、この高速ファイルシステムのアイデアは、もともと Bill Joy が 1980 年に思い付いたもので、1981 年 1 月の USENIX のコンファレンスでその設計案について発表もしていました。ですが、プロセス間通信機能の実装に忙しかった Bill Joy に代わって、1981 年の夏ごろに CSRG に加わった Kirk McKusick の手で開発が進められました。

FFS の技術的な詳細については、"A Fast File System for UNIX" [19] に記述されていますが、その開発は Seventh Edition Unix（Version 7 Unix）のファイルシステムの高速化に焦点が当たってい

---

[17] "How the SCP protocol works"：https://blogs.oracle.com/janp/entry/how_the_scp_protocol_works
[18] CSRG Archive CD-ROMs：http://www.mckusick.com/csrg/
[19] "A Fast File System for UNIX"：https://www.cs.cornell.edu/Courses/cs614/2003SP/papers/KJL84.pdf

第 14 章　4.2BSD/4.3BSD

ました。

　そもそも、Ken Thompson（ケン・トンプソン）が手がけたオリジナル Unix のファイルシステムは、シンプルかつエレガントな実装として定評があったのですが、広大なメモリ空間をもつ VAX–11 では VLSI 設計や画像処理といった大量のデータを使うアプリケーションが動くようになったため、応答性能の遅さが目立つようになっていました。さらに、"4.2BSD System Manual" で定義していたマップドファイルの機能（mmap システムコール）を実装するには、高速なファイルシステムが必須条件でした。そこで、オリジナルのファイルシステムのインターフェイスを変えることなくアクセス性能を格段に向上させることが、FFS の開発目標になったとされています。

　ファイルシステムの高速化でまず基本となったのは、「ディスクブロック」、すなわち一度にアクセスするデータの単位を大きくすることでした。実は、4BSD の際にオリジナルでは 512 バイトだったディスクブロックを 2 倍の 1K バイトに広げ、ファイルシステムの性能が向上することを確認していました。

　そこで、4.2BSD では、さらにディスクブロックのサイズを 4K バイトまたは 8K バイトまで拡大させたのですが、Unix の場合には数バイトから数百バイトの非常に小さなファイルも多用されることから、ディスク容量の効率を上げるために「フラグメント」と呼ばれる 1 つのディスクブロックを細分化する管理単位を設け、2 レベルでのブロック管理を導入することにしました。

　また、任意のファイルをアクセスする際のディスクのシークタイムを最小化するため、「シリンダーグループ」という管理単位を導入して、ファイルシステムの構造自体を最適化することを試みました。

　さらに、データの読み出しや書き込みのためのバッファを設けてディスクアクセスの頻度を抑えるなど、一般的な高速化方策も導入されました。もちろん、ファイルシステムの修復に使う fsck [20] も改変されました。

　これらの最適化により、FFS ではオリジナルのファイルシステムの 10 倍のアクセス速度の改善が図られたとされています。その詳細は、前述の論文や "Performance Effects of Disk Subsystem Choices for VAX Systems Running 4.2BSD UNIX" [21] を参照してください。

　また、FFS では、次のような機能拡張も施されています。

- ファイル名の拡張（14 文字から 255 文字）
- アドバイザリロックのサポート
- シンボリックリンクのサポート
- ディスククォーターのサポート

　今日、私たちが Unix の特徴として理解していることのいくつかは、このファイルシステムに由来しています。FFS の実現には、おおむね 1 年を費やし、その実装も Unix のカーネルコードとしてはかなり大がかりなものになりました。最終的には、元のファイルシステムのコード量の 3 倍にも膨れ上がったそうです。

---

[20] fsck：https://docs.freebsd.org/44doc/smm/03.fsck/paper.pdf

[21] "Performance Effects of Disk Subsystem Choices for VAX Systems Running 4.2BSD UNIX"：
https://docs.freebsd.org/44doc/papers/diskperf.pdf

4.1b

4.1a がプロセス間通信機能、すなわち socket のプロトタイプのためのリリースだったとすると、「4.1b」は FFS のためのリリースだったといえます。

4.1b について、Kirk McKusick は次のように述べています。

> Concurrent with the 4.1a development, I completed the implementation of the new file system, and by June 1982, had fully integrated it into the 4.1a kernel. The resulting system was called 4.1b and ran on only a few select development machines at Berkeley. Joy felt that with significant impending changes to the system, it was best to avoid even a local distribution, particularly since it required every machine's file systems to be dumped and restored to convert from 4.1a to 4.1b. Once the file system proved to be stable, Leffler proceeded to add the new file system related system calls, while Joy worked on revising the interprocess communication facilities.

既存システムとファイルシステムの互換性がない FFS の導入により、既存のシステムからのアップデートのために dump/restore が必要になる 4.1b は、扱いの面倒なリリースでした。アップデート後に Sam Leffler（サム・レフラー）と Bill Joy が手がけた作業とは、"4.2BSD System Manual" の「2.2 File system」と「2.3 Communications」あたりにかかわる作業だったと推測されます。

4.1b は、1982 年 6 月にリリースされました。残念ながら、McKusick が配布している CSRG Archive CD–ROMs [22] にも、4.1b のソースコードは収録されていません。正しく非常に限られた範囲でしか配布されなかった「幻のスナップショット」だったのでしょう。

1981 年冬から 1982 年夏の *TCP/IP Digest*

さて、そのころの ARPANET は、どんな様子だったでしょう。1981 年冬から 1982 年夏の *TCP/IP Digest* からいくつか拾い上げてみましょう。

実は、前述の Bill Joy の開発進捗のレポートには、Vint Cerf（ヴィント・サーフ）による次のメッセージも添えられていました。CSRG が Ethernet への対応作業を進めていることを、DARPA 自身は容認していたことがうかがい知れます[23]。

---

[22] CSRG Archive CD–ROMs：http://www.mckusick.com/csrg/
[23] TCP/IP Digest Wednesday, 11 Nov 1981 Volume 1：Issue 6：
　　https://www.rfc-editor.org/rfc/museum/tcp-ip-digest/tcp-ip-digest.v1n6.1

第 14 章　4.2BSD/4.3BSD

Subject: TCP/IP Performance on VAX
From: CERF at USC–ISI

UC Berkeley has been developing a paging UNIX(TM) for the VAX based on V7 UNIX
(TM–Western Electric). BBN has been developing a TCP/IP for this VAX UNIX(TM)
and UCB recently reported data bandwidths of Mb/sec over a 3 Mb/s Ethernet running
TCP/IP to TCP/IP including checksumming. This figure obtained on VAX 11/750 using 1
kilobyte packets.

A point of contact for the Berkeley + BBN VAX UNIX(TM) is Prof. Robert Fabry
(ARPAVAX.Fabry@Berkeley).

A point of contact at BBN is Gurwitz@BBN–RSM(Rob Gurwitz).

Vint Cerf (bd)

1981 年 12 月には、BBN の Rob Gurwitz が次のようなメッセージを送りました。TCP/IP のプロ
トコルスイートは BBN が開発したもので、CSRG はそのパフォーマンスの改善を行う役回りであるこ
と、さらに Ethernet のサポートに関しては共同で進めていることを述べています。特に、"the BBN
TCP/IP" を強調し「誤解（some misconceptions）」との表現を用いているところに、前述の Bill Joy
のメッセージに対する Gurwitz の苛立ちを感じさせます [24]。

From: Rob Gurwitz <gurwitz at BBN–RSM>

Mike,
I'm sending you this update on the progress of our BBN VAX TCP/IP in hopes of clearing
up some misconceptions that might have formed in the community about it. Specifically,
I want to clarify notions about "the BBN TCP/IP" (we've done many implementations at
various times), about Berkeley's role in the implementation, and about general availability
of the software. Rob

****

BBN has developed an implementation of TCP/IP for DEC's VAX(TM) family of proces-
sors, that runs under the Berkeley 4.1BSD version of UNIX(TM). The development effort

---

[24] TCP/IP Digest Wednesday, 23 Dec 1981 Volume 1 : Issue 9 :
https://www.rfc-editor.org/rfc/museum/tcp-ip-digest/tcp-ip-digest.v1n9.1

was funded by DARPA.

BBN has been involved in the development of TCP/IP from its earliest stages, and was responsible for some of the first experimental implementations for TOPS20 and PDP–11s running UNIX. The VAX TCP/IP, along with TCPs for the HP 3000 and the BBN C/30 Terminal Access Controller, is one of several "second generation" implementations being produced at BBN, and is intended for production use. The VAX TCP/IP implementation has also been ported to the BBNCC C/70, which runs UNIX Version 7.

Some important features of the BBN VAX TCP/IP are that it runs in the UNIX kernel for enhanced performance, it is a complete implementation of the TCP and IP protocols, and provides facilities for direct user access to the IP and underlying network protocols.

Performance measurements indicate BBN VAX TCP/IP data throughput to be in excess of 120K bits/second over an ARPANET interface. Work is currently underway in cooperation with the Berkeley Computer Science Research Group to enhance BBN VAX TCP/IP performance over high speed local area networks. Preliminary studies have measured throughputs in excess of 1.25M bits/second with a prototype ETHERNET.

In addition to the TCP/IP software for the VAX, BBN has developed implementations of the TELNET Virtual Terminal Protocol, File Transfer Protocol (FTP), and Mail Transfer Protocol (MTP), for use with TCP. The BBN VAX TCP/IP will support a variety of high speed local area network interfaces, as well as ARPANET interfaces. The software is in beta–test at several sites around the country, and will be generally available direct from BBN in Spring, 1982, or through Berkeley in their next software distribution.

1982 年 2 月には、Purdue University から、BBN VAX TCP/IP の使用感のレポートが出されています。ARPANET では Gurwitz の「BBN VAX TCP/IP が標準」との主張がうなずけます [25] 。

From: cak at PURDUE

Just a quick note to let you all know that the department of Computer Science at Purdue University has brought Rob Gurwitz's VAX TCP/IP implementation up on our Research VAX, as a beta–test effort. (This is the VAX implementation from BBN. The work was done as part of the CSNET effort here at Purdue.) We are apparently the first site to come up straight off the tape. There were some problems, both hardware and software, but Rob

---

[25] TCP/IP Digest Thursday, 14 Jan 1982 Volume 1 : Issue 12 :
https://www.rfc-editor.org/rfc/museum/tcp-ip-digest/tcp-ip-digest.v1n12.1

第 14 章 4.2BSD/4.3BSD

was very helpful in solving these. The implementation looks very clean, the distribution was very good, and we are in general satisfied.

Rob mentioned the measurements he made on our system a couple of issues ago, but I'll repeat them here:

Loopback through the IMP: 120Kbps

Transmission to BBN–VAX: 9.2Kbps

Please note that these are data rates only; add about 5direction for headers. The first number measures DMA to and from the IMP; there is no involvement with the net. The second number should be considered with the fact that our net links are 9.6Kbps lines. We see about an order of magnitude increase in throughput over our Greep 11/34 NCP front–end. (Not really surprising, though, since it talks to the VAX via a 9600 baud line.) These numbers were obtained on a 11/780.

We plan to bring up ProNet and Ethernet under this software in the future for our own local use, as well as to continue to beta–test future releases of the software. Please direct inquiries about availability to Rob as gurwitz@bbn–unix; I can't give it out.

You may not have Purdue in your host tables yet....we are host 0 on imp 37 (decimal).

Looking forward to 56Kbps lines,
Chris

1982 年 3 月には、Sam Leffler が次のメッセージを送っています。おそらく、named のベースコードを探していたのでしょう。当時の CSRG の面々は、著作権について楽観的な認識をもっていたようです[26] 。

From: ARPAVAX.sam at Berkeley
To: tcp–ip at brl
Subject: Internet Name Server

Does anyone have a C implementation of the Internet Name Server they'd be willing to share?

Sam Leffler
sam at berkeley

---

[26] TCP/IP Digest Monday, 8 March 1982 Volume 1 : Issue 17 :
https://www.rfc-editor.org/rfc/museum/tcp-ip-digest/tcp-ip-digest.v1n17.1

また、1982 年 3 月の次のメッセージでは、VAX–11 の商用 OS である VAX/VMS で動く TCP/IP が話題になっています。Mike Muuss が、Digital Technology Incorporated（DTI）の商用 TCP/IP パッケージを紹介しています。

DTI のこの製品は、その後何度も登場します [27]。

From: Steve Berlin <BERLIN at MIT–XX>
Subject: TCP/IP and drivers for VMS
To: tcp–ip at BRL, info–vax at SANDIA

We are acquiring about two dozen VAX–750's during the next few months, and are currently deciding what network hardware and software we will use. It looks like we will have both LNI and 3Com Ethernet hardware, and possibly Chaosnet as well. The transport protocol will probably be TCP/IP. I would like pointers to any software, particularly drivers and TCP/IP implementations, that is available for either UNIX or VMS. We have TCP/IP for UNIX from Gurwitz @ BBN. Does anybody have further news of the TEKLABS TCP/IP for VMS? Thanks for your help.

From: mo at LBL–UNIX (Mike O'Dell [system])
To: BERLIN at MIT–XX
cc: tcp–ip at BRL, info–vax at SANDIA
Subject: Re: TCP/IP and drivers for VMS

Try Digital Technology Inc. in Urbana Illinois.
    –Mike

1982 年 4 月の次のメッセージでは、DTI の製品である "ACCESS–T" の技術概要が報告されました [28]。

From: grg at DTI (Gary Grossman)
To: tcp–ip@brl
Subject: TCP/IP for VAX/VMS

---

[27] TCP/IP Digest Monday, 8 March 1982 Volume 1 : Issue 17 :
    https://www.rfc-editor.org/rfc/museum/tcp-ip-digest/tcp-ip-digest.v1n17.1
[28] TCP/IP Digest Saturday, 3 Apr 1982 Volume 1 : Issue 18 :
    https://www.rfc-editor.org/rfc/museum/tcp-ip-digest/tcp-ip-digest.v1n18.2

第 14 章   4.2BSD/4.3BSD

Mike,

Here, at last, is the information you requested about our TCP/IP–based "ACCESS–T" product:

DTI VAX/VMS

Date: 12 Mar 1982
From: John Schur <schur at dti–vms>

This TCP implementation is written in C for the VMS operating system. It uses ACP's for the TCP and IP processes, and supports user level interfaces to these ACP's.

The implementation fully conforms to the TCP and IP specifications (RFC 791, 793) and ICMP (RFC 792). Higher level protocol services include user and server TELNET, FTP, and SMTP.

1. Kernel primitives — Hardware – VAX 11/780 or 11/750 running VMS 2.2 or later, and ACC LH/DH–11 interface (other devices will be supported in future according to user interest).
2. Software — written in mostly C and some MACRO. Supports a user–definable number of connections.
3. Status — TCP/IP ACP's are currently in testing stages, with field test sites to begin use in April.
4. Protocol Features Supported:
IP:
  Fragmentation/Reassembly: reassembly is supported,
  but fragmentation is not implemented.

  Options: all options are generated and interpreted.

  Reassembly timeout: fixed value. Oldest fragments
  are discarded first when buffers fill up.
TCP:
  Options: All defined options are implemented.

  Urgent, Push: Supported as per specifications.

  Retransmission: Timeouts employ exponential backoff
  until a limit is reached, at which time user is
  notified.

188

> Window strategy: Window size is larger than the actual
> available buffer space by the maximum size of an
> internal buffer.
>
> Please contact DTI for further information.

さらに、1982 年 4 月の次のメッセージでは、ACCESS–T の製品価格が報告されました[29]。

Subject: TCP/IP for VAX/VMS
From: BOLTE at OFFICE–8
To: TCP–IP at BRL

I recently received (indirectly) a copy of DTI's ACCESS ARPANET Software Products paper. It was an unsolicited response to someone's plans for a VAX 11/780. It seems that DTI reads the Commerce Business Daily.

In addition to the comments that Gary Grossman made in the last TCP–IP Digest, here are some more:

Documentation: *ACCESS Site Administrator's Giude
                 & *ACCESS User's Guide

Training: They expect to offer ACCESS–T training course by this month.

Pricing: ACCESS–N (NCP version) & ACCESS–T (TCP/IP version) each cost $15,000.
           Upgrade from ACCESS–N to ACCESS–T is $6,000.
           ACC LH/DH–11 hardware (Assoc.Comp.Cons.) is $6,500.
           Additional ACCESS–T's at the same site cost $6,000. each.

Software Support: ACCESS–T: $4000/yr or $400/mo

Above prices quoted as of Jan '82.

An additional POC is: Gary Tauss (217) 384–8500.
                        Digital Technology Incorporated
                        302 E. John St.
                        Champaign, Il 61820

...Bill

---

[29] TCP/IP Digest Monday, 19 Apr 1982 Volume 1 : Issue 19 :
     https://www.rfc-editor.org/rfc/museum/tcp-ip-digest/tcp-ip-digest.v1n19.1

第 14 章　4.2BSD/4.3BSD

　プロプラエタリな商用ソフトウェアを開発するメーカーに対し、DARPA はむしろ TCP/IP の採用を強力にプッシュしていました。自らが資金提供をしている UCB CSRG/BBN のコードは、彼らに対するリファレンスコードとして提供する意図がありました。将来、国防総省が情報関連機器を調達する際、いずれのメーカーの製品を採用しても TCP/IP で接続できる状況を望んでいたのです。

　したがって、ソフトウェアプロダクトという舞台では、BSD Unix はいくぶんハンディキャップを背負う競争を強いられました。なぜなら、オープンソースソフトウェアの概念がなかったこの当時、無償で配布されるソフトウェアには、品質面での懸念が付いて回ることが多かったからです。

　それゆえ、BSD Unix を積極的に使おうというのは、品質よりコストを重視する大学などに限られているとの認識が一般的でした。もっとも、同じ 1982 年 4 月には、次のメッセージもあります。アメリカ海軍の研究所は、PDP–11/10 を VAX–11/750 に置き換えて、TCP/IP on Unix V7 ではなく 4.2BSD を利用する決定を下したことを報告しています[30]。

From: ron at NOSC–CC (Ronald L. Broersma)
Subject: NAVY no longer attempting plan #1
To: tcp–ip at brl

Mike,

In the recent DIGEST, you said that NAVY and SRI were doing #1 of the three efforts for TCP/IP on Unix V7. The NAVY has just decided to buy 7 VAX 11/750s to replace most of the PDP 11/40s and go with the Berkeley TCP/IP software (4.2BSD) whenever that is released.

--Ron

　彼らが問題にしたのは、コストではなく、ソースコードへのアクセスの容易さだったのだろうと推測されます。当時でも、通信にかかわるソフトウェアは、ソースコードの改変が伴うチューニングが必要となるケースが多いと認識されていました。今日のオープンソースソフトウェアの概念に近い考え方です。

　1982 年 7 月には、Douglas Comer（ダグラス・カマー）からのメッセージがあります。どうやら、X.25[31] による TCP/IP 接続の実験を構想していたようです [32]。

---

[30] TCP/IP Digest Monday, 19 Apr 1982 Volume 1 : Issue 19 :
　　https://www.rfc-editor.org/rfc/museum/tcp-ip-digest/tcp-ip-digest.v1n19.1
[31] X.25 : https://en.wikipedia.org/wiki/X.25 [Wikipedia]
[32] TCP/IP Digest Wednesday, 21 July 1982 Volume 1 : Issue 21 :
　　https://www.rfc-editor.org/rfc/museum/tcp-ip-digest/tcp-ip-digest.v1n21.1

From: Doug Comer <dec@Purdue>
To: tcp–ip at BRL
Subject: CSNET's TCP/IP over X.25

As part of the Purdue CSNET effort, we have designed and implemented software to send IP datagrams across an X.25 network. Essentially, our software layers TCP/IP over the X.25 net by managing X.25 virtual circuits. When IP sends a datagram, our software first maps the Internet address into an equivalent Telenet address. It then checks to see if there is an open X.25 connection (virtual circuit) to the destination address, and uses it if there is one. If none exists, the software opens one. It should be noted that all traffic to a given host flows over one X.25 virtual circuit.

The software runs on Digital Equipment Corporation VAX computers under UNIX (BSD 4.1) using an Interactive Sys- tems Inc. INcard–X25 device to handle X.25 levels 1–3. It uses the Gurwitz implementation of TCP/IP from BBN. Our software was demonstrated to CSNET project personnel on June 15. The demonstration consisted of sending files (FTP) and doing remote login (TELNET) through TCP/IP, over the GTE Telenet network between computers at Purdue University in West Lafayette, Indiana and the University of Wisconsin in Madison, Wisconsin.

For more information contact Professors Doug Comer (dec@purdue) or Tim Korb (jtk@purdue), principal invesitga- tors on the Purdue CSNET contract, or Paul McNabb (pam@purdue), CSNET systems programmer.

ちなみに、Douglas Comer は "Internetworking With TCP/IP" [33] の著者なので、ご存じの人も多いでしょう。また、「Xinu」[34] と呼ばれる Unix クローンの開発者としても有名です。教育目的で開発された Unix クローンといえば、Linux のベースコードにもなった Andrew Tanenbaum（アンドリュー・タネンバウム）の「MINIX」[35] を思い出す人も多いと思いますが、TCP/IP の学習を目的として開発されたため、Xinu は独自に TCP/IP を実装しているところに特徴があります。

Comer のこのメッセージが出されたころから、1983 年 1 月 1 日の切り替えを視野においた ARPANET の各サイトからの接続機器のリプレースの問い合わせが増えてきます。デッドラインまで、残り 6 か月。ARPANET サイト周辺は、慌ただしくなっていきました。

---

[33] "Internetworking With TCP/IP"：https://www.cs.purdue.edu/homes/comer/netbooks.html

[34] Xinu：http://www.xinu.cs.purdue.edu/

[35] MINIX：https://en.wikipedia.org/wiki/MINIX [Wikipedia]

Bill Joy の離脱

1982 年の夏休みの人気のなくなったキャンパスで、CSRG のメンバーが使ういくつかの開発マシンでは 4.1b が稼働していたのでしょう。そして、その夏休みが終わるころ、Bill Joy が Berkeley から姿を消しました。そのときのことを、Kirk McKusick は次のように語っています。

In the late spring of 1982, Joy announced he was joining Sun Microsystems. Over the summer, he split his time between Sun and Berkeley, spending most of his time polishing his revisions to the interprocess communication facilities and reorganizing the Unix kernel sources to isolate machine dependencies.

Sun Microsystems（以降、Sun）[36] は、Stanford University の大学院生だった Andy Bechtolsheim（アンディ・ベクトルシャイム）、Vinod Khosla（ビノッド・コースラ）、Scott McNealy（スコット・マクネリ）が設立したベンチャー企業で、SUN workstation[37] の商業化を目指していました。

オリジナルの SUN workstation は、Bechtolsheim が Xerox [38] の Alto [39] からインスパイアされて設計したワークステーションで、市販されているマイクロプロセッサなどを活用することにより Alto よりも低コストなハードウェアを実現しました。このワークステーションは、後の CISCO Systems の IOS や Imagen のレーザープリンタ、Silicon Graphics のワークステーションとなる開発のベースマシンとなりました。Bechtolsheim は、このワークステーションの設計[40] をいくつかのベンダーにライセンスしていたのですが、成果が上がらなかったことに業を煮やし、学友の助けを借りて自ら商業化に手を染めることにしたのでした。

Bill Joy がこのグループに参加することになったのは、彼らの最初の製品である「Sun–1」[41] がきっかけだったと思われます。この製品の初出荷は 1982 年 5 月だったのですが、おそらくその前後で Bill Joy はこの製品を目にすることがあったのでしょう。Seventh Edition Unix から派生した「UniPlus」が動くワークステーションを見て、Bill Joy はいつものように盛大にケチを付けたのは容易に想像できます。しかし、Sun の創業者の面々は、Bill Joy のケチに反論するどころか、「一緒にやらないか？」と誘ったのでしょう。

後に、Sun に参加した理由を尋ねられた際、Bill Joy は「企業からそのような誘いを受けたのは初めてだったから」と答えたそうです。DARPA との 4BSD の開発契約を結んで以来、いくたの業界人と丁々発止のバトルを演じてきた彼の身の上を考えれば不思議に思えるかもしれませんが、意外にこれは真実だったようにも思います。

CSRG をなかば強引に牽引して最高の Unix システムの実現に突き進んでいた彼を、当時のコンピュータメーカーの面々は丁重に扱っていたようです。一説によれば、「Bill が電話をすれば翌週には

---

[36] Sun Microsystems：https://en.wikipedia.org/wiki/Sun_Microsystems [Wikipedia]
[37] SUN workstation：https://en.wikipedia.org/wiki/SUN_workstation [Wikipedia]
[38] Xerox：https://en.wikipedia.org/wiki/Xerox [Wikipedia]
[39] Alto：https://en.wikipedia.org/wiki/Xerox_Alto [Wikipedia]
[40] Bechtolsheim の設計：http://i.stanford.edu/pub/cstr/reports/csl/tr/82/229/CSL-TR-82-229.pdf
[41] Sun–1：https://en.wikipedia.org/wiki/Sun-1 [Wikipedia]

最新の VAX が届けられる」とうわさされるほどの高待遇だったそうです。その理由は、将来 DARPA 標準となるであろう技術の開発者である彼の立場や、彼の Unix コミュニティへの影響力を重く見てのことでしょう。しかし、彼の「最高の Unix システムの実現」の野心に共感して誘ってくれる業界人は、1 人もいなかったのかもしれません。

また、他人の書いたコードを瞬時に理解し、その欠点を見抜いてはあっという間に修正してしまう彼の高いプログラミング能力は、周囲のプログラマーの畏怖と嫌悪を抱かせるものだったのでしょう。カリスマの権威を身にまとい、多くの尊敬を勝ち取っていた CSRG にあって、彼は孤独を感じていたのかもしれません。

さらに、DARPA が彼に求めていたのはいくたのプロプラエタリなソフトウェアの開発メーカーへのリファレンスコードであったことも、他人が書いたコードをほとんど信用しない彼をいら立たせる原因だったのかもしれません。

Bill Joy が CSRG を離れた真の理由は想像するしかありませんが、皮肉なことに Unix のことをほとんど理解していない Sun の創業者たちこそが、彼にとって最高の理解者だったわけです。彼らの期待に応えて、Bill Joy は SUN workstation へのポーティングに没頭することになります。そして、1983 年 11 月には 4.1BSD ベースの「Sun OS 1.0"」を搭載した「Sun–2」*42 の出荷にこぎ着けます。

1980 年代を席巻する Sun の快進撃は、ここから始まりました。

リリースへ向けて

Bill Joy が抜けた穴は、Sam Leffler が埋めることになりました。この時点で 4BSD のリリース直後に CSRG が認識していた 4 つの開発課題はほぼ実現できていたわけですが、"4.2BSD System Manual" が規定している数々の機能には、欠落しているものも多かったようです。にもかかわらず、1983 年の春にリリースを行うことを DARPA とは約束していたと、Kirk McKusick は語っています。

> With Joy's departure, Leffler took over responsibility for completing the project. Certain deadlines had already been established and the release had been promised to the DARPA community for the spring of 1983. Given the time constraints, the work remaining to complete the release was evaluated and priorities were set. In particular, the virtual memory enhancements and the most sophisticated parts of the interprocess communication design were relegated to low priority (and later shelved completely).

ここで述べられている棚上げになった "virtual memory enhancements" とは、"4.2BSD System Manual" の「1.2 Memory management」のほとんどの機能を指します。mmap システムコールを中心とするマップドファイルの機能を実現するためにはユーザープロセスの仮想空間を細かく制御できなければなりませんが、Ozalp Babaoglu（オザルプ・ババオグル）が開発した仮想記憶機構を大きく修正する必要がありました。この機能の実現は、後に Carnegie Mellon University（CMU）が開発した Mach VM に由来する新しい仮想記憶機構がサポートされた 4.3BSD Reno まで待たなければなりませんでした。

---

*42 Sun–2：`https://en.wikipedia.org/wiki/Sun-2` [Wikipedia]

第 14 章　4.2BSD/4.3BSD

また、"the most sophisticated parts of the interprocess communication design" とは、おそらく
「1.5 Descriptors」の `wrap` システムコールのことを指しています。

1.5.5. Descriptor wrapping.

A user process may build descriptors of a specified type by wrapping a communications
channel with a system supplied protocol translator:

    new = wrap(old, proto)
    result int new; int old; struct dprop *proto;

Operations on the descriptor old are then translated by the system provided protocol trans-
lator into requests on the underyling object old in a way defined by the protocol. The
protocols supported by the kernel may vary from system to system and are described in the
programmers manual.

Protocols may be based on communications multiplexing or a rights–passing style of han-
dling multiple requests made on the same object. For instance, a protocol for implementing
a file abstraction may or may not include locally generated "read–ahead" requests. A
protocol that provides for read–ahead may provide higher performance but have a more
difficult implementation.

Another example is the terminal driving facilities. Normally a terminal is associated with a
communications line and the terminal type and standard terminal access protocol is wrapped
around a synchronous communications line and given to the user. If a virtual terminal is
required, the terminal driver can be wrapped around a communications link, the other end
of which is held by a virtual terminal protocol interpreter.

　ディスクリプタにプロトコルを割り当てるこのシステムコールは、後に BTL の Eighth Edition Unix
(Version 8 Unix) [43] でサポートされた「STREAMS」[44] に相当すると思われます。Eighth Edition
Unix は非公開だったので、一般に使用できるバージョンは、UNIX System V Release 3 以降に準拠す
る OS が該当します。CSRG でも、4.3BSD Reno 以降に BSD 版 STREAMS である「bstreams」を
開発する構想がアナウンスされたことがありましたが、けっきょくキャンセルされました。

---

[43] Eighth Edition Unix（Versin 8 Unix）: https://en.wikipedia.org/wiki/Version_8_Unix [Wikipedia]

[44] STREAMS : https://en.wikipedia.org/wiki/STREAMS [Wikipedia]

4.2BSD で実装されなかった最後のシステムコールは、「2.2 File system」の `portal` システムコールです。

2.2.3.4. Portal creation|

The call

> fd = portal(name, server, param, dtype, protocol, domain, socktype)
> result int fd; char name, server, param; int dtype, protocol;
> int domain, socktype;

places a name in the file system name space that causes connection to a server process when the name is used. The portal call returns an active portal in fd as though an access had occurred to activate an inactive portal, as now described.

When an inactive portal is accesseed, the system sets up a socket of the specified socktype in the specified communications domain (see section 2.3), and creates the server process, giving it the specified param as argument to help it identify the portal, and also giving it the newly created socket as descriptor number 0. The accessor of the portal will create a socket in the same domain and connect to the server. The user will then wrap the socket in the specified protocol to create an object of the required descriptor type dtype and proceed with the operation which was in progress before the portal was encountered.

While the server process holds the socket (which it received as fd from the portal call on descriptor 0 at activation) further references will result in connections being made to the same socket.

ファイルシステムの名前空間を使ってデーモンプロセスへの socket を開くこのシステムコールは、仕様は異なりますが 4.4BSD の `portal` ファイルシステム として実装されました。詳細は、論文 "Portals in 4.4BSD" [45] を参照してください。

Leffler を始めとする CSRG の残されたメンバーは、"4.2BSD System Manual" で規定されていたインターフェイスを手分けして実装したのでしょう。これはかなりタフな落穂拾い作業だったと思います。

---

[45] "Portals in 4.4BSD" :
　　http://usenix.org/publications/library/proceedings/neworl/full_papers/stevens.ps

第 14 章　4.2BSD/4.3BSD

4.1c

相当頑張ったのでしょうが、DARPA に約束した期日には 4.2BSD は完成しませんでした。CSRG はつなぎのリリースを行うことを条件に、4.2BSD のリリースの遅れについて DARPA から猶予を引き出しました。"4.1c" のリリースについて、McKusick は次のように述べています。

> Also, with the implementation more than a year old and the Unix community's expectations heightened, it was decided an intermediate release should be put together to hold people until the final system could be completed. This system, called 4.1c, was distributed in April 1983; many vendors used this release to prepare for ports of 4.2 to their hardware. Pauline Schwartz was hired to take over the distribution duties starting with the 4.1c release.

おそらく、4.2BSD のリリース順延を DARPA はそれほど重大視してなかったように思います。事実、*TCP/IP Digest* を見る限り、ARPANET サイトでリリース順延が混乱を引き起こした痕跡は見つかりませんでした。4.1BSD + BBN VAX TCP が、すでにあったからです。

McKusick がいうように、リリース順延は、むしろ Unix コミュニティでの混乱を引き起こしました。特に、ARPANET のカットオーバーを一大商機と見ていた Unix クローンビジネスを手がけていた多くのベンダーは、4.2BSD のリリースを待ちわびていました。彼らの懇願に折れて暫定版のリリースに踏み切ったというのが、真相だったように思います。実際、1980 年代前半は「4.1cBSD 互換」を銘した商用 Unix が多数出回っていました。

興味深いのは、BTL が Unix の開発プラットホームを 4.1c に移行させたことです。Eighth Edition Unix の開発は、4.1c をベースに行われました。実は、Unix ライセンスには、Unix への改変内容を AT&T へ送り返す条項がありました。これを利用して、BTL は一足先に 4.1c を入手していたようです。では、BTL は 4.2BSD をなぜ待てなかったのでしょうか?　彼らには、4.2BSD に付随するドキュメントが必要なかったからかも知れません。

4.1c は、1983 年 4 月にリリースされました。そのソースコードは、The Unix Heritage Society [46] のアーカイブで参照できます。

4.2BSD のリリース

4.1c のリリース後も落穂拾いは続いたと、McKusick は語っています。

---

[46] The Unix Heritage Society：http://minnie.tuhs.org/cgi-bin/utree.pl?file=4.1cBSD

Leffler continued the completion of the system, implementing the new signal facilities, adding to the networking support, redoing the standalone I/O system to simplify the installation process, integrating the disc quota facilities from Robert Elz, updating all the documentation, and tracking the bugs from the 4.1c release. In August 1983, the system was released as 4.2BSD.

"new signal facilities" とは "4.2BSD System Manual" の「1.3 Signals」が該当するのでしょう。4.2BSD のシグナル機構も Seventh Edition Unix から大きく機能強化されました。その理由は、プロセッサの処理能力が向上し、仮想記憶を実現するページング機構が導入されたことにより、システムの非同期的挙動が格段に増えたこと、さらにアプリケーションプログラミングでも非同期的な処理を実装できる機能が望まれたことから、より安全かつ効率よくシグナル操作できる必要があったと思われます。たとえば、4.2BSD のリリース後に登場したウィンドウシステムなどでは、アプリケーションはマウスによるウィンドウサイズの変更操作などに連動した処理が記述できる必要がありました。当時のモダンなシステムは、それまでの Unix により多くのサポートを求めるようになっていました。

こういった比較的地味な開発は、Sam Leffler がコツコツと作業を進めていったようです。彼は学生ではなく、このプロジェクトのための雇用されているプログラマーで、システムを完成させる義務を負う立場であったので当然の役回りだったのですが、Bill Joy より常識的でずっと穏やかなリーダーだっただけに、多くの仕事を 1 人で背負わなければならなくなりました。今日のオープンソースプロジェクトのリリーシングマネージャーと共通する悩みを抱え込まざるを得なかったのでしょう。

4.2BSD は、1983 年 8 月にリリースされました。その人気の高さについて、McKusick は次のように述べています。

The popularity of 4.2BSD was impressive; within eighteen months more than 1,000 site licenses had been issued. Thus, more copies of 4.2BSD had been shipped than of all the previous Berkeley software distributions combined. Most of the Unix vendors shipped a 4.2BSD system rather than the commercial System V from AT&T. The reason was that System V had neither networking nor the Berkley Fast filesystem.

当時、ARPANET に接続しているのはおおむね 60 サイトだったので、4.2BSD の配布を求めたのが、ARPANET に接続している組織や ARPANET のカットオーバーを商機と考えるベンター各社だけではなかったことは明らかです。これは DARPA も期待はしていたものの、ここまでの反応が得られるとは予期してなかったでしょう。

4.2BSD のソースコードは、The Unix Heritage Society [47] のアーカイブで参照できます。

---

[47] The Unix Heritage Society : http://minnie.tuhs.org/cgi-bin/utree.pl?file=4.2BSD

第 14 章　4.2BSD/4.3BSD

14.2　4.3BSD

成功の陰で

　4.2BSD の成功により対外的には名声を博した UCB CSRG ですが、成功のその裏で存続の危機を迎えていました。

　Bill Joy とともに DARPA 資金獲得のために奔走し、CSRG を創設し、プロジェクトの最高責任者を務めてきた Bob Fabry（ボブ・ファブリー）は、1983 年 6 月にその任から離れました。また、所定の任務を終了したとして、同時期に Unix Steering Committee も解散しました。さらに、4.2BSD のリリースの立役者である Sam Leffler も 1983 年 8 月のリリースを終えたのち、CSRG を離れました。

　こうして、1980 年 4 月の DARPA との契約締結以来の 4 年間、CSRG を牽引してきた人々はことごとく Berkeley を去ったのです。

　にもかかわらず、CSRG は存続し続けました。そのときの様子を、McKusick は次のように語っています。

> When Leffler left Berkeley for Lucasfilm following the completion of 4.2, he was replaced by Mike Karels. Karels' previous experience with the 2.9BSD PDP–11 software distribution provided an ideal background for his new job. After completing my Ph.D. in December 1984, I joined Mike Karels full–time at the CSRG.

　学内には CSRG の存続を望む声もありましたし、それを受け継ぐ人材もいました。さらに、"4.2BSD System Manual" で規定された未サポートの機能も残っており、DARPA との契約も継続されることになりました。CSRG の存続の危機は、回避されました。

パフォーマンスチューニング

　新生 CSRG の初仕事は、4.2BSD のパフォーマンスチューニングでした。Kirk McKusick は、その経緯を次のように語っています。

> As with the 4.2BSD release, criticism was quick in coming. Most of the complaints were that the system ran too slowly. The problem, not surprisingly, was that the new facilities had not been tuned and that many of the kernel data structures were not well–suited to their new uses. Karels' and my first year on the project was spent tuning and polishing the system.

それまでのパフォーマンスチューニングは Bill Joy のウィザード技に頼っていたわけですが、Karels–McKusick はもう少しアカデミックなアプローチをしました。このときのチューニング作業の詳細は、論文 "Measuring and Improving the Performance of 4.2BSD" [48] で述べられています。

4.3BSD では、「xxstat」と呼ばれるシステムの稼働状態をモニタリングするコマンドが追加されましたが、それはこのチューニング作業のためのツールとして作成されたようです。また、彼らが用いたベンチマークのソースコードも紹介されており、このレポートはチューニング作業のプロセスが示されています。

McKusick によれば、チューニング作業は翌年も続けられました。

> After two years of work spent tuning the system and refining the networking code, we made an announcement at the June 1985 Usenix conference that we anticipated releasing 4.3BSD later that summer.

USENIX のコンファレンスでのこの発表の内容は、論文 "Performance Improvements and Functional Enhancements in 4.3BSD" [49] として残っています。

こちらのレポートは、一連のチューニング作業の最終報告的内容です。タイトルに 4.3BSD が付けられたのは、リリースのアナウンスを予告する効果を狙ったものでしょう。

TCP/IP 実装論争、ふたたび

4.3BSD リリースのアナウンスは、想定外のクレームにより撤回する羽目になりました。その経緯を、McKusick は次のように述べています。

> However, our release plans were brought to an abrupt halt by the folks at BBN. They correctly pointed out that we had never updated 4.2BSD with the final version of their networking code. Rather, we were still using the much–hacked initial prototype that they had given us many years earlier. They complained to DARPA that Berkeley was to implement the interface while BBN was supposed to implement the protocol, so Berkeley should replace the TCP/IP code in 4.3BSD with the BBN implementation.

このクレームを出したのは、BBN の Rob Gurwitz でしょう。彼らは、1984 年の USENIX で論文 "Converting the BBN TCP/IP to 4.2BSD" [50] の発表を行っていました。

---

[48] "Measuring and Improving the Performance of 4.2BSD":
    http://www.eecs.berkeley.edu/Pubs/TechRpts/1984/CSD-84-218.pdf
[49] "Performance Improvements and Functional Enhancements in 4.3BSD":
    http://www.eecs.berkeley.edu/Pubs/TechRpts/1985/CSD-85-245.pdf
[50] "Converting the BBN TCP/IP to 4.2BSD":
    https://web.archive.org/web/20041015132400/http://bob-walsh.com/papers/saltLake84.pdf

第 14 章 4.2BSD/4.3BSD

この論文は、次の文言で締めくくられています。

Summary

BBN TCP/IP provides throughput comparable to Berkeley TCP/IP. Considering the desirable goals of reduced host and network loading, easy program maintenance, and correct handling of as many conditions as possible, we feel that BBN TCP/IP provides a superior protocol layer for 4.2BSD.

4.2BSD の開発中、Bill Joy にことあるごとにコケにされていた Rob Gurwitz が CSRG に遺恨をもっていたとしても不思議はないのですが、やっかいものの Bill Joy がいなくなった CSRG を相手に意を決して正面から主張をぶつけたということでしょう。

にもかかわらず、CSRG にはあっさりスルーされてしまいました。そこで、CSRG にクレームを出したわけですが、おそらく Karels–McKusick は、詳細を Bill Joy から聞いていなかったのだと思います。その後の CSRG のリアクションについて、McKusick は次のように述べています。

Mike Karels got the BBN code and did an evaluation of the work that had been done since the prototype that was handed off to Berkeley. He decided that the best plan was to incorporate the good ideas from the BBN code into the Berkeley code base, but not to replace the Berkeley code base. The reason to retain the Berkeley code base was that it had gotten considerable testing and improvements from the widespread distribution in 4.2BSD. However, as a compromise, he offered to include both implementations on the 4.3BSD distribution and let users select which one to use in their kernel.

Bill Joy とは異なり、Mike Karels は大人の対応で穏便に決着することを望んだのでしょうが、事態はさらにこじれます。玉虫色の決着で後々まで遺恨を残すことを嫌った DARPA は、いずれかのバージョンを選択する決定をします。

After reviewing Mike Karels' decision, DARPA decided that releasing two code bases would lead to unnecessary interoperability problems, and that just one implementation should be released. To decide which code base to use, they gave both to Mike Muuse of the Ballistics Research Laboratory, who was viewed by both Berkeley and BBN as an independent third party.

評価者には、 *TCP/IP Digest* のモデレーターだった Mike Muuss が選ばれました。両者を開発過程から承知し、両者に中立の立場で、かつ開発内容を理解する十分な知識をもったベストの人選だった

と思います。ちなみに、彼はオリジナルの「ping コマンド」の開発者として有名ですが、この CSRG vs. BBN の評価のために、「ttcp コマンド」[51] を作成しました。

Mike Muuse の評価報告を得て、DARPA は次のような最終決定を出しました。

After a month of evaluation, the report came back that the Berkeley code was more efficient but that the BBN code handled congestion better. The tie breaker was that the Berkeley code flawlessly ran all the tests while the BBN code panicked under some stress conditions. The final decision by DARPA was that 4.3BSD would stick with the Berkeley code base.

この対決は、「CSRG の薄氷の勝利」というドラマチックな幕切れになりました。が、少々 DARPA の作為が感じられるように思います。リファレンスコードとしてもソフトウェアプロダクトとしても過去にない成功を収め続けている 4.2BSD に妙なケチがつくことは、DARPA も望んでなかったでしょう。何よりも、この対決により Berkeley 版 TCP/IP が UCB の著作物だと認定される実績が残ったことが、CSRG にとって最大の収穫だったかもしれません。

4.3BSD のリリース

4.3BSD は 1986 年 6 月にリリースされました。ソースコードは、The Unix Heritage Society [52] のアーカイブで参照できます。

The polished 4.3BSD system was finally released in June 1986. As expected, it quelled many of the performance complaints, much as the 4.1BSD release quelled many of the complaints about 4BSD. Although most of the vendors had started the switch back to System V, large parts of 4.3BSD were carried over into their systems, particularly the networking subsystem.

McKusick はサラッと述べていますが、4.2BSD がリリースされた 1983 年から 4.3BSD がリリースされた 1986 年は、Unix の社会的認知度が急激に向上した 3 年間でした。AT&T は Unix ビジネスを本格化させ、UNIX System V の開発に大きな投資を行っていました。このようなトレンドに押されて、従来からのコンピュータメーカーも自社製の Unix を整える動きが加速していました。

このころ、Bill Joy が率いる Sun Microsystems は「4.2BSD 互換」と銘打った SunOS を引っさげてこの業界の台風の目になっていました。その最大のセールスポイントは、TCP/IP によるネットーキング機能でした。既存のコンピュータメーカー各社は、顧客のネットワークに自社の製品を接続させるため TCP/IP のサポートを急がざるを得なかったのです。4.3BSD は ARPANET のプロトコルをフルサポートする高速かつ安定した、そして安価なコードベースとして各社で利用されました。

---

[51] ttcp コマンド：http://ftp.arl.army.mil/~mike/ttcp.html
[52] The Unix Heritage Society：http://minnie.tuhs.org/cgi-bin/utree.pl?file=4.3BSD

第 14 章　4.2BSD/4.3BSD

　こうして、4BSD 以来の開発に投資した DARPA の「TCP/IP のプロモーション」の企図は、予想をはるかに超える規模で展開し十分に達成されました。最終的に世界各国の電話会社でさえ無視できないくらいに、TCP/IP は絶対的なデファクトスタンダードとなっていきました。

第15章
ワークステーションのコンセプト

1980 年代は「ワークステーション」の時代でした。それ以前からあった「ミニコン」とも同じ時代に生まれた「パソコン」とも違う、「まったく新しい形態のコンピュータ」と当時は認識されていました。もっとも、ウィンドウシステムが当たり前の今日では、この形態のコンピュータを私たちは「パソコン」と呼んでいますが……。当時のワークステーションの商業的な成功が Unix の需要を急激に高めたのでした。

15.1 コンピュータのパラダイム

パラダイム（paradigm）という言葉は「理論的枠組み」と翻訳されるそうですが、私自身にはコンピュータ用語というよりはビジネス用語の印象が強いです。ビジネスの世界でパラダイムという言葉が使われる場合、その意味するところは、「ビジネスが成立する条件」といったニュアンスが含まれるようです。コンピュータなどのエンジニアリングに深くかかわるビジネスでは、その詳細として「技術的な可能性」「需要の必然性」「経済的な合理性」の 3 つの条件が語られることが多いようです。パラダイムシフト（paradigm shift）というと「既存の枠組みが組み替えられる」と理解すればよいようですが、1980 年代初頭にコンピュータ業界で発生した事象は、パラダイムシフトの典型的な事例といえるでしょう。

1970 年代までのコンピュータ

1970 年代までのコンピュータのパラダイムをひとことで語れば、「1 台のコンピュータを複数のユーザーが共用する」という表現につきるように思います。つまり、当時のコンピュータは誰もが作れる代物ではなく、たいへん高価な製品だと一般に広く認知されていたのでした。

今日、一般に広く普及しているコンピュータは、デジタル回路によるコンピュータ、すなわちデジタルコンピュータですが、コンピュータ黎明期にはアナログ回路に比べて部品の数が多くなることがデジタル回路の問題とされました。コンピュータが非常に高価だった理由は、それがデジタル回路によって実現されているためだったのです。部品の数が多くなればなるほど、システム全体を安定して動作させることは難しくなります。必然的に、コンピュータを製造できるメーカーには製品として安定して動作させるためのノウハウが蓄積され、そのノウハウこそがメーカーの収益を保障するものでもありました。初期のコンピュータビジネスのパラダイムとは、「膨大なデジタル回路を安定的に動作させる」という技術的な可能性に立脚したものでした。

第 15 章　ワークステーションのコンセプト

マイクロプロセッサの登場

とはいえ、高収益が期待できる需要がある領域では、革新的なブレークスルーが発見されるものです。コンピュータハードウェアに関していえば、半導体技術の革新がそれにあたります。

1950 年代に真空管に比べて消費電力の小さいトランジスタが発明されたことにより、デジタル回路の規模と安定性は飛躍的に向上し、当時の商用コンピュータの実現に大きく寄与しました。また、その後の IC の発明は、低価格なミニコンの出現をもたらしました。このように、半導体技術の革新は、コンピュータハードウェアの低価格化に常に大きな影響を与え続けています。半導体技術の革新は、コンピュータビジネスのパラダイムに抜本的な影響を与える最も大きな要因であり、それは今日も変わっていません。

特に、1970 年代に出現した LSI および VLSI と呼ばれる半導体技術の革新、およびその技術を背景にしたマイクロプロセッサの発明は、本質的に既存のコンピュータビジネスに決定的なパラダイムシフトを迫る要因でした。なぜなら、マイクロプロセッサのチップを購入して組み立てる能力があれば、誰にでもコンピュータが製造することが可能になったからです。これは、それまでコンピュータメーカーを支えたパラダイムが、実質的に無効化されることを意味しました。このとき、コンピュータは初めて大量生産が可能な製品となったといえるでしょう。

しかしながら、マイクロプロセッサが発明された当時、その本質的な意味に気づいていた人は皆無に近かったようです。たとえば、マイクロプロセッサを発明したとされる Intel ですら、「当初はその価値を十分に理解していなかった」と言及しているほどでした。今となってはまったく理解できない振る舞いのように見えますが、当時の既存のコンピュータメーカーが固く信じていたパラダイムを打ち破る、すなわちパラダイムシフトを促す可能性のあるこの発明の意味を一般の人々に広く確信させるに足る説明、すなわちコンピュータに関する新しいコンセプトをその当事者は生み出せずにいました。

15.2　パーソナルコンピュータのコンセプト

今日、PC といえば、それがパーソナルコンピュータ（Personal Computer）を意味するものであることは、誰もが知っているといってよいでしょう。

しかし、「パーソナルコンピュータ」という言葉が意味するところを、正確に理解することは案外難しかったりします。もちろん、「個人が所有するコンピュータ」という理解は正しいのですが、では「いったい PC とは何をするための道具なのか?」といった少々哲学的な問題を考え始めると、明確に答えられる人は非常に少ないのではないでしょうか?　たとえば、皆さんの中にも、PC について誰かに説明するときに、「だから PC を使えばできるんだよ……」とか「PC はそういう道具なんだってば……」といったセリフを使ったことのある人がいることでしょう。もし、PC というキーワードがなかったとしたら、どうやって説明しますか?

1970 年代末、マイクロプロセッサが既知のデバイスとなったこの時代に、マイクロプロセッサにかかわる多くの人々共通の悩みは、こういった類の問題でした。マイクロプロセッサの可能性や将来性について、彼らは直感的によく理解できていたのです。しかし、それを理解できない人に説明するのは難題でした。なぜなら、パーソナルコンピュータというコンセプトが当時は存在しなかったからです。

204

Dynabook

今日のパーソナルコンピュータに直接つながる「Dynabook」*1 コンセプトを主張したのは、Alan Kay（アラン・ケイ）です。彼は、まだ University of Utah の学生であった 1960 年代に、かの有名な Dynabook と呼ばれるコンセプトを発表していました。このコンセプトの中で彼が展開した、「将来、個人がコンピュータを所有できるようになったとき、それはメディアとして機能するであろう」という主張は、今日のコンピュータにかかわる状況を見事に言い当てています。「個人が使用するダイナミックなメディアとしてのコンピュータ」を彼は Dynabook と名付け、その出現を前提としたコンピュータの教育分野への応用に関する数々の提案を行いました。その提案はたいへん魅力的なだったのですが、当時の多くの人々が抱いたのは「Dynabook と呼ばれるそのコンピュータが、いつ、どのような形で提供されるようになるのか?」という疑問だったようです。

このような人たちの疑問の一部だけにでもに答えるため、Alan Kay は木と紙でできた Dynabook のモックアップを持ち歩いていたそうです。フラットな薄型ディスプレイと小型キーボードを内蔵した携帯可能なコンピュータ —— Dynabook のモックアップは、今日のノート PC の形状と酷似していました。これは、Alan Kay が預言者として優れていたというよりも、ノート PC を開発した後のエンジニアたちが Dynabook を開発目標として 1 つとして掲げていたからでしょう。

とはいえ、Alan Kay がこの説明……、というよりは啓蒙活動を行っていたのは、1960 年代の話です。世の中には存在しないコンピュータの上で動く、見たこともないようなソフトウェアの話となると、エンジニアリングというよりは SF のように聞こえます。1960 年代においてパーソナルコンピュータのコンセプトは、「近未来 SF 小説での概念」とあまり変わらないものだと理解されていたようです。

Xerox Alto

大学を卒業した Alan Kay は、1970 年に設立された Xerox の Palo Alto Research Center（PARC）*2 の研究員として採用されました。Xerox PARC は、コンピュータサイエンスの世界ではたいへん著名な研究所の 1 つで、いくつもの画期的な研究成果に彩られたハイテクのメッカでもありました。この研究所に集まった優れた研究者の力によって、Alan Kay の Dynabook は形を成すことになります。

皆さんは、「Alto」というコンピュータをご存じでしょうか?　第 3 章で少し触れたので、Butler Lampson（バトラー・ランプソン）の名前とともに覚えている人がいるかもしれません。University of California Berkeley（UCB）の Project GENIE において、SDS 930 Time–sharing System の開発を推進した Butler Lampson や Peter Dutsch（ピーター・ドゥーチュ）、Chuck Thacker（チャック・サッカー）といった Berkeley Computer Corporation（BCC）の面々もまた、Xerox PARC の研究員となっていたのでした。"Interim Dynabook" である Alto を作ったのは、彼らだったのです。

Interim Dynabook という言葉は、1972 年に Butler Lampson が書いた "Why Alto?" *3 というメモランダムの中に出てきます。

---

*1 Dynabook：`https://en.wikipedia.org/wiki/Dynabook` [Wikipedia]
*2 Palo Alto Research Center（PARC）：`https://en.wikipedia.org/wiki/PARC_(company)` [Wikipedia]
*3 "Why Alto?"：`http://research.microsoft.com/en-us/um/people/blampson/38a-WhyAlto/WebPage.html`

第 15 章　ワークステーションのコンセプト

Alto

"Xerox Alto Computer" by Joho345 (Public Domain)

> The original motivation for this machine was provided by Alan Kay, who needs about 15–20 'interim Dynabooks' Systems for his education research. Alto has a much broader range of applications than this origin might suggest, however.
>
> ---
>
> このマシンに関する当初の動機は、Alan Kay の教育に関する研究で使用する 15–20 台程度の 'interim Dynabooks' システムの需要からもたらされた。しかしながら Alto は、この本来の目的よりも広範囲な適用性をもっている。

冒頭に出てくる "Interim Dynabook" は、「1970 年代の技術で Dynabook を作るとどうなるか？」という実に野心的な試みでした。いつも強気の Butler Lampson が書いたこの文章だけを見ると、たいへん格好よく見えますが、実は裏話があったそうです。

Alto の開発

　もとはというと、Chuck Thacker が Xerox 社内のどこかのミーティングで述べた「ちゃんと理解してさえいれば、コンピュータなんか 3 か月で設計できる」という暴言が、Alto 製作の始まりでした。そのミーティングでは、「じゃぁ、やってもらおうじゃないか!」という流れになったそうですが、そのとき Chuck Thacker には、クリアしなければならない大きな問題がありました。新しいコンピュータを開発するための資金がなかったのです。その時点で、自分たちの研究予算はとっくに使い切っていました。

　そこで、研究予算をまだ残していた Alan Kay のところへ行って、「"Interim Dynabook" を作るからその資金を出してくれ」ともちかけたわけです。「残りの予算を使って 3 か月待てば望みのコンピュータが手に入るのであれば、悪い話じゃない」というわけで、Alan Kay はこのオファーに乗ったというのが、Alto 開発の真相だったようです。

　Chuck Thacker は 3 か月で Alto を仕上げるために、もう 1 つ反則技を使いました。コンピュータのハードウェア回路をゼロから設計するのではなく、すでに完成していた MAXC と呼ばれるミニコンの CPU ボードやメモリボードを流用して、Alto のハードウェアにまとめ上げました。

　MAXC の CPU ボードは、マイクロコードプログラミングが可能な構造になっていました。マイクロコードプログラミングをひとことでわかりやすく説明すると、他の CPU の命令をエミュレートできる機能といえると思います。もともと、Butler Lampson と Chuck Thacker は、DEC の PDP–10 と互換性を有するコンピュータを開発する必要に迫られて MAXC を開発しました。プライドが高く素直ではない彼らは、PDP–10 の回路を模倣することをよしとはせず、マイクロコードプログラミングが可能な CPU ボードを設計しました。

　Alto の開発では、このマイクロコードプログラミングの機能を使って、Data General の Nova の命令セットに似た 16 ビットのバイトマシンを設計しました。これなら、確かに 3 か月で新しいコンピュータを設計できます。

ヒットした Alto

　こうして、どちらかというと行きがかり上やむなく作られた Alto は、当初の予想に反してブレークします。

　前述の Butler Lampson のメモランダムでも述べられているように、ビットマップディスプレイ、キーボード、マウスなどのポインティングデバイス、そして Ethernet（イーサネット）によるコミュニケーションインターフェイスなど、PARC で開発されていたさまざまなハードウェア技術が搭載されたこのマシンは、PARC のソフトウェア開発プロジェクトのテストベッドとしてさまざまな形で活用されました。Alan Kay の Smalltalk を始めとするプログラミングツール、あるいは今日のワードプロセッサなどのルーツとなるアプリケーションなど、文字どおりコンピュータサイエンスの最先端技術を体現するマシンとなったのです。研究所内部での試作品として作られ製品化されなかったにもかかわらず、最終的に数千台が製造されたことからも、Butler Lampson が主張した Alto の「広範囲な適用性」は実証されたといってよいでしょう。

　このように、偶発的に生まれた Interim Dynabook ですが、結果として、それ自身が「ワークステーション」と呼ばれる優れた製品コンセプトとなりました。

第 15 章　ワークステーションのコンセプト

ワークステーションのコンセプト

　今日、「ワークステーション」というコンピュータ用語は、死語というべきかもしれません。実際、「パーソナルコンピュータとワークステーションの違いは?」という問いはたいへん答えにくい質問なのですが、"Dynabook" と "Interim Dynabook" を比較としてみると、いくぶん考えやすくなります。Interim Dynabook は、Dynabook には必須の「個人が購入できる程度のコスト」と「携帯可能」の 2 条件が欠落したものと理解できます。つまり、Interim Dynabook は、Dynabook というコンピュータのグループに完全包含される特殊なサブグループなのではないか、というのが私の理解です。Dynabookとして考えた場合、Interim Dynabook の 2 条件の欠落は致命的な問題ですが、1980 年代はその 2 条件が欠落していたとしても、製品として十分な価値をもっていました。それが、「ワークステーション」という製品コンセプトが当時成立した理由といえるでしょう。

　事実、1980 年の段階で「パーソナルコンピュータ」と銘打った製品が市販されていた事実はあります。が、その内実は「マイクロコンピュータ」、すなわち既存のメインフレームやミニコンを模倣した内容でした。当時のマイクロプロセッサの性能はメインフレームやミニコンには及ばなかったため、機能や性能のほうもマイクロでした。当時は、メインフレームやミニコンでもコンピュータに対してかなりの知識をもっていないと使いこなせない代物でしたし、そのうえあれこれ厳しい制約が設けられるとなると、そのようなマシンを使いこなせるのは非常に限られた人々だけでした。当時の「パーソナルコンピュータ」という製品とは、単に「個人が購入できる（かもしれない）コンピュータ」という意味でしかありませんでした。

　一方、Dynabook は架空のコンピュータとして現実の制約をあえて無視したところで考えられた「一般的な人々のためのコンピュータ」だったので、コンピュータに対する知識のない人にも非常に扱いやすいという優れた特徴をもっていました。

　実際、Alto が人気を博した大きな理由の 1 つは、その優れたユーザーインターフェイスにあったのですが、その可視化のための仕掛け、すなわちウィンドウシステムは、メインフレームやミニコンでは必要のなかった新たな負荷を CPU に課すものでもありました。つまり、1980 年の時点では Dynabookがコストとパフォーマンスに求める条件はいずれも極めて厳しいもので、その両立はまったく不可能なほど乖離していたわけです。この問題が、Dynabook の製品化を阻む大きな壁となっていました。

　さらに、既存のビジネスパラダイムに固執していたコンピュータメーカーは、Dynabook のコンセプトにも、Alto の技術にも懐疑的でした。皮肉なことに、それらの技術を生み出したはずの Xerox でさえ、その革新的コンセプトの意味や価値を理解できませんでした。Xerox は、Alto の技術を活用した製品 Star を販売しましたが、周囲の想像以上に高価なシステムだったため、ごく限られた企業ユーザーにしか利用できませんでした。Star について他のメーカーは、「見た目の派手さとは裏腹に実効性の薄いシステム」と理解していたようです。その背景には、「貴重なコンピュータリソースをビジネス文書の作成などに使うなんて……」という思い込みがあったのでしょう。

　結果的に、1970 年代末になっても、多くの人々とって Interim Dynabook は「見ることはできても手に入れられないシステム」でした。この閉塞状況が、1980 年代にコンピュータビジネスのパラダイムシフトを引き起こす 1 つの大きな原動力となりました。

　なぜなら、マイクロプロセッサの性能向上が続けば、近い将来 Alto と同等のコンピュータを現実的なコストで組み立てられるようになることを、多くのエンジニアは承知していたからです。1970 年代末、ワークステーションの開発は、現実的な技術課題となっていました。

ワークステーションの誕生

　1980年代前半は、コンピュータビジネスのパラダイムシフトが徐々に表面化し、コンピュータ業界は乱戦状態にあった期間ではないかと思います。

　この時期の最も重要なイベントは、1981年の「IBM PC」の登場でしょう。

　今日のPCの直系の先祖に当たるこのコンピュータの登場のおかげで、マイクロコンピュータに対する社会的認知は、ホビーストの玩具からビジネスに使えるマシンへと変わりました。もっとも、当時のIBM PCは、それまでコンピュータがあまり使われていなかった領域に普及しました。たとえば、オフィスでビジネスマンが文書を作成したり、ちょっとした帳票計算したり……、いわゆるビジネス向けの用途に使われたのです。この当時は、既存のメインフレームやミニコンにとって代わる存在ではありませんでした。

　一方、ワークステーションも、この時期に少しずつ市場に姿を現れ始めます。Altoを始めとするXeroxの新しいコンピュータは注目を集めていました。この事実は、Dynabookの魅惑のユーザーインターフェイスを手に入れたい人が多いことを意味していました。しかし、Xeroxのコンピュータは高額すぎるものでしたし、当時のPCはウィンドウシステムを動かすには非力でした。必然的に、両者の中間に位置するコンピュータを製品化しようとする動きが加熱します。

　ここに、パーソナルコンピュータのもう1つの潮流であるワークステーションという製品と、その市場が出現することになります。

　実際、この時期「ワークステーション」と銘打った製品が無数に発表されています。もっとも、ビットマップディスプレイとマウスさえ付いていればワークステーションであるといった風潮もあったので、見掛け倒しもたくさんあったわけですが……。

IBM PC
"IBM Personal Computer model 5150 with monochrome phosphor monitor (model number 5151) and IBM PC keyboard."
BY Ruben de Rijcke (CC:BY-SA 3.0)

第 15 章　ワークステーションのコンセプト

私が記憶しているこの時代のワークステーションの事例を、いくつか紹介しておきましょう。

PERQ

まずは、PERQ[*4]。Alto クローンとも呼ぶべきコンピュータで、Xerox が製品版である Star を発表する以前の 1979 年に発表されました。私は CMU で PERQ の実物を見たことがあるのですが、動作しているところを実際に見たことは一度もありません。

Lilith

次に、Lilith[*5]。これは、Pascal の開発者である Niklaus Wirth（ニコラス・ヴィルト）が開発したコンピュータだそうです。システム記述言語として、Pascal の後継にあたる Modula–2 が使われました。残念なことに、私は実物を見たことはありません。

Symbolics

さらに、Symbolics[*6]。これは、MIT の AI lab で開発された CONS マシンの製品版です。当然のことながら、システム記述言語として LISP が使用されています。Richard Stallman（リチャード・ストールマン）に詳しい人には、*Hackers*（『ハッカーズ』）に出てくる悪役マシンと紹介したほうがわかりやすいかもしれません。幸運なことに、私はある時期、このコンピュータを日常的に見る機会があ

PERQ
写真協力：STFC Rutherford Appleton Laboratory

[*4] PERQ：https://en.wikipedia.org/wiki/PERQ [Wikipedia]
[*5] Lilith：https://en.wikipedia.org/wiki/Lilith_(computer) [Wikipedia]
[*6] Symbolics：http://smbx.org/

15.2 パーソナルコンピュータのコンセプト

りました。が、当時の私はその自由度の高さに、「オフィスのネットワークを崩壊させるのでは?」との疑念を払拭できずにいました。

Lilith
"First Swiss GUI system – Lilith" BY tomislav medak (CC:BY 2.0)

Symbolics
"Symbolics 3640 lisp machine running the Genera operating system in the Retro-Computing Society of RI"
BY Michael L. Umbricht and Carl R. Friend / Retro-Computing Society of Rhode Island (CC:BY-SA 3.0)

第15章 ワークステーションのコンセプト

Apollo Domain

そして、当時の大本命だった Apollo Domain[7]。草創期のワークステーション市場を独占した傑作です。システム記述言語には、独自拡張をした Pascal が使われていたそうです。日本国内でもかなりの数が販売されたはずですが、残念なことに、私はデモンストレーションを見たぐらいしか実体験がありません。

とまぁ、この時期のワークステーションはさまざまなタイプが乱立していたのでした。いずれも個人が独占できるコンピュータでしたが、当時からこういった新世代のコンピュータを必要としている潜在的なユーザーが多数存在していた証でしょう。

キャンパスネットワークと 3M

こういった潜在的なユーザーの中には、当時の大学も含まれていました。コンピュータがより身近な存在になるに従って、その将来性に期待してコンピュータサイエンス学部への入学を希望する学生が年々増えている状況を目の当たりにしていた当時の大学にとって、頭の痛い問題はたくさんありました。

その1つは、入学した学生を教育するためのシステムをどのようにして用意するかという問題でした。学生数の増加に対応するには、学内のリソースをより効率的に運用する必要があります。既存のメインフレームやミニコンを含めた、学内のネットワーク化が急務となっていました。こういった背景から、1980年代にはキャンパスネットワークがブームとなりました。MIT の Athena、CMU の Andrew、Stanford の SUNet など、キャンパス内のネットワーク化とそれを利用したリソース共有のためのシステムの開発が、各大学でさかんに推進されるようになりました。

そして、学生がこういったネットワーク化されたリソースに手軽にアクセスするための手段が必要になりました。この目的に使うには、Xerox の Star は極めてクローズドで高価すぎる製品でした。少々問題があったとしても、多目的に活用でき、コストの低いワークステーションが必要だったのです。

3M computer（3M）というキーワード[8] があります。これは、Carnegie Mellon University（CMU）の Raj Reddy（ラジ・レディ）が提案したキーワードで、「megabyte のメモリ、megapixel のディスプレイ、そして million instructions per second（MIPS）の処理能力」の3つの M をから由来するワークステーションの最小スペックを示しています。

3M は、1980年代にワークステーションを IBM PC などのパーソナルコンピュータと区別するために当時のコンピュータ業界では頻繁に用いられた用語です。今日の PC はこの 3M の条件をはるかに凌駕する性能をもっているので、今日このような高性能コンピュータを低価格で手に入れることができるようになったことこそ、1980年代の成果といえるかも知れません。

Stanford University Network

Stanford University Network（SUNet）[9] は、その名のとおり Stanford University のキャンパスネットワークです。第12章で紹介したように、Stanford Research Institute（SRI）は ARPANET を

---

[7] Apollo Domain：`http://apollo.maxnt.co.jp/apollo/`
[8] 3M computer（3M）：`https://en.wikipedia.org/wiki/3M_computer` [Wikipedia]
[9] Stanford University Network（SUNet）：
  `https://en.wikipedia.org/wiki/Stanford_University_Network` [Wikipedia]

15.2 パーソナルコンピュータのコンセプト

最初に形成した4サイトの1つですが、その後 Stanford Artificial Intelligence Laboratory (SAIL)、Computer Science Department、Stanford University Medical Center が ARPANET に接続するようになっていました。SUNet は、1979 年に Xerox の Palo Alto Research Center (PARC) が Alto を始めとする Ethernet (イーサネット) で接続できる機器を Stanford University に寄贈したことをきっかけに、ロケーション的に分散していた4地点を Ethernet で結ぶ研究プロジェクトとして立ち上がりました。

SUN workstation

SUN workstation[10] は Stanford University の Andy Bechtolsheim (アンディ・ベクトルシャイム) が設計したモジュラー型のコンピュータです。後に、Cisco Systems[11] のルーター、Imagen レーザープリンタ、Silicon Graphics[12] のワークステーションなど、多くの商用プロダクトの核となりましたが、Bechtolsheim 自身は Sun Microsystems を設立し、このコンピュータをベースにした商用ワークステーションを開発しました。

Bechtolsheim は、1979 年に Xerox が寄贈した Alto に触発されて SUN workstation の設計を始めました。もともとは、コンピュータ支援による論理回路設計作業の研究の一環として、低コストなパーソナルワークステーションの設計を行う試みでした。その際、前述の 3M computer のスペックを 10,000 ドル (4 番目の M) で実現する課題が提案されました。

その詳細は、テクニカルレポート "Research in VLSI Systems Design and Architecture"[13] で説明されていますが、Electronic Computer Assisted Design (ECAD)[14] 、VLSI[15] 、Multibus[16] の3つの技術により、SUN workstation は実現可能になりました。ECAD を活用すると、複雑なシステムの半導体設計を1人で行うことができ、VLSI を使うと、高レベルのハードウェア機能を1つのチップに実装することが可能になり、Multibus を採用することにより、さまざまなベンダーの回路基板を利用できます。

SUN workstation は、次の3つのボードから構成されています。

- CPU ボード (Motorola 68000、メモリ、パラレルポート、シリアルポート)
- グラフィックスディスプレイコントローラボード
- Ethernet インターフェイスボード (3Mbps)

詳細は、テクニカルレポート "The SUN Workstation Architecture"[17] で確認できます。

1981 年から 1982 年まで、SUN Workstation は Stanford University で製作されましたが、その後 Stanford University は大学での製作は止め、その取り扱いを開発者である Bechtolsheim に委ねました。そこで彼は、このボードを1台につき 10,000 ドルの値段で外部にライセンスすることにしました。

---

[10] SUN workstation：https://en.wikipedia.org/wiki/SUN_workstation [Wikipedia]

[11] Cisco Systems：https://en.wikipedia.org/wiki/Cisco_Systems [Wikipedia]

[12] Silicon Graphics：https://en.wikipedia.org/wiki/Silicon_Graphics [Wikipedia]

[13] "Research in VLSI Systems Design and Architecture"：
http://i.stanford.edu/pub/cstr/reports/csl/tr/81/201/CSL-TR-81-201.pdf

[14] Electronic Computer Assisted Design (ECAD)：https://en.wikipedia.org/wiki/ECAD [Wikipedia]

[15] VLSI：https://en.wikipedia.org/wiki/Very-large-scale_integration [Wikipedia]

[16] Multibus：https://en.wikipedia.org/wiki/Multibus [Wikipedia]

[17] "The SUN Workstation Architecture"：
http://i.stanford.edu/pub/cstr/reports/csl/tr/82/229/CSL-TR-82-229.pdf

第 15 章　ワークステーションのコンセプト

1981 年に 6、7 社に対してライセンスされましたが、ライセンスを受けた会社の多くは小規模ないわゆるハイテクベンチャー企業で、取引先の要求に応じて必要なソフトウェアをバンドルして販売するビジネスを行っていたようです。

Sun Microsystems

SUN Workstation のライセンスの話を聞きつけた Vinod Khosla（ビノッド・コースラ）が Bechtolsheim にコンタクトしてきました。

Vinod Khosla も Stanford University の MBA コースの卒業生で、卒業後は Intel のスピンアウトが設立した Daisy Systems という会社の起業に参加していました。Daisy System は CAE（Computer–Aided Engineering）専門のインテグレータで、電子回路の設計のための専用ワークステーションを提供することを目標としていました。VLSI の時代に突入した 1980 年代、電子回路は急速に複雑化してコンピュータの助けを借りなければ回路設計ができない時代になり始めていました。つまり、いわゆる CAD/CAE 分野もワークステーションの潜在的な需要があるビジネス領域でした。Daisy System で顧客との直接のコンタクトを経験した Vinod Khosla は、この分野の顧客が求めているものは CAD/CAE 専用システムではなく、実は汎用システムであることを悟りました。そこで、Daisy System を退社し、汎用ワークステーションの製品化による起業を始めることにしました。

このとき、Khosla が Bechtolsheim に求めたのは、SUN workstation のライセンスではなく、起業への参加でした。ハードウェアの設計ができなかった Khosla は、それを担当しうるパートナーを探していたのです。このようにして、1982 年に Sun Microsystems[18] が設立されました。

Bechtolsheim は、SUN workstation をベースにした最初の製品である「Sun–1」の開発に着手します。Scott McNealy（スコット・マクネリ）は、Khosla の MBA 時代の友人で、Sun–1 の製造計画の立案とその管理の担当者として起業に参加しました。第 14 章で紹介したように、この後 Bill Joy（ビル・ジョイ）が 4 人目の創業者として参加します。

創業の翌年の 1983 年、Khosla の当初からの目論見は当たり、Sun Microsystems は CAD/CAE ベンダーの Computervision との 4 千万ドルの OEM 契約をものにしました。これにより、Sun Microsystems は業界の台風の目と目される存在になりました。その後も躍進は続き、Sun Microsystems は、創業から 5 年でワークステーション市場のシェア 20 パーセントあまりを握るメーカーへと成長しました。

---

[18] Sun Microsystems：
　　https://en.wikipedia.org/wiki/Sun_Microsystems [Wikipedia]

第16章
AT&T と Unix ライセンス

本章では、Unix の配布に常について回ったライセンスの問題を取り上げたいと思います。Unix がアメリカの電話事業を独占していた AT&T の研究成果であったことが、「無保証でソース付き」という 1970 年代の OS（オペレーティングシステム）としては特異な配布条件を生み出した理由であることは間違いありません。コンピュータがまだまだ高額商品だったこの時代、OS はコンピュータハードウェアの付属物としてメーカーからかなりの高額で販売されることが一般的だったからです。本章では、特異な配布条件、すなわち Unix ライセンス が生まれた事情とその後の変遷についてを掘り下げたいと思います。

16.1　オープンソースの文化

　そもそも、オープンソースの「ソースを無償公開する」という考え方は、コンピュータ黎明期のプログラマーには比較的日常的な行為だったようです。当時のコンピュータのユーザー人口が今日とは比較にならないくらい少なく、その利用のためには不回避的にプログラムの作成を求められたことから、コンピュータユーザーの互助活動的な意味合いでソースコードの交換は自然な行為として定着していたと思われます。その背景には、メーカーが有料で提供するものを除いて、当時のソフトウェアはコンピュータ利用のための手順的ノウハウの一形態と認知され、ソフトウェア単独での商業的な価値は認識されていなかったことがあります

ソフトウェアのプロプラエタリ化

　ソフトウェア単独での商業的な価値が世間一般に認められ始めた 1970 年代末から 1980 年代初頭には、コンピュータユーザーの互助的ソースコード交換は急速に廃れていきます。一方で、その当時定着し始めていた、ソフトウェアに対する独占的権利主張に基づく使用許諾権の販売という方法の弊害を懸念する意見も存在しました。特に、こういったソース非公開の方法を厳しく糾弾し、積極的にソースを公開しようと主張した Richard Stallman（リチャード・ストールマン）の「GNU Project」は、それまでのソースコード交換の慣習に立脚しながらも、その価値と正当性を強く主張するという意味で画期的であったといえるでしょう。

　正直にいうと、プログラマーである私にとって、Richard Stallman の「フリーソフトウェア」に関する主張は実感的で非常によく理解できるものですが、「オープンソース」というキーワードに関しては、十分理解しているとはいいがたいと感じています。たとえば、Eric Raymond（エリック・レイモンド）

215

第 16 章　AT&T と Unix ライセンス

の "The Cathedral and the Bazaar"（『伽藍とバザール』）[*1] から始まる一連の著作の中には、実感的に理解できて自分としての意見を明確に述べられるところと、そうでないところがあります。おそらく、「オープンソース」の主張は私の視野には映っていない社会学的な領域にまで言及していました。

16.2　巨大企業 AT&T

　Unix ライセンスが誕生したのは、Third Edition Unix（Version 3 Unix）の発表のあった 1973～1974 年あたりだと推測されます。1973～1974 年といえばクローズドシステム全盛の時代で、そもそもソフトウェアを開発できる企業はそれほど多くはなく、そのようにして開発されたソフトウェアはたいていバイナリのみを法外な値段を付けて販売されるのが常識で、ましてやソースコードが公開されるなどありえない時代だったのです。その当時にソースコード付きの OS である Unix が出現したことは、それ自体がコンピュータの世界ではインパクトをもっていたのでした。

　しかし、配布元の AT&T は望んでそのような配布を行ったわけではなく、そうせざるを得ない理由がありました。当時 AT&T は、アメリカ国内の電信電話市場を事実上独占する公益事業を営む企業だったからです。

AT&T の生い立ち

　日本で公益事業といえば、政府主導の官営事業として始まり、段階を経て民営化されていくというのが基本パターンですが、アメリカでは、公益事業であっても最初から民間主導の事業として始まる事例が多いようです。AT&T もその例外ではありません。

　電話の発明者として有名なので、Alexander Graham Bell（アレクサンダー・グラハム・ベル）については皆さんもよくご存じでしょう。記録によれば、彼が電話の最初の実験に成功したのは 1876 年 3 月 10 日ですが、実は前年の 1875 年にはその新技術を利用したビジネスを行うベンチャー企業を設立していたのでした。その名称は、「Bell System」。後に AT&T となる企業です。1876 年に電話の開発に成功し、無事特許を取得した Bell System は、1877 年に社名を「Bell Telephone Company」に変え、通信ビジネスに本格的に参入していきます。当時の通信ビジネスといえば電信（電報）で、この分野では先行する企業が多数存在したわけですが、電話という新技術のパテントホルダーとしての強みを生かし、業績を伸ばしていきました。

　当時の Bell Telephone Company は、企業買収による拡大戦略をとっていました。たとえば、後に AT&T と対で語られることが多かった Western Electric（WE）は、元は先行する電信ビジネスとして成功を収めていた Western Union という企業の傘下にあった通信機器メーカーだったのですが、1881 年に Bell Telephone Company がこの企業を買収し、自らの傘下に加えることに成功しました。このようにライバル企業の買収を繰り返すことにより、Bell Telephone Company は事業規模を拡大し、「American Telephone and Telegraph Company（AT&T）」と名乗るようになった 1900 年ごろには、アメリカ国内の電話の 5 台のうちの 4 台までは AT&T という状況までシェアを拡大させます。

[*1] "The Cathedral and the Bazaar"：http://www.catb.org/~esr/writings/cathedral-bazaar/
　　『伽藍とバザール』，山形浩生 訳：http://cruel.org/freeware/cathedral.html

16.2 巨大企業 AT&T

Alexander Graham Bell。1892年に行われたニューヨーク―シカゴ間の長距離電話サービスの開始式。Bellはニューヨーク側に座ってデモを行った。
"Bell on the telephone in New York (calling Chicago) in 1892" (Public Domain)
https://commons.wikimedia.org/wiki/File:Alexander_Graham_Telephone_in_Newyork.jpg

AT&T vs. 連邦政府

　アメリカ国内市場の完全独占を目前に控えたAT&Tの拡大戦略は、20世紀に入って急激にブレーキがかかります。一企業による電信電話市場の独占を嫌うアメリカ政府からクレームを付けられるようになったからです。連邦司法省から提起された、都合3回にわたる独占禁止法訴訟において、両者は激しくぶつかり合うことになりました。

　1913年に提起された第1次独占禁止法訴訟では、AT&Tの自社単独による全米電話システムの構築戦略、およびそれに基づく独立電話会社の買収・統合化、また買収に応じない電話会社に対する回線接続拒否などの反競争的行為などが市場独占を企図するものと見なされました。その結果、独立電話会社の買収は規制当局の許可制とすること、独立電話会社との相互接続を行うこと、すでに買収していた大手電信会社の株式を売却すること、などの内容を含むキングスベリー誓約により和解しました。この和解により、AT&Tのアメリカ国内市場の完全独占戦略は頓挫することになりましたが、いわゆる「規制下での独占」を容認する判断を取り付けたことになります。

第 16 章　AT&T と Unix ライセンス

問題となった WE の技術力

　少し話がそれますが、Ken Thompson（ケン・トンプソン）や Dennis Ritchie（デニス・リッチー）が所属していた Bell Telephone Laboratories（BTL）は、1911 年に WE の研究部門が分離・独立して設立された民間研究機関でした。もっとも、その株式は AT&T と WE がすべて所有していたので、AT&T の意向が 100 パーセント反映される完全子会社でした。BTL といえば、トランジスタや太陽電池など、今日では広く普及している技術を発明した研究所として一般に認知されていますが、第 2 次独占禁止法訴訟では、この高い技術力が問題になりました。

　1949 年に提起された第 2 次独占禁止法訴訟は、1956 年に同意審決が決するまで 8 年にわたって争われました。このときの司法省の訴えは、AT&T 専属の通信機器製造メーカーであった WE、およびその研究機関であった BTL の分離を求めるものでした。当時の AT&T が使用する通信機器の大半が WE で製造されたものであったことから、通信機器の製造販売に関する自由競争が阻害されていることを問題視されたわけです。この訴えに対して AT&T は頑強に抵抗し、けっきょく WE が製造する機器は AT&T で使用するものに限定する、AT&T が所有する特許は一般に対してライセンス供与することを義務付ける、さらに AT&T の事業分野を公衆通信サービスに限定する、などの条件の下に、WE および BTL の分離を見送る決定がなされました。つまり、通信機器の開発・製造を含む「規制下の独占」体制は、維持されることとなりました。

70 年戦争の結末

　最後の第 3 次独占禁止法訴訟は 1974 年に提起されましたが、1982 年の修正同意審決が決するまで、この訴訟は実に 9 年にわたって争われました。AT&T にかかわる訴訟がこのように長期間にわたるのは、事実上市場を独占する巨大企業の動向が多くの耳目を集める社会問題的側面をもっているためであり、そのときどきの政権にとって問題への対応が支持率などに直接影響を与えることによります。日本においても、1985 年の民営化以来、NTT に関する問題はたびたびときの政権の関心事となり、政治決着が図られることもありました。このときの AT&T の訴訟もまた、政治介入を避けられない問題だったのです。

　第 3 次訴訟での訴えは、第 2 次訴訟で求められた WE の分離に加え、地域電話会社と長距離電話会社の分離を求めるもので、「規制下での独占」を地域電話会社の事業分野に限定し、長距離電話会社の事業分野に競争原理を導入することを企図したものです。この訴訟の提起を行ったアメリカ司法省は、過去 2 回の訴訟において突きつけられている要求を巧みにかわし、事実上の独占状態を維持し続けている AT&T の問題について、最終的な解決を図る覚悟を決めていたとされています。一方、この訴えで事実上の解体を求められた AT&T は、当然のことながら徹底的な抵抗を試みます。

　訴訟が提起された 1974 年は、有名なウォーターゲート事件で辞任した Richard Nixon（リチャード・ニクソン）の後を引き継いだ Gerald R. Ford（ジェラルド・R・フォード）が大統領に就任した年です。大企業寄りの共和党保守政権下では、この訴訟は大きな進展は見られませんでした。1977 年に大統領に就任した Jimmy Carter（ジミー・カーター）の民主党政権下では、この訴訟は政権からの早期解決の圧力を受けていましたが、AT&T の徹底的な抵抗により裁判所へすら持ち込めない状態が続きました。そして、けっきょく 1981 年からの Ronald Reagan（ロナルド・レーガン）の政権下において、この訴訟の裁判が実質的に始まったとされています。

　第 3 次訴訟は、1956 年の同意審決の修正という形で決着を見ることになります。その内容は、配下

218

の 22 の地域電話会社を分離し、7 つの地域持ち株会社に再編してアクセスサービスを含む地域通信に事業分野を限定すること、AT&T 自体は長距離電話会社として事業分野に加えて 1956 年の同意審決では禁じられた他の事業分野への参入が解禁されること、などを含む、いわゆる後の AT&T 分割で実施されたものでした。

16.3　独占禁止法訴訟と Unix ライセンス

　AT&T の独占禁止法訴訟は、Unix ライセンスに対して大きな影響を与えました。というのも、1973 年から始まる Unix の AT&T 社外への配布は、第 3 次独占禁止法訴訟の係争期間とおおむね時期が重なるため、そのときどきの訴訟の成り行きに応じて、Unix ライセンスの内容がその都度改変されました。アメリカ司法省との 70 年戦争の最終段階にあった AT&T にとって、対外関係でのミスは命取りになりかねなかったからです。

第 2 次審決の影響を受けた当初の Unix ライセンス

　Third Edition Unix（Version 3 Unix）、Fourth Edition Unix（Version 4 Unix）が配布された 1973 〜1974 年は、第 3 次独占禁止法訴訟開始前後で、Unix の配布に関しては、1956 年同意審決の内容に基づいてライセンスが検討されました。1973 年の ACM Symposium on Operating Systems Principles（SOSP）での Unix の発表、および翌年に発行された *Communications of the ACM* （*CACM*）への Unix に関する論文掲載の影響で、社外から多数の配布要望を受けた AT&T は、その対応に苦慮することになりました。1956 年に決した同意審決には、Unix のようなソフトウェアの取り扱いについて明記した条項が存在しなかったからです。

　この問題において同意審決を遵守している姿勢を見せたかった AT&T は、その解釈を巡って苦慮するわけですが、結果的に Unix を同意審決に明記されている特許情報と同様の取り扱いとする判断をしました。1956 年の同意審決では、AT&T が所有する特許情報は競合企業に対してであっても、内容も含めてすべて開示することを義務付けています。これが、Unix がソースコードも含めて公開された真の理由だったと思われます。

　有名な「現物限り、サポートなし、バグ修正なし、前払い」のライセンスポリシーも、1956 年の同意審決に影響によるものです。1956 年の同意審決では、AT&T の事業分野を電信電話事業に限定しています。AT&T としては「コンピュータ関連事業への参入を企図している」と疑われる事態はどうあっても避けなければなりません。それゆえ、このような無責任ともいえるつれないサポートポリシーを打ち出したのでしょう。

　さらに、ライセンスに伴う対価は、破格の内容でした。少なくとも教育機関に対するライセンスでは、Unix の使用に伴うロイヤルティは無料で、配布に伴う実費（150 ドル程度）のみを請求するものでした。当時、コンピュータメーカーが販売するソフトウェアがたいへん高額であったことを考えると、これはタダ同然といってもよいでしょう。

　このときに AT&T が提示した初期の Unix ライセンスの内容は、自己抑制的といってもよいもので、後に Richard Stallman が GNU ソフトウェアを配布する際に提示したポリシーである「ソース開示、無保証、実費配布」の基本原則がおおむね網羅されていました。長らくハッカーコミュニティに身をおいていた Richard Stallman が Unix の事例のみを根拠に GNU のポリシーを打ち出したとは考えにくいですが、少なくともフリーソフトウェアの有効性を示す有力な先行事例の 1 つとして考慮の対象にお

219

第 16 章　AT&T と Unix ライセンス

いたであろうことは間違いないと思います。その意味では、フリーソフトウェアやオープンソースの社
会学的側面を研究されている人々には紹介しておく価値のあるトピックであると思います。

Unix ライセンスの改定

　残念なことに、初期の Unix ライセンスの革新性は、後に失われてしまいました。Seventh Edition
Unix（Version 7 Unix）のリリースの際、AT&T は Unix ライセンスの改定を行い、Unix の利用範
囲とロイヤルティの両面で、ハードルを引き上げる対応をとったからです。Unix ライセンスの対価に
ついては Dennis Ritchie のホームページに詳しい資料 [*2] が掲載されていますが、教育機関に対しても
400 ドルのライセンス対価が課されたようです。

　さらに、閲覧目的での Unix ソースコードの利用を禁じる条文も、ライセンスに盛り込まれました。
この利用制限が Unix コミュニティに与えた影響は甚大で、その典型的な例としては、当時 Unix コ
ミュニティで人気を博していた John Lions（ジョン・ライオンズ）の *Source Code and Commentary
on UNIX level 6* [*3] は、発行禁止状態に追い込まれました。フリーソフトウェアが多数流通している
今日とは異なり、ソースコードが入手できる Unix は当時の大学での OS 教育に使えるほとんど唯一の
教材でしたし、実際に多くの大学はその目的のために Unix を入手すべくさまざまな努力を費やしてい
たわけですから、この利用制限には強い反発が起こったことは無理からぬことでしょう。事実、この利
用制限に反発した Andrew Tanenbaum（アンドリュー・タネンバウム）は、Unix ライセンスに拘束さ
れない Unix ——「MINIX」の開発を後に決意しました。

　ライセンス改定を強行した AT&T の狙いは、どこにあったのでしょうか？　Unix コミュニティにお
いては「AT&T はこの段階になって、ようやく Unix の商業的価値に気づいた」との意見が多いようで
す。しかしながら、第 3 次独占禁止法訴訟での係争の推移を見る限り、Seventh Edition Unix がリリー
スされた 1978〜1979 年の段階で将来の AT&T 分割を見据えての戦略的判断をしたとは考えにくいよ
うに思います。Unix に限らず、AT&T（および WE、BTL）が開発した技術が一部の例外を除いて一
般に公開されたのは、1956 年の同意審決によって義務付けられていたからです。つまり、特許を含む
各種技術情報を渋々公開していたわけで、AT&T としては、正直なところそういった情報をできるだけ
社会に広げたくなかったことだけは確かでしょう。*CACM* での論文掲載以来、Unix がさまざまな分
野で注目を集めていること自体、AT&T にとってはあまりうれしくない状態だったわけで、どこかで
歯止めを掛けておきたいと考えても不思議はないと思います。あるいは、一部の無謀な関係者が、1956
年同意審決の制約下でコンピュータで儲ける方法を画策していたという可能性もあるかもしれません。

第 3 次審決前の商用 Unix

　AT&T が Unix を武器に本格的にコンピュータビジネスに参入するのは、1982 年の修正同意審決の
確定後のことですが、それ以前から Unix 製品化の試みは行われていました。Unix ライセンスを取得
した企業の中には、それをベースに独自の Unix クローンを開発し販売していた企業もあります。

　たとえば、BTL の研究員であった P. J. Plauger（P・J・プラウガー）は、BTL 退職後に Whitesmiths
という会社を設立しました。この会社の主力製品は、「Whitesmiths C コンパイラ」と「Idris」と呼ば

[*2] "Old licenses and prices"：https://www.bell-labs.com/usr/dmr/www/licenses.html
[*3] *Lions' Commentary on Unix 6th Edition*, John Lions, Peer to Peer Communications/ Annabook, 6 edition,
1977. 『Lions' Commentary on UNIX』, 岩本信一 訳, アスキー, 1998 年。

220

16.3 独占禁止法訴訟と Unix ライセンス

れる Unix クローンでした。P. J. Plauger といえば、Brian Kernighan（ブライアン・カーニハン）との共著 *Software Tools*（『ソフトウェア作法』）[4] で有名ですが、AT&T の拘束から自由になった P. J. Plauger には、この名著のおかげでソフトウェア開発に関するさまざまな相談がもちかけられていました。その経験から、C コンパイラの製品化を思い付いたようです。1980 年代、Whitesmiths C コンパイラは商用 C コンパイラとしてたいへん著名な製品だったので、記憶に残っている人もいるでしょう。

P. J. Plauger の事例に限らず、1970 年代後半のアメリカでは、コンピュータ関連事業の起業は特に多かったと聞いています。もとより、その高収益性からコンピュータ関連事業は起業家には魅力のある事業分野だったのですが、1970 年代のマイクロプロセッサの登場により、その門戸は大きく開かれることになったからです。

今日に比べると、この時代のベンチャー企業の選択肢はたいへん多かったように思います。まず、マイクロプロセッサを利用したコンピュータ、すなわちマイクロコンピュータの製品化を目指したベンチャー企業があります。1976 年に創業した、Apple Computer もその 1 つでした。いくたの伝説をもつ Apple Computer ですが、彼らの最初のヒット商品である Apple II はスーパーマーケットの商品棚にさえ陳列されていました。コンピュータが大量消費される製品になったのは、この時代からです。それは同時に、ソフトウェアが単独の製品として流通する時代になったことをも意味します。1975 年に創業した Microsoft も、そのようなソフトウェアメーカーの 1 つでした。

Microsoft の Unix

実は、Microsoft も Unix ビジネスを手がけていた時期があります。今日の Windows vs. Linux の関係を見れば、「エーーー」と驚く人もいるでしょう。Microsoft は、1979 年に Unix ライセンスを取得し、自社の製品として拡張して販売していました。それが、「XENIX」です。

1970 年代の Microsoft は、BASIC インタープリタで名を馳せたソフトウェア会社で、マイクロコンピュータを開発しているメーカーに対して ROM 化した BASIC インタープリタを供給することで、その収益の大半を得ていました。当時のマイクロコンピュータには、ハードディスクやフロッピーディスクなどの外部記憶装置を標準装備しているものはほとんどなく、多くの場合、電源を入れるといきなり BASIC インタープリタが立ち上がる、スタンドアローン BASIC マシンの仕様でした。Microsoft は、当時この分野では大きなシェアをもっており、日本の PC にもたいてい Microsoft 製 BASIC が搭載されていました。"OK" というプロンプトを記憶している人も多いのではないでしょうか？

Microsoft 製 Unix である XENIX も、こういったコンピュータメーカーに対して供給する OEM 製品として企画されたものだったようです。Microsoft が Unix ライセンスを取得した 1979 年ごろは、半導体メーカーから 16 ビットマイクロプロセッサが供給され始めた時期でもあり、ある種の転換期にありました。もともと電卓のエンジンとして 4 ビットから始まったマイクロプロセッサは、8 ビット化されたことにより、「マイクロコンピュータ」という新しい製品を生み出しました。

「玩具のコンピュータ」と見なされていた当初のマイクロコンピュータは、教育用あるいはゲームマシンとしての需要が先行したため、スタンドアローン BASIC マシンの仕様で普及したわけですが、ハードディスクやプリンターといった周辺機器が整いビジネスへの応用が始まると、ワープロやデータベースなどの複数のビジネスソフトウェアを切り替えて使う要求、すなわち OS を導入する要求が高まって

---

[4] *Software Tools*, Brian W. Kernighan, P. J. Plauger, Addison–Wesley Professional, 1 edition, 1976. 『ソフトウェア作法』, 木村泉 訳, 共立出版, 1981 年。

221

第 16 章　AT&T と Unix ライセンス

きました。さらに、ミニコンと同様の構造や性能を有する 16 ビットマイクロプロセッサが登場したこの時期、そのままでは収益が先細りになることが Microsoft には容易に想像できたでしょう。XENIX の開発は、このような状況を背景に将来のビジネスを模索する Microsoft が窮余の策として Unix に飛びついた結果ではないかと私は想像しています。もっとも、この直後に彼らには思いがけない幸運が舞い込んでくるわけですけれども……。

　Microsoft の事例からもわかるように、この時代にはマイクロプロセッサの性能向上を背景に、それを応用した本格的なコンピュータの出現を待望するムードが漂っていました。そして、マイクロプロセッサとともに出現した新興のマイクロプロセッサ専門のソフトウェアハウスには、大きな課題が横たわっていました。

「OS はどうする!」

　ほとんど独学でプログラミングの技術を習得してきた当時の新興ソフトウェアハウスには、本格的な OS の中身を知っている人間がいなかったからです。どんなアーキテクチャにも移植できるポータビリティとソースコードを入手できるという Unix の特性は、彼らにとってたいへん重要な意味をもっていました。

　さて、XENIX にはいくつかの興味深いエピソードがあるので、ここで紹介しておきましょう。

　まずは、Microsoft と Santa Cruz Operation（SCO）との関係です。実は、SCO は Microsoft が XENIX を供給した企業の 1 つでした。1983 年、Microsoft は 8036 版 XENIX を SCO に供給し、これが後の SCO Unix のベースとなりました。

　もう 1 つは、Microsoft が AT&T から入手した Unix は、「Seventh Edition Unix ではなく UNIX System III だったのではないか?」といううわさです。UNIX System III は、UNIX System V の前のバージョンとしてよく知られています（後述します）。AT&T は 1982 年の修正同意審決確定後に、UNIX System III のリリースを開始していますが、Seventh Edition Unix や BSD Unix の人気に押されたのか、あまりパッとしないリリースとなりました。不人気だったせいか、今となってはその内容を示す文献はほとんど残っていません。

　しかし、もし Microsoft が Unix ライセンスを取得した 1979 年の段階で UNIX System III が存在していたのだとしたら、AT&T は秘密裏に商用 Unix の開発を進めていたということになります。まぁ、今となっては確認のしようのない謎ですけども……。

Unix の実用化

　AT&T は、いつごろから Unix の実用化に取り組んでいたのでしょうか?　実は、OS としての一応の完成をみた Sixth Edition Unix（Version 6 Unix）以降、AT&T 社内では Unix を活用した各種システムの開発が一足先に本格化していました。もっとも、この段階では 1956 年の同意審決を前提とした活動だったので、Unix の利用は AT&T 社内の各種システムへの応用する範囲にとどまっていました。たいへん便利な機能をもっているにもかかわらず、システムの実装は小規模で、しかもソースコードが付属してくる Unix は、AT&T 社内のあちらこちらで機能拡張が始まり、結果としてさまざまなバージョンの Unix が AT&T 社内でも乱立する状況になっていました。

　AT&T 社内バージョンの Unix のうち、Ken Thompson と Dennis Ritchie が手がけていたオリジナル Unix 以外で一般に著名なバージョンといえば、第 6 章で紹介した「Programmer's Workbench

222

（PWB）」でしょう。一般には、make などのユニークな Unix コマンドで有名な PWB ですが、当時は「PWB/UNIX」という名前の別バージョンとして、AT&T 社内だけでなく外部にも配布されていました。これ以外にも、AT&T 社内限定バージョンの Unix が存在していました。たとえば、MERT（Multi–Environment Real Time）。このバージョンは、リアルタイムカーネルの上で Unix を動作させるというもので、今日のマイクロカーネルに近いシステムだったようです。

　また、AT&T 社内での Unix 人気を背景に、各部門の利用をサポートするためのグループ「UNIX Support Group（USG）」が組織されました。USG のミッションは Unix をサポートすることに限定されていましたが、その結果としてオリジナル Unix とも PWB/UNIX とも異なる、いくつかのバージョンの Unix の保守を行っていたそうです。今日の Linux ディストリビュータとよく似た位置づけの業務だったと推測されます。一説によれば、PWB 開発グループと USG は競合関係にあり、どちらのバージョンが本流かでしのぎを削ったといいます。どこかの老舗の本家と元祖の争いのようなものととらえると、わかりやすいかもしれません。

AT&T 社内での Unix 統合化の試み

　当時の状況を考慮すると、AT&T にとって Unix の製品化での最初の命題は、社内の各種バージョンの統一であったのではないかと推測されます。当時、AT&T 社外で Unix といえば、Ken Thompson と Dennis Ritchie が開発したオリジナルバージョンを指していましたが、AT&T とってそれは「研究版 Unix」としてひな壇に飾られている存在であり、実用に供されるべき AT&T としての公式な Unix は他に存在するという認識であったように思われます。この認識のずれこそが、AT&T 社外では馴染みの少ない、似たような機能をもつ、異なるバージョンの Unix を商用版としてリリースした理由なのではないかと私は思います。その背景には、「AT&T 社内で使われているバージョンこそ、最も実用的で優れた Unix である」という AT&T 社内の関係者共通の自負心（思い込み?）があったのではないでしょうか?

　修正同意審決が確定した 1982 年、AT&T は USG が保守を行っていたバージョンをベースにした商用バージョン「UNIX System III」をリリースしました。今日、このバージョンのソースコードは、The Unix Heritage Society[5] のアーカイブで参照できます

　UNIX System III についてこの場で紹介しておきたいトピックは、このバージョンが WE から配布された最後のリリースとされていることです。それまでオリジナルバージョンも含め、社外に配布されていた Unix の配布業務は、WE が担当していました。そして、不思議なことに、配布担当者はそれまで使っていた Unix の価格表に、この新しいバージョンの値段を単に追加する以上のことはしなかったようです。当時、Unix の配布を申し込んだユーザーの目には、この新しいバージョンの Unix はどのように見えたのでしょうね? おそらく Unix コミュニティを知る誰かがいれば「研究版を選択するべきだね」とアドバイスをしたに違いないでしょう。UNIX System III が普及しなかった理由には、こういった問題の影響が大きかったようです。Unix の配布担当者は、1956 年同意審決の世界にまだドップリ浸かっていたというわけです。

　UNIX System III が普及しなかったもう 1 つの理由は……、翌年の 1983 年にリリースされた「4.2BSD」の存在でした。Seventh Edition Unix から派生したこのニューカマーは、AT&T のどの Unix も備えていない、明らかに優れた機能をもっていたのです。Unix でコンピュータビジネスに参入

---

[5] The Unix Heritage Society：http://minnie.tuhs.org/cgi-bin/utree.pl?file=SysIII

第 16 章　AT&T と Unix ライセンス

しようとしていた AT&T は、のっけから予想外の相手からの思わぬカウンターパンチを食らうことに
なりました。

Unix Wars の発端

　ここまでたびたび紹介していますが、1983 年は Ken Thompson と Dennis Ritchie が Turing Award
を受賞した年でもあります。このときの記念講演において、Dennis Ritchie は行きすぎた商業主義に
警鐘を鳴らすスピーチを行いました。当時の AT&T の Unix ビジネスの攻撃的な特性を非難していた
のかもしれません。Ken Thompson と Dennis Ritchie は、それ以前も、またそれ以降も Unix コミュ
ニティとの良好な関係を維持していました。それゆえ、BSD Unix の優位性や、それに対する Unix コ
ミュニティの信頼も熟知していたと思われます。事実、Seventh Edition Unix 以降の研究版 Unix の開
発では、4.1BSD あるいは 4.2BSD がベースになりました。

　しかしながら、AT&T は「UNIX System V」に固執しました。それゆえに、Ken Thompson も
Dennis Ritchie も AT&T の Unix ビジネスの枠外に追いやられていたのだと推測されます。このとき
AT&T がもう少し融和的な選択を行っていれば、Unix War は避けられたのかもしれません。しかし、
一度始まってしまった戦いは徐々にエスカレートして、ついにはその当事者ですら制御不能にまで拡大
していくのです。

　次章では、Unix Wars について紹介したいと思います。

224

第17章
Unix Wars

ここまで 4.2BSD のリリース、ワークステーションの商業的成功、AT&T の業界参入と 1980 年代前半のコンピュータ業界の動向を紹介してきました。このコンピュータビジネスの新しい潮流のど真ん中に Unix は存在していました。必然的に市場の覇権を巡る争いが始まります。

17.1　第 1 ラウンド：System V vs. BSD

1980 年代初頭の AT&T

　一般に、「UNIX System V」は 1984 年の AT&T 分割と同時期にリリースされたと理解されていますが、正確には 1984 年にリリースされたのは「UNIX System V Release 2 (SVR2)」であり、実はそれ以前から UNIX System V のリリースは始まっていました。

　Dennis Ritchie（デニス・リッチー）のホームページにある "Old licenses and prices" [*1] では、1983 年 9 月 1 日付の Unix の価格表が紹介されていますが、そこには何と VAX–11/780 版の UNIX System V の価格が掲載されています。おまけに、Seventh Edition Unix（Version 7 Unix）や UNIX 32/V、さらに UNIX System III の価格まで併記されてます。これでは「お好きなバージョンをお選びください」といっているようなものです。1980 年代初頭の AT&T は、まだまだゆったりと構えていたのです。

UNIX System V Release 2

　UNIX System V は、「UNIX System Development Laboratory (USDL)」が開発した AT&T の商用 Unix バージョンです。この USDL は、先に述べた UNIX Support Group (USG) と Programmer's Workbench (PWB) を 1983 年に合体させた組織で、後に「UNIX System Laboratory (USL)」と改称されたので、こちらの名前でご存じの人も多いでしょう。もちろん、この組織改変は翌年の AT&T 分割を視野に入れたものだったわけですが、USDL を設立したことにより、AT&T の公式 Unix をリリースする組織が一本化されることになりました。

　そして、1984 年の AT&T 分割の年に UNIX System V Release 2 (SVR2) がリリースされるわけですが、その際 Unix の配布ルールも抜本的に変更されました。まず、以降の Unix の配布は WE ではなく AT&T 自身が行うこと、また以降 AT&T から配布されるのは UNIX System V のみで、それ以外の Unix の配布は行わないこと、そしてライセンス料の大幅な値上げでした。

　この改定をわかりやすく説明すると、「4.2BSD が使いたい場合も UNIX System V のソースコード

[*1] "Old licenses and prices"：https://www.bell-labs.com/usr/dmr/www/licenses.html

第 17 章 Unix Wars

ライセンスの契約をしろ!!」ということです。コンピュータビジネスに参入する AT&T にとってこれは当然の内容だったのでしょうが、もちろんのことながら、この改定について Unix コミュニティからは、Seventh Edition Unix のリリースの際のライセンス改定時に発生した反発以上のクレームが上がりました。AT&T からの事実上の宣戦布告と受け止める輩も少なくなかったようです。

さて、SVR2 の内容ですが、原則的には UNIX System III の後継バージョンですが、4.2BSD がもついくつかの機能を取り入れていました。たとえば、仮想記憶や vi のサポートなどが上げられます。これらの BSD Unix の機能を取り込みについては、その是非を巡って AT&T 社内で多くの議論が行われたといいます。しかしながら、「4.2BSD との対抗上不可欠」とのマーケティングサイドの意向が強く反映されてサポートを決定したと聞きます。もっとも、開発サイドはこれらの機能の単純なポーティングを、よしとしなかったのでしょう。vi のサポートをサポートするうえで、4.2BSD の termcap を使わず、似て非なる terminfo なる機能を実装したことからも、それはよくわかります。

Sun Microsystems の台頭

AT&T が Unix ビジネスを本格化した 1984 年は、Sun Microsystems（以降、Sun）がワークステーション市場のダークホースとして、そのビジネスを急速に拡大している時期でもあったことは、すでに紹介しました。

先に述べたように、この時期の Sun の強みは、既存技術をバランスよくまとめたオープンアーキテクチャを採用していることにありました。特に、OS（オペレーティングシステム）として BSD Unix を採用していたことは、Apollo との競争では優位に働きました。なぜなら、BSD Unix は VAX–11 や PDP–11 など既存のシステムでも実績があり、新規にワークステーションを導入する際にはシステム移行がより容易だったことがあげられます。

また、商用ベースの BSD Unix を使いたい人たちにとっても、Sun は魅力的な選択肢でした。当時 VAX–11 や PDP–11 の開発元である DEC は、Unix のサポートにはあまり熱心ではありませんでした。Sun は、当時技術的には最も進んでいた BSD Unix を公式に商用サポートする事実上唯一の企業だったので、Unix コミュニティの高い支持も得ることできました。もちろん、Unix のヒーローである Bill Joy（ビル・ジョイ）が参加している企業という、ブランド力もこの側面では有効に機能しました。

もっとも、1980 年中盤になると、旧来のメインフレームやミニコンのメーカーもワークステーション市場に注目せざるを得なくなっていました。というのも、いわゆる PC（パソコン）とは異なり、ワークステーションはミニコンや小規模メインフレームといった既存のコンピュータと競合できるだけの機能と性能をもっていたからです。折からのワークステーションブームの後押しもあって、ワークステーションは既存のミニコンや小規模メインフレームの市場を侵食し始めていました。

このような状態になると、既存のメーカーも対抗上、ワークステーションの製品ラインアップを揃えざるを得なくなります。ワークステーションの開発では大きく遅れをとっていたこれらのメーカーは、自社製品を可能な限り速やかに市場に投入するため、開発に時間とコストを要しない Sun と同じオープンアーキテクチャ戦略を選択します。結果として、1980 年中盤以降、ワークステーション市場では Unix を採用した製品が主流派を形成し、そうでない製品を圧倒していくことになります。

Sun の台頭は、AT&T にとってもあまりうれしくない状況をもたらしました。その当時の Sun は、BSD Unix を積極的にアピールするビジネス戦略をとっており、それが他社に対する Sun の大きな特徴にもなっていました。

Third Edition Unix（Version 3 Unix）以来のオリジナル Unix のユーザーにとって、4.2BSD は

AT&T が提供する UNIX SystemV よりもあらゆる面で好ましい内容をもっていました。もちろん、TCP/IP サポートなどの BSD Unix 特有の機能にも魅力を感じていたわけですが、それだけではなく彼らがそれまで使っていた Seventh Edition Unix との整合性という面でも、BSD Unix は UNIX System V より優れていたからです。たとえば、「System V には tar コマンドがない」といったちょっとした差異は、多くのオリジナル Unix のユーザーをイライラさせるに十分な問題点だったのです。皮肉なことに Seventh Edition Unix の機能をすべて引き継いできた BSD Unix は、開発元の AT&T よりもオリジナルとの互換性の高い Unix でもありました。こういった理由から、オリジナル Unix のユーザーの集まりである Unix コミュニティは、Sun の出現を熱烈に歓迎しました。

さらに、TCP/IP をサポートをすることにより、ARPANET のコミュニティにも強力にアピールできる立ち位置を Sun は確保していました。教育市場と国防市場に多くのユーザーを抱えることは、コンピュータビジネスにとって中長期的にも非常に価値があります。特に、コンピュータやその利用法について一般の認知がまだそれほど高くなかった 1980 年代にあって、これらの市場のユーザーはコンピュータの習熟度が高かったからです。コンピュータの高度な活用方法を考案したり、そのために自らソフトウェアを開発することができる付加価値の高いユーザーでした。

Sun 以外の各社の動向

さて、AT&T と Sun 以外のコンピュータメーカー各社は、「System V vs. BSD」の対決の構図には中立の立場をとっていました。いや、両者の動向を冷静に観察していたと説明したほうが正確でしょう。当時は、各社とも AT&T からライセンスを取得し、自社でカスタマイズしたバージョンの Unix を販売していました。DEC の「Ultrix」、IBM の「AIX」、HP の「HP–UX」など、各社とも自前の Unix をもっていたわけです。

Ultrix

まず、Unix と最もかかわりの深かった DEC は、1982 年に「Ultrix」という名前で 2BSD を製品化しています。後には、「Ultrix/32」という名前で、4.XBSD の製品化も行いました。当然のことながら、これらの製品は Seventh Edition Unix や BSD Unix などとの整合性も比較的高かったのですが、DEC 社内では自社製品である VAX/VMS を優先する主張が高かったため、常に日陰者扱いをされていたようです。

その後、MIPS プロセッサを搭載した DEC Station (PMAX) への対応などが施されましたが、1991 年に DEC が OSF で開発された OSF/1 を製品採用した際に、Ultrix は製品出荷停止になりました。今日、Ultrix は The Unix Heritage Society [2] のアーカイブからバイナリとソースが入手できます。

AIX

次に、IBM の「AIX」です。今日でも IBM の Unix として販売されている AIX ですが、1986 年に IBM RT/PC のための OS として System V Release 3 をベースに開発、販売されたのが最初です。RT/PC とは、現在の Power PC のベースとなった IBM の RISC プロセッサ POWER を搭載した PC として販売されたものでした。

その後、AIX は RS/6000 シリーズの OS として今日まで生き残っています。AIX は、"Advanced

---

[2] The Unix Heritage Society : http://www.tuhs.org/

第 17 章　Unix Wars

Interactive eXecutive" の略称なのですが、IBM は Unix の慣習をあえて無視して大きく作り変えたため、Unix コミュニティのあいだでは、"Ain't unIX" だと呼ばれていたそうです。

HP–UX

　最後に、HP の「HP–UX」。HP–UX もまた、今日まで生き残っている Unix 製品ですが、その歴史は以外に古く、1983 年になんと System III をベースにした製品として販売されたのが最初だそうです。もともと、計測機器メーカーとして成功していた HP が、コンピュータ事業に本格的に参入を始めたのは 1980 年代になってからだったので、他のコンピュータメーカーとは違い、Unix を導入するメリットが大きかったと思われます。しかし、古くから AT&T の商用版 Unix を採用していたため、1980 年代に Sun が巻き起こした BSD Unix のトレンドに振り回された感は否めないでしょう。

　その他にも、Unix を製品化していたコンピュータメーカーは多数あるのですが、いずれのメーカーも 1980 年代前半は自社で開発した OS を重視する戦略をとっていたので、これらの Unix 製品の用途は、大学や研究所などでの商談で特に強く要望されたときに販売されるといった極めて限られた範囲にとどまっていました。HP は例外的な存在で、HP–UX はコンピュータ製品の OS だけでなく、一部の計測系の製品の基本システムとしても使用されていました。

　コンピュータメーカーの Unix 製品の多くは、AT&T が提供する商用 Unix をベースにしていたわけですが、System V では特に教育市場や国防市場からのニーズに対応して TCP/IP など BSD Unix の先進の機能を取り込んだ独自の拡張が施されていました。全般としては不景気だった 1980 年代のアメリカの経済状態の中にあって、キャンパスネットワーク構築にわくこれらの市場は、コンピュータメーカー各社にとって重要な市場だったわけです。

　こういった当時の特有の状況のおかげで、少なくともうわさ話の中では本来まったく勝負にならないはずの AT&T と Sun が System V vs. BSD という構図の理解の下に並び称されることも少なくなかったわけです。この局面では「技術的に優位な」という BSD のイメージに対して、System V の「AT&T というブランド力に頼る」イメージは否めないものがありました。Unix ビジネスの本格化を視野に、鳴り物入りで発表された AT&T の UNIX System V Release 2 も、BSD の特徴である仮想記憶や vi を取り込んだにもかかわらず、結果として当事者の期待ほどには影響力をもちませんでした。

　必然的に、Unix にかかわる市場は、AT&T を最右翼、Sun を最左翼に位置して睨み合い、その他のコンピュータメーカーはそのあいだのいずれかの位置で、いくぶん AT&T よりに布陣していました。これが、1980 年代中盤のコンピュータ業界の構図だったのです。

統合化 Unix 計画

　1987 年、AT&T は「UNIX System V Release 3 (SVR3)」を発表し、さらに次期「UNIX System V Release 4 (SVR4)」の開発計画として実に驚くべきプランを明らかにしました。そのプランによれば、開発には Sun が参加し、SVR4 は SVR3、Sun OS、XENIX を統合したものになるという内容でした。これは System V と BSD Unix を始め、市場に出回る主要な Unix をすべて統合し、一本化して AT&T からリリースすることを意味しました。

　それまでの System V vs. BSD の対立の構図で語られていた両者が一転して連携を図るというシナリオには、当時の市場もユーザーも困惑の色を隠せなかったのは事実です。特に、Unix コミュニティの反応は過激で、「Sun の裏切り」を声高に叫ぶ人もかなりの数いたようです。

統合化 Unix 計画は、AT&T と Sun にとってはメリットの多い非常に妥当な計画だったように思います。AT&T にとっては、市場で乱立する Unix の亜流バージョンを一気に統合し、Unix のライセンシーとしての地位を向上させるとともに、ミドルレンジ以下のコンピュータのマーケットに対する自社の影響力を拡大できます。一方、Sun としては、AT&T という後ろ盾により、企業としての信用力を一気に向上させるとともに、将来の Unix の仕様に対する強い影響力を確保できます。

おそらく、AT&T と Sun は、サプライズを狙って早々に開発計画を発表したと思われますし、彼らの狙いどおり、この発表が契機になってコンピュータ業界だけではなく、その他の業界からの Unix への注目度も格段に高まりました。

17.2　第 2 ラウンド：UI vs. OSF

それまでの最右翼と最左翼が突如一体化するという強引な統合計画が打ち出されたことにより、その中間に位置したコンピュータメーカー各社は「AT&T がコンピュータビジネスに参入して以来懸念され続けてきた、Unix に関する権利の排他的な行使がとうとう現実のものになった」という受け止め方をしました。また、当時 Sun は恐るべきスピードでビジネスを拡大していたので、「このまま放っておくとコンピュータ市場での自社の足場がなくなるのでは?」と危ぐする考えも強かったようです。

統合化 Unix 計画の圧力は、それまででは考えられないような行動を既存のコンピュータメーカーにとらせました。

Open Software Foundation（OSF）の結成

1988 年 1 月、Sun を除く Unix を製品化している有力メーカーによる、いわゆる「Hamilton Meeting」と呼ばれるミーティングが行われました。

議題はもちろん、AT&T/Sun 連合への対応。AT&T/Sun 連合による事実上の Unix の独占を懸念する彼らは、早急に対策を講じる必要があったからです。以後、DEC と HP が主導したこのミーティングの参加メンバーは、「Hamilton Group」と呼ばれ、1988 年第 1 四半期をかけて AT&T とのあいだで Unix の今後の取り扱いについて協議を続けました。さらに、DEC はこの協議の最中に IBM をグループに引き入れることに成功し、もちろんこれは AT&T/Sun 連合への大きな牽制になったのですが、けっきょく協議は物別れにに終わり、1988 年 5 月に Hamilton Group を母体とする新たなる Unix の標準化団体「Open Software Foundation（OSF）」が結成されることになります。

今日の IT 業界を知る皆さんにはピンとこないかもしれませんが、「DEC が IBM を自分のグループに誘い、IBM もそれに参加する」という行動は当時あり得ないことでした。なぜなら、当時はコンピュータ業界の巨人であった IBM は常に業界の独裁者として振る舞っていましたし、1980 年代前半、VAX を武器にその市場を切り崩そうとしていた DEC とは、文字どおりの犬猿の仲だったからです。OSF の結成のニュースを聞いた Ken Thompson（ケン・トンプソン）が語った、「やったじゃないか! IBM と DEC を同じテーブルにつかせるなんて!」という発言からも、その関係がよくわかります。

OSF は、表向き「AT&T に拘束されない Unix を開発・標準化する団体」とうたっていました。さらに、「AT&T に拘束されない Unix」として「OSF/1」の開発を宣言し、最終的には OSF/1 をフリーコードとして公開する約束もしていました。その主張を素直に理解すれば、今日の Linux や XXXBSD と同じ理想を掲げていたといえますが、これまで暴利を貪ってきたコンピュータメーカーがそのメンバーだったので、その主張をそのまま受け入れるユーザーは少なかったように思います。

第 17 章　Unix Wars

　一方、AT&T/Sun 連合は、OSF に対抗して「Unix International（UI）」という標準化団体を結成しました。彼らの主張は、「開発は USL と Sun が行うが、その仕様策定については、広く意見を求める」というもので、そのための組織として UI が設立されたわけです。

　こういった経緯から、Hamilton Group と AT&T/Sun 連合のコンピュータ業界の覇権を巡る争いは、表向き OSF と UI との Unix にかかわる標準仕様の策定競争として顕在化しました。特に、1988 年と 1889 年は、標準仕様案の提案やそのレビューへの参加を求めて、両者とも参加メンバーのメンバーの獲得競争でしのぎを削ったので、業界は騒然となりました。当時の主要な展示会やセミナーには両団体が代表者を送り込み、至るところで宣伝合戦を繰り広げました。日本国内の展示会でもわざわざアメリカから代表者がやってくるほどの力の入れようで、それまででは考えられないようなワールドワイドでのキャンペーンだったようです。

GUI の競争

　両者の争いで特に印象深かったのは、グラフィカルユーザーインターフェイス（Graphical User Interface：GUI）の争いでした。現在では GUI といってもピンとこないかもしれませんが、今日風に説明すると、デスクトップになるように思います。1980 年代の "X Window System" では、いわゆる今日でいう「デスクトップ」という考え方はまだありませんでした。

　GUI として、OSF は "MOTIF" を、UI は "Open Look" を提案していました。MOTIF は、当時すでに存在していた Windows 風の Look & Feel を実現したもので、新味はなかったものの現時的な印象を受けました。これに対して、Open Look のほうは、私の目には当時の Sun のウィンドウシステムだった Sun View 崩れのように見えました。

　当時、私は Sun View は見た目の割りに使い勝手のよくないウィンドウシステムのように考えていたので、「Open Look はいただけない。が、Windows もどきの MOTIF もちょっとねぇ」というのが、素直な感想でした。もっとも、日本国内のシンポジウムなどに OSF と UI の代表者がやってきて、これらをネタに 2 時間にわたって相手の欠点をののしり合うのを通訳が苦しまぎれに翻訳している様子は、エンターテインメントとしては楽しめました。

標準化の競争

　両者の争いは、最終的に標準化の争いとなりました。この争いでは、もともと Unix の商標も実装コードももつ AT&T を擁する UI が圧倒的に優位だったわけですが、その攻撃手段となったのは AT&T が 1985 年から公表している "System V Interface Definition（SVID）" でした。この標準規格は、「Unix を名乗るために必要な技術要件」を定義したもので、UI が管理する実装コードを使わないとクリアできないくらい Unix の機能を非常に細かく定義していました。AT&T は、1986 年と 1989 年にも規格のアップデートを行い、OSF 参加各社を追い詰めていくことになりました。

　その優位性を崩すために、OSF は Unix 互換 OS の業界標準を新たに打ち立て、その標準の名の下に AT&T の影響下を離れて Unix ビジネスを継続する道を模索し始めました。けっきょく、OFS は 1991 年 12 月に新たな Unix 互換 OS である「OSF/1」を発表し、どうにか UI を迎え撃つ体制を整えるところまでたどり着きました。

　しかしながら、1990 年になると、Unix の標準化での争いの形を借りたワークステーション市場、すなわちミドルレンジ以下のコンピュータマーケットでの覇権争い自体が意味を成さなくなりました。Microsoft の「Windows 3.0」がリリースされ、ワークステーションと性能面で遜色のない Intel の

80386 を搭載した PC が一般で広く使われるようになりました。価格において 3、4 倍の差があった
ワークステーションの需要は一気に下がり、ワークステーション市場自体が縮退を始めました。

17.3 Unix Wars の最期

「本家と元祖の骨肉の争い」のごとき Unix Wars の最期は、あっけないものでした。

Windows 3.0 の成功により、ワークステーションの主力マーケットであったデスクトップ市場は、
Microsoft にまたたく間に席巻されることとなりました。それに対抗するため、AT&T は 1991 年当時
Microsoft のライバルだった Novell と手を組み、Unix System Laboratories（USL）を改組して Univel
を設立しましたが、1993 年には USL のもつすべての権利を Novell に売却し Unix ビジネスから撤退
しました。

AT&T の撤退を受けて、1993 年、UI と OFS は共同で新たな標準である「Common Open Software
Environment（COSE)」を発表し、翌 1994 年には UI が OFS に吸収される形で新たな OSF が組織さ
れました。けっきょく、OSF と UI のホットな戦いは両者を疲弊させるだけに終わり、コンピュータ業
界の再編を促す結果となりました。

1990 年代の WINTEL の絶頂期の到来は、このようにして始まりました。文字どおり「漁夫の利を
得たのは Intel と Microsoft だった」というわけです。

第18章
エピローグ

4.3BSD がリリースされた 1986 年からの数年間、Unix Wars の喧騒をよそに University of California Berkeley（UCB）の Computer Systems Research Group（CSRG）の周辺は比較的穏やかな日々が続きました。Sun Microsystems が BSD Unix を担ぐベンダーとして活発に活動していたからです。ですが、水面下では BSD Unix をオープンソース化するための作業が進められていました。本章では、1988 年の「4.3BSD Tahoe」のリリースから 1995 年の解散までの CSRG の活動を概観していきます。

18.1　4.3BSD Tahoe

　OSF と UI の全面戦争が勃発した 1988 年の 6 月、BSD Unix の開発元である UCB の CSRG は、「4.3BSD Tahoe」をリリースしています。リリース当時、"Tahoe" という耳慣れない名前の由来が話題になりました。California 州と Nevada 州の州境にある Lake Tahoe（タホ湖）からとられた名前というのが通説になっていましたが、実はこの由来にはもう少し込み入った事情があります。Tahoe というキーワードは、このリリースのメインターゲットとなった Computer Consoles Inc.（CCI）の製品 Power 6/32 のプロジェクトコードでもありました。つまり、CCI Power 6/32 版 4.3BSD の意味合いもかけられていたようです。

Tahoe リリースの背景

　一方、CSRG にとって 4.3BSD Tahoe は、DEC や VAX からの脱却を意図したリリースでした。4.3BSD がリリースされた 1986 年の段階で、各所から VAX アーキテクチャの問題点やその将来性に疑問が投げかけられていたからです。他のアーキテクチャと比較すると、なかなか性能が向上しない VAX に依存することは、由々しき問題でした。彼らが 4.3BSD Tahoe において、それまでの DEC ハードウェアへの依存からマルチアーキテクチャに対応する OS（オペレーティングシステム）へ開発方針を転換した理由には、まずこういった「必要性に迫られた」側面があります。

　しかし同時に、マルチアーキテクチャサポートは、仮想記憶をサポートしたことにより部分的に失われてしまっていた Unix 本来のポータビリティを回復する意味合いもあり、各社から異なるアーキテクチャのマイクロプロセッサが出荷され、アーキテクチャの乱立状態にあった 1980 年代後半の時流に合致した合理的な方針転換というべきでしょう。オールドユーザーの皆さんの中には、当時は RISC プロセッサがブームであったことを思い出す人もいるでしょう。

　また、4.3BSD Tahoe は、DARPA 資金で開発された最後の BSD Unix でもありました。この時期までの BSD Unix は、4.2BSD 開発の際に作成された "4.2BSD System Manual" に記述された仕様を

第 18 章　エピローグ

実装すること目標としていました。しかし、このマニュアルを作成した Bill Joy と Sam Leffler（サム・レフラー）が開発途上で離脱してしまったことから、4.3BSD のリリース後も一部の機能は未実装のまま放置されていました。

たとえば、mmap システムコールを含む「メモリマネージメント」の機能は、仮想記憶機構の大幅な改修が必要だったため手が付けられていませんでした。4.2BSD の開発時には、巨額の DARPA 資金を元手に多くの開発スタッフを雇うことができた CSRG ですが、コンピュータ業界が Unix ブームにわき、BSD Unix の開発にかかわったプログラマーに対して高い賃金を払われるようになってくると、開発スタッフを集めることが難しくなってきていました。また、DARPA は原則としてシステムの開発に資金提供は行うものの、システムの維持・メンテナンスには資金提供を行いませんでした。

こういった事情で、CSRG は 4.2BSD 時代の開発体制を維持できなくなっていました。実は、前述の未実装の機能が残っていることを理由に、CSRG は DARPA との契約を数年にわたって引っ張り続けてきたのです。そして、とうとう DARPA から最後通牒が突きつけられたことが、4.3BSD Tahoe をリリースすることになった直接の動機となりました。最終的に、"4.2BSD System Manual" に記述されている未実装の機能は 4.4BSD で実現されますが、このときに DARPA から契約終了を意味するリリースを要求された CSRG は、その過程として中間バージョンである 4.3BSD Tahoe をリリースしたのです。

4.3BSD Tahoe の開発には、Kirk McKusick（カーク・マクージック）と Mike Karels（マイク・カレルズ）の 4.3BSD を担当したコンビに加え、3 人目のシステムアーキテクトとして Keith Bostic（キース・ボスティック）が参加しました。Mike Karels と同じように、Keith Bostic もまた、2BSD から転向してきたエンジニアだそうです。彼は、「2.11BSD」、すなわち TCP/IP をはじめとする 4.3BSD の機能を 2BSD に移し変えるという、誰が見ても不可能と思われる試みをやり遂げたハッカーとしても有名です。

この後に明らかになってくることですが、Keith Bostic の参加は、DARPA からの支援が途絶え、人手にも資金にも困るようにになった CSRG において、単に作業担当者が増えたという以上のたいへん重要な意味をもっていました。

1988 年 6 月、4.3BSD Tahoe はリリースされました。ソースコードは、The Unix Heritage Society [*1] のアーカイブで参照できます。

BSD Networking Software, Release #1（NR1）

4.3BSD Tahoe から派生したディストリビューションとして、CSRG は 1988 年 11 月、「BSD Networking Software, Release #1（NR1）」をリリースしました。これは、BSD Unix に収録されているネットワークソフトウェアのうち、AT&T の Unix ライセンスに抵触しないコード、すなわち CSRG が独自に開発したコードや第三者から寄贈されたコードのみを集めたディストリビューションで、次のようなネットワークアプリケーションが収録されていました。

[*1] The Unix Heritage Society：http://minnie.tuhs.org/cgi-bin/utree.pl?file=4.3BSD-Tahoe

XNSrouted	hostname	ping	rshd	telnet
arp	htable	rcp	ruptime	telnetd
comsat	ifconfig	rdist	rwho	tftp
egp	implog	rexecd	rwhod	tftpd
finger	rlogin	sendmail	timed	
fingerd	inetd	rlogind	slattach	trpt
ftp	rmt	sys	trsp	
ftpd	lpr	route	syslogd	uucp
named	routed	talk	whois	
hostid	netstat	rsh	talkd	

このディストリビューションには、これらのソースコードに加え、ネットワーク関連の C ライブラリやカーネルのソースコードも含まれています。

NR1 は、CSRG が行った AT&T の Unix ライセンスを必要としない最初のリリースでもあります。このディストリビューションが企画された背景には、1980 年代後半のインターネットの商業化の動きと密接な関係があります。

本来、DARPA のネットワーク技術開発の成果として生み出された TCP/IP は、主に 4.2BSD 以降の BSD Unix によって一般に普及し、1988 年の段階では NFSNET や BITNET など、TCP/IP のテストベッドであった ARPANET 以外のネットワークでも広く利用されるようになっていました。このようなネットワークは IP で相互接続されており、いわゆる "The Internet" というキーワードもすでに存在していました。

このような世相を背景に、IP ネットワークを構築するための専用機器の開発、製造、販売を企図するメーカーが出現してきます。たとえば、現在 IP ルーターの大手メーカーの 1 つである Cisco Systems は 1985 年に設立されましたが、当時はこういった狙いをもったベンチャー企業が無数に存在しました。

IP ネットワーク専用機器を開発する彼らにとって、BSD Unix はリファレンスシステムとしての価値がありました。つまり、BSD Unix と正しく通信できれば、TCP/IP ネットワークでも正しく動作することがおおむね保障されるというわけです。また、そういった製品を開発するためには、自社の製品に BSD Unix のネットワークコードを組み込むのが、最も確実かつ効率的な方法でもありました。もちろん、専用機器を開発している彼らには Unix は必要ないので、開発のために Unix ライセンスを取得するコストはできれば負担したくなかったでしょう。

彼らに必要だったのは、BSD Unix のネットワークコードだけだったのです。こういったメーカーからの要望を受けて、CSRG は BSD Unix の中の TCP/IP プロトコルの実装部分、およびそのアプリケーションのソースコードを取り出し、独立したディストリビューションとして配布を始めたのでした。

IP ネットワークの普及をさらに加速させるうえで、NR1 が重要な役割を果たしたのは間違いないでしょう。また、今日、広く認知されている「BSD ライセンス」のルーツとしても意義深いものであったと思います。

第 18 章　エピローグ

18.2　4.3BSD Reno

　1988 年の夏、AT&T と Sun Microsystems（以降、Sun）の統合化 Unix 問題のおかげで大揺れに揺れていた業界の喧騒をよそに、CSRG はたいへん深刻な状況に追い込まれていました。

　4.3BSD Tahoe をリリースすることで対外的に健在ぶりが示されましたが、実際にはその開発終了とともにそれまでのメインスポンサーを失ってしまった彼らがその後どうやって BSD Unix 開発プロジェクトを継続していくのか、事情を知る Unix コミュニティのごく限られた範囲ではうわさ話に出回っていたようです。

　しかし、CSRG の面々は、4.2BSD 以来サポートできていない "4.2BSD System Manual" に未実装部分の問題解決に取り組んでいました。

BSD カーネルの仮想記憶機構

　4.3BSD Tahoe までのカーネルでは、3BSD において Ozalp Babaoglu（オザルプ・ババオグル）が実装した仮想記憶機構が使われていました。その第 1 の目的が、「VAX–11/780 のメモリアーキテクチャを使ってアドレス空間を広げる」ことにあったため、結果的にこの実装には「VAX のメモリアーキテクチャに過度に依存した実装」という問題点が残されました。VAX ありきで行われた実装であったことから、仮想記憶機構を実現するコードはもちろん、それ以外のカーネルコードにも VAX のメモリアーキテクチャを仮定したコードが散りばめられていました。もっとも、クローズドシステムが一般的だった 1979 年に行われた作業ですから、その実装では今日ほどポータビリティが意識されなかったのもうなずけます。しかし、1980 年代後半の異なるプロセッサが乱立する状況になると、その問題点は顕在化してきます。

　実際、1980 年代からさまざまなアーキテクチャのマシンに BSD Unix は移植されてきましたが、「VAX のメモリアーキテクチャに過度に依存した実装」のため、その移植作業は実にやっかいな仕事でした。当時、移植を担当した多くのエンジニアは、VAX のメモリアーキテクチャをソフトウェア的にエミュレートするアプローチを選択しました。このアプローチの場合、移植作業においてカーネルコードを詳細に把握する作業を最低限に抑えることができるため、コードの修正量と作業時間を大きく軽減できるメリットがあります。その反面、そのまま放置するとターゲットとなっているマシンの本来の性能を十分に引き出せないという致命的なデメリットがあるため、たいていはその後に長く苦しいチューニング作業を強いられることになりました。チューニング作業といっても、その内容はターゲットシステムに合わせてカーネルの一部を大きく書き直すわけですから、その労力はたいへんなものでした。

　BSD の仮想記憶機構の問題点については、CSRG も十分把握していたようです。しかしながら、「自らの手でゼロから開発することはしない」という基本方針をもっていた CSRG は、より一般的な仮想記憶機構の実装手法の確立とその実装成果が現れるのを待っていたようです。

　事実、1980 年代中ごろには、よりモダンな仮想記憶機構をもつ OS 開発を行っている研究グループがいくつもありました。Kirk McKusick によれば、当時 CSRG が注目していた仮想記憶機構は、2 つあったそうです。

Sun Microsystems の new VM

その1つは、Sun が開発した新しい仮想記憶機構です。Sun も Sun OS 3.X までは、4.2BSD/4.3BSD の仮想記憶機構を Motorola 68020/68030 に合わせてチューニングしたバージョンを採用していましたが、自らが設計したプロセッサである SPARC を搭載したワークステーションのサポートの必要性から、次のような特徴をもつ新しい仮想記憶機構の開発に着手しました。

- 共有メモリ、共有ライブラリ、マップドファイルのサポート
- ポータビリティ

なお、この仮想記憶機構の詳細については、USENIX のシンポジウムで発表された2つの論文がインターネット上で入手できるので、関心のある人は参考にしてください。

- "Virtual Memory Architecture in SunOS" [2]
- "SunOS Virtual Memory Implementation" [3]

この論文によれば、この仮想記憶機構の設計段階で、Kirk McKusick と Mike Karels は、仮想記憶の問題に関する議論に応じています。それゆえ、Sun のこの試みについて、早くから承知していたと思われます。実際、過去に BSD Unix の開発に参加した多くのプログラマーが、この時期 Sun に在籍していました。Kirk McKusick や Mike Karels にとっては、最も身近な開発グループだったかもしれません。そういった事情もあったので、BSD カーネルの仮想記憶機構のリニューアルのために、彼らの実装を CSRG に寄贈することを Sun に申し入れました。しかし、その回答は「ノー」でした。やはり、商業 OS の機能と性能を決定付けるコードを寄贈させるというアイデアには、無理がありました。そこで、Kirk McKusick や Mike Karels は、もう1つの選択肢へのアプローチを開始します。

Mach VM

それが、Carnegie Mellon University（CMU）が開発する OS、「Mach」の仮想記憶機構でした。4.2BSD 時代の Unix Steering Committee のメンバーであった Rick Rashid（リック・ラシッド）が進めるプロジェクトであったこと、そして Mach 自体が 4.3BSD をベースにマイクロカーネルを実現するプロジェクトであったことなども、2番目の選択肢となった理由ではないかと私は推測しています。

Mach VM に関する詳細は、論文 "Machine–Independent Virtual Memory Management for Paged Uniprocessor and Multiprocessor Architectures" [4] がインターネット上で入手できるので、関心のある人は参考にしてください。

Mach VM は、Sun の new VM とほぼ同時期に同じ問題意識で設計されたため、仮想記憶機構としては機能的にも遜色のない内容でした。しかし、仮想記憶機構としての Mach VM の従来の実装に対する特筆すべき点は、実行性能を落とさずに移植性を確保する方法を提示したことにあります。

Mach VM は、プロセッサに依存しない「VM レイヤー」とプロセッサに依存する「PMAP レイ

---

[2] "Virtual Memory Architecture in SunOS"：http://kos.enix.org/pub/gingell8.pdf
[3] "SunOS Virtual Memory Implementation"：
  http://www.mimuw.edu.pl/~janowski/VMpapers/sunos-vi.pdf
[4] "Machine–Independent Virtual Memory Management for Paged Uniprocessor and Multiprocessor Architectures"：https://users.soe.ucsc.edu/~sbrandt/221/Papers/Memory/rashid-toc88.pdf

第 18 章　エピローグ

ヤー」に分かれており、PMAP レイヤーの外部インターフェイスを極めて巧妙に設計していたので、MMU の機能をフルに活用できる構造になっていました。これにより、新しいプロセッサで仮想記憶機構を実現する際、Mach VM では原則として PMAP レイヤーだけを新規に実装すればよい作りになっています。

　そもそも、Mach VM はたいへん野心的な OS であった Mach の仮想記憶機構として設計されていたので、それ以外にも多くの特徴をもっていました。特に、ターゲットアーキテクチャを選ばないポータビリティと、マルチプロセッサシステムまでを視野に入れた作りは注目を集めましたが、これを実現するには、仮想記憶機構の内部構造を非常に慎重に設計しなければなりません。

　大学の研究プロジェクトであったことから、Mach はその当時のさまざまなメーカーから販売されていた、あらゆるアーキテクチャのマシンの上で動作していました。もちろん、ソースコードも無償公開されました。Kirk McKusick と Mike Karels の申し入れも快諾され、BSD カーネルの新しい仮想記憶機構には、Mach VM が採用されることになりました。

HPBSD

　CSRG は、どのようにして BSD カーネルに Mach VM を組み込んだのでしょうか？　これを説明するには、「HPBSD」ついて言及する必要があります。

　HPBSD は、1987 年に University of Utah の Mike Hibler（マイク・ヒブラー）によって移植された、4.3BSD の派生システムです。University of Utah では HP の製品が数多く使われているそうですが、その標準 OS である HP–UX は、System III と System V をベースにした Unix で、ファイル名が 14 文字以内に制限されたり、Network File System（NFS）が使えなかったり、ディスクパーティションがなかったりと、当時の大学で使うにはたいへんやっかいなシステムでした。

　そこで、HP のハードウェアに独自に BSD Unix を移植するプロジェクトが始まりました。このプロジェクトの存在を HP に伝えると、HP は機材や技術文書などを提供し、熱心にサポートをしてくれたそうです。また、1988 年の 4 月からは Unix ライセンス保持者に対する配布も始められました。HPBSD は、HP 社内の Mach 2.0 移植チームの開発ベースとしても利用されました。

　1989 年、CSRG は HP からの資金提供を受けましたが、その条件は HP の製品 HP 9000 Model 300（hp300）を以降の BSD Unix の標準プラットホームとすることです。この資金提供は CSRG と HP のいずれが働きかけたものか定かではありませんが、いずれにせよ両者は合意し、1989 年 3 月に CSRG は hp300 へ移行する作業を開始します。その際、hp300 での動作済みコードとして利用されたのも HPBSD のソースコードでした。

　HPBSD とのソースコードのマージ作業では、CSRG 側のソースコードは前述のスクリーニング済みのものが使用されました。したがって、HPBSD 側からピックアップされたコードは、主にカーネルの機種依存コードであったと推測されます。残念なことに、HPBSD の機種依存コードには AT&T の Unix ライセンスに抵触するファイルが 2 本含まれていました。このため、フリーに公開できないファイル、すなわち後の missing file は全部で 8 本となりました。

　この作業と前後して CSRG は、HPBSD の開発者である Mike Hibler に Mach VM を利用した新しい仮想記憶機構の実装を熱心に勧めたようです。Mike Hibler は、1989 年 4 月から Mach 2.0 の VM を利用した new VM の作業を開始します。開発のベースには、HPBSD が使用されました。初期のプロトタイプができあがったのは 1989 年 11 月で、この後 1990 年 5 月に CSRG のマスターソースにマージされるまで、この開発作業は継続されました。

238

NFS のサポート

　この時点での BSD カーネルのもう 1 つの弱点は、Network File System（NFS）をサポートしていないことでした。NFS は、もともと Sun が 4.2BSD をベースに開発した機能でしたが、この時点では Unix の標準的な機能としてすっかり定着していました。Sun は NFS のソースコードを有料で配布し、CSRG への寄贈を拒否していたので、BSD Unix は NFS をサポートできない状態が続いていました。

　状況を打開するため、CSRG は NFS と互換性のある分散ファイルシステムの実装の寄贈を一般に求めていましたが、この要望に応えて、University of Geulph の Rick MacKlem（リック・メクレム）が Sun のライセンスに抵触しないフリーバージョンの NFS を開発し、CSRG に寄贈しました。インターネットに詳しい人はご存じでしょうが、実は NFS およびその下位レイヤーである RPC のプロトコル仕様は、Sun 自身の手で RFC 化されていました。Rick MacKlem は、このプロトコル仕様書を手がかりに、もう 1 つの NFS を実装したといわれています。

　4.3BSD Reno は、1990 年にリリースされました。ソースコードは、The Unix Heritage Society [5] のアーカイブで参照できます。

BSD Networking Software, Release #2（NR2）

　この時期、AT&T の Unix ライセンスに制限されずにリリースできる方法を CSRG はすでに模索していました。Keith Bostic は、このために周囲の誰もが予想しなかったアイデアをひねり出し、実行に移しました。

　それは、USENET の comp.bugs.4bsd.ucb–fixes ニュースグループにポストされた、1988 年 7 月 21 日付けの、次のメッセージが始まりでした。

```
From: bostic@OKEEFFE.BERKELEY.EDU (Keith Bostic)
Newsgroups: comp.bugs.4bsd.ucb–fixes
Subject: V1.62 (Request for user–contributed software)
Message–ID: <8807212226.AA02439@okeeffe.Berkeley.EDU>
Date: 21 Jul 88 22:26:23 GMT
Sender: daemon@ucbvax.BERKELEY.EDU
Organization: University of California at Berkeley
Lines: 33
Approved: ucb–fixes@okeeffe.berkeley.edu


Subject: Request for user–contributed software

BSD will be starting a new cycle of software development this summer.  As most of you
```

---

[5] The Unix Heritage Society：http://minnie.tuhs.org/cgi-bin/utree.pl?file=4.3BSD-Reno

第 18 章　エピローグ

know, much of the software made available through Berkeley was contributed by the user community. We wish to continue this tradition and encourage anyone who is interested in contributing software to the user community to contact us. We also have many projects, ranging in difficulty from weekend hacks to master's or doctorate level work, that we do not have time to do ourselves.

Possible projects include:

    autodialer manager/daemon
    biff(1) replacement (mail notification)
    conferencing system
    csh cleanups and the addition of ksh features, particularly
        functions and command line editing
    System V compatible cron(8) and at(1) programs
    documentation browsing system
    multi–buffered tape driver
    multiuser, message–based application scheduler
    public-domain NFS
    replacement of current various current utilities with
        public domain source code
    make(1) replacement

We would appreciate being contacted by anyone interested working on these, or any other, projects.

Keith Bostic
415–642–4948
uunet!keith
bostic@okeeffe.berkeley.edu

（省略）

Subject: ユーザー寄贈ソフトウェアのお願い

この夏、BSD はソフトウェア開発の新しいサイクルを始めます。多くの方がご存じのように、バークレーを介して利用可能になったソフトウェアの多くは、ユーザーコミュニティによって寄贈されたものです。私たちはこの伝統を継承し、私たちにコンタクトしてくるユーザーコミュニティへのソフトウェアの寄贈することに関心をもつすべての人々を応援したいと考えています。また、私たちには時間がないため手の付けられない、ウィークエンドハックから修士、博士号レベルの作業に至るまでの幅広い難易度の多くのプロジェクトがあります。

240

> プロジェクトには次のようなものが含まれます：
>
> （省略）
>
> 上記の仕事、あるいはそれ以外の仕事やプロジェクトに関心のある人々は私たちにコンタクトしてもらえるとありがたいです。

そのアイデアとは、CSRG 自身が BSD Unix 自体をクローン化する試みでした。これまで紹介してきたように、BSD Unix は一貫して Bell Telephone Laboratories（BTL）の開発したオリジナル Unix を開発ベースとし、それとの整合性をかたくなに守り続けてきました。それが、使い慣れた環境だったからです。

しかし、それは同時に、AT&T の Unix ライセンスの制約に拘束され続けることを意味しました。使い慣れた環境を維持したまま Unix ライセンスの制約を免れるためには、すべてをゼロから作り直すぐらい覚悟が必要で、そのためには膨大な数のプログラマーを必要とします。それゆえ、このアイデアは決して手が付けられることのないプランとされてきました。メインスポンサーを失い、開発資金の調達もままならない状況でどうやって実行するというのでしょうか？

その解決策こそ、Keith Bostic が放った先のメッセージでした。Unix コミュニティからボランティアを募り、コマンドやライブラリといった小さな単位で個別にクローンを作成してもらって、少しずつ置き換えていくというやり方です。

Kirk McKusick によれば、Keith Bostic がこの方法を提案したのは、NR1 をリリースした後のことだったようです。自由に再配布ができる NR1 が好評であることを受けて、彼は「さらに多くの再配布自由なディストリビューションをリリースできないか?」という話を持ち出したそうです。

Kirk McKusick と Mike Karels は、内心「それは非現実的な試みだ」と思いながら、もし Keith Bostic がコマンドとライブラリの再実装を担当し、それが全部終了したとしたら、カーネルの見直しに着手してもいいと答えたそうです。しかし、メッセージの日付を見てもわかるように、Keith Bostic はこの提案を切り出した時点で、このアプローチの実現性についてある程度の確信をもっていたと思われます。

Keith Bostic 自身はインタビューに答えて、このアプローチを最初に勧めたのは Cygnus Solution や Electronic Frontier Foundation の設立者として有名な John Gilmore（ジョン・ギルモア）だったと述べています。また、当時端末を借りるために周期的に UCB にやってきていた Richard Stallman（リチャード・ストールマン）も同じようなことをいっていたとも回答しています。余談になりますが、当時の Richard Stallman は、生活費を稼ぐために年に数か月だけ行方不明になることがあったそうです。なんと、UCB にも出没していたんですねぇ。

オープンソースソフトウェアが社会的に認知されるようになった今日では、寄贈すること自体を目的にソフトウェアを書くことも多くなってきましたが、1988 年当時は、このような「好意によるプログラミング」が一般に定着しているとはいいがたい状況にありました。この時点で、Richard Stallman の「GNU Project」は一定の成果を上げていましたが、その社会的な影響力は今日よりも限定的なものでした。CSRG がこのような選択ができた背景には、BSD Unix の開発実績とそのユーザーの多さがあってこそでしょう。また、CSRG のこの選択は、今日の社会的認知を得るに至るための地ならしの役割も果たしたと思います。

第 18 章　エピローグ

当初はなかなかボランティアが見つからなかったそうですが、Keith Bostic は USENIX などのイベントを精力的に回ってこのプロジェクトへの協力を呼びかけました。当時、Keith Bostic は日本の Unix のイベントに参加するために何度か来日しているので、彼の講演を覚えている人がいるかも知れません。こういった苦労の甲斐あって、このプロジェクトは軌道に乗り、BSD Unix のコマンドとライブラリのリプレースはほぼ達成されました。けっきょく、Keith Bostic の粘り勝ちといったところでしょうか。

NR2 のカーネル

成果を上げた Keith Bostic に「カーネルはどうするんだ?」と突っ込まれたこともあって、Kirk McKusick と Mike Karels は、約束どおりカーネルのクローン化の作業を始めることになりました。開発ベースであった AT&T の UNIX 32/V のソースコードと比較して類似性が見られる箇所を書き直す、いわゆるクリーニング作業には、数か月が費やされたといいます。この作業の結果、最終的にカーネルのソースコードは、6 本を除いてすべてがクリーンな状態になりました。残された 6 本のファイルについて、Kirk McKusick は「複雑すぎるので片手間では書き直せない」と説明していますが、そのファイルには AT&T が特許として取得している機能が実装されているはずなので、単純な書き直しではクリーンな状態にできないと判断されたと思われます。

1991 年 6 月に、NR2 はリリースされました。ソースコードは、The Unix Heritage Society [6] のアーカイブで閲覧できます。そのページの注釈にあるように、カーネルのソースコードは、クリーンでない 6 つのファイルが欠落する形でリリースされています。

なお、このリリースには、Bill Jolitz（ビル・ジョリッツ）が開発した i386 向けのカーネルコードが含まれていました。さらに、NR2 のリリースの 6 か月後には、Jolitz が欠落した 6 つのファイルの代替も用意して「386BSD」として配布し始めました。このコードセットが、NetBSD、FreeBSD、OpenBSD などの PC 向け BSD Unix のベースコードになりました。

18.3　4.4BSD

CSRG としての最後のバージョンである「4.4BSD」は、1994 年 6 月にリリースされました。

本来、このリリースは 1992 年にリリースされる予定でしたが、UNIX System Laboratories（USL）が NR2 を利用して商用版の BSD Unix を販売した BSDi を訴えたことから、Unix ライセンスに抵触しないフリーバージョンの「4.4BSD–Lite」のリリースが足止めを食らっていました。しかしながら、1993 年に USL が Novell に買収されたことによって和解が成立し、ようやく日の目を見たリリースです。なお、386BSD から派生した各 BSD は、このリリースに伴ってベースコードを 4.4BSD–Lite に置き換えています。

今日では、クリーンではない 6 つのファイルも含む「4.4BSD–Encumbered」のソースコードが、The Unix Heritage Society [7] のアーカイブで閲覧できます。

ちなみに、NR2 と 4.4BSD は機能的には大きな違いはないのですが、サポートするプラットホームが増えています。日本からは、歌代和正氏が開発した Sony の RISC NEWS と、私と持田茂人くんが開発した OMRON の Luna68K のコードが収録されています（笑）。

---

[6] The Unix Heritage Society：http://minnie.tuhs.org/cgi-bin/utree.pl?file=Net2
[7] The Unix Heritage Society：http://minnie.tuhs.org/cgi-bin/utree.pl?file=4.4BSD

付録 A
Unix 関連のトピック

付録では本編で語り漏らした Unix 関連のトピックを紹介していきます。

A.1 *Hackers – Heroes of the Computer Revolution*

本書の読者であれば多くの人がすでにご存じだと思いますが、1984 年に刊行された Steven Levy（スティーブン・レヴィ）の *Hackers — Heroes of the Computer Revolution*（『ハッカーズ』）[1] はコンピュータの技術開発史を独特の視点で語った名著です。特に開発当事者の人間ドラマに焦点を当てた語り口は、読者の感情移入を誘う小説のような面白さがあり、コンピュータの専門家でなくとも十分楽しめる内容になっています。

ご存じない人のために内容を簡単に紹介しておくと、同書は 1950 年代後半から 1980 年代前半までのハッカーと呼ばれていた人々の生態を描いたもので、全体で 3 部構成になっています。

本書と特に関連があるのは第 1 部で、ここでの主役は Project MAC で設立された AI Lab に生息していたハッカーです。すでに紹介したように、Project MAC には Multics と AI Lab の大きく 2 つのグループが存在しましたが、同書では AI Lab から見た Multics が描かれています。また AI Lab が独自に開発した PDP–6（PDP–10）用 OS である Incompatible TimesharingSystem（ITS）の開発の経緯や、DEC が TENEX を購入する際の競合システムであった事実についても説明されています。

さらに、エピローグでは Richard Stallman（リチャード・ストールマン）が主人公になっており、彼が GNU Project プロジェクトを始める前に何をしていたか、どういった経緯で GNU Project を開始したのかが詳しく書かれています。今日のオープンソース運動の源流ですから、関心のある人はこの部分だけでも読んでおくとよいのではないかと思います。

ちなみに同書は Steven Levy の処女作で、この他にもいくつか著作が出版されていますが、本職はジャーナリストだそうで、現在 *News Week* の主席テクニカルライターとして活動しています。*News Week* にもたびたび寄稿しています。

現在、この書籍の PDF がフリーでダウンロードできるようです [2]。

---

[1] *Hackers — Heroes of the Computer Revolution*, Steven Levy, Anchor Press/Doubleday, 1984. 『ハッカーズ』, 松田信子, 古橋芳恵 訳, 工学社, 1987 年。

[2] *Hackers — Heroes of the Computer Revolution*, PDF Edition：
http://www.temarium.com/wordpress/wp-content/documentos/Levy_S-Hackers-Heroes-Computer-Revolution.pdf

付録 A　Unix 関連のトピック

A.2　Digital Equipment Corporation（DEC）のコンピュータ

　本編では、PDP–11 や VAX–11 といったレトロなコンピュータが頻繁に登場しましたが、ここではこれらのコンピュータを開発・製造・販売した Digital Equipment Corporation（DEC）とその製品ラインアップについて紹介します。今日風に紹介すると、DEC は 1957 年に設立されたハイテクベンチャー企業です。

　創業者の Ken Olsen（ケン・オルセン）と Harlan Anderson（ハーラン・アンダーソン）は、当時ともに学生の身分でしたが、アメリカ海軍に雇用され、Project Whirlwind に参加していました。そもそも、Whirlwind[*3] は海軍向けのフライトシミュレータとして開発が始まりましたが、けっきょく空軍の SAGE 向けの防空監視システムのプロトタイプになったこと、また Whirlwind 向けの磁気コアメモリのテストのために開発されたトランジスタによるコンピュータ Memory Test Computer（MTC）がその後の Whirlwind のフルトランジスタ化を目指した TX–0[*4] の開発につながったことは、第 1 章で紹介しました。Lincoln Laboratory[*5] の Wesley Clark（ウェスリー・クラーク）が設計した TX–0 のハードウェア実装を担当したのが Ken Olsen が率いるグループだったといわれています。

　1956 年に TX–0 は稼働し始めますが、1958 年に後継機である TX–2 が完成すると、ほぼ無期限で Research Laboratory of Electronics at MIT（RLE）[*6] に貸し出されることになりました。TX–0 は 1960 年代を通して稼働し続けましたが、このコンピュータに群がる学生たちの様子は、*Hackers*（『ハッカーズ』）の "Part One: True Hackers" で詳しく紹介されています。

　Clark は、Whirlwind と MTC について「空軍の求めに応じ、当時の一般的なコンピュータ利用から完全に逸脱した、SAGE 専用のコンピュータになった」と述べていますが、Olsen はその継承機である TX–0 に群がる学生の様子を見て、「対話的コンピューティング」[*7] の潜在的な需要に気づき、そのようなコンピュータの開発・製造・販売を行うベンチャー企業の設立を思い立ったといいます。

　ちなみに、Clark は後に ARPANET の構築を目指す Lawrence Roberts（ローレンス・ロバーツ）に対し「専用コンピュータ」の価値を促し、Interface Message Processor（IMP）[*8] の開発を勧めたそうです。

1950 年代のコンピュータ業界

　Ken Olsen たちが起業を思い立った 1950 年代は、アメリカのコンピュータ産業が急速に形成されている時代でもありました。1951 年 6 月に国勢調査局に納入された UNIVAC I[*9] の出現を皮切りに、一攫千金を狙う各社が次々と業界に参入しました。コンピュータ事業を巡る参入企業の生存競争は今と変わりはありません。

　その後の 1960 年代のコンピュータ業界は "IBM and the Seven Dwarfs"（白雪姫と 7 人の小人）と

[*3] Whirlwind：`https://en.wikipedia.org/wiki/Whirlwind_I` [Wikipedia]

[*4] TX–0：`https://en.wikipedia.org/wiki/TX-0` [Wikipedia]

[*5] MIT Lincoln Laboratory：`https://en.wikipedia.org/wiki/MIT_Lincoln_Laboratory` [Wikipedia]

[*6] Research Laboratory of Electronics at MIT（RLE）：
　`https://en.wikipedia.org/wiki/Research_Laboratory_of_Electronics_at_MIT` [Wikipedia]

[*7] 対話的コンピューティング：`https://en.wikipedia.org/wiki/Interactive_computing` [Wikipedia]

[*8] Interface Message Processor（IMP）：
　`https://en.wikipedia.org/wiki/Interface_Message_Processor` [Wikipedia]

[*9] UNIVAC I：`https://en.wikipedia.org/wiki/UNIVAC_I` [Wikipedia]

A.2 Digital Equipment Corporation（DEC）のコンピュータ

呼ばれる IBM[10] と次の 7 社までに企業淘汰が進みました。

- UNIVAC[11]
- Burroughs[12]
- Scientific Data Systems[13]
- Control Data Corporation[14]
- General Electric[15]
- RCA[16]
- Honeywell[17]

Honeywell にコンピュータ事業を売却し、GE が業界から撤退したことは、第 1 章で紹介した Multics の開発にも大きな影響を与えましたね。

さらに、1970 年代には IBM の独占状態が進み、残る 5 社は BUNCH[18] と呼ばれるようになっています。ちなみに DEC は、この BUNCH 外で成功を収めたコンピュータベンチャーとして 1980 年代に突入します。

起業

1957 年に Ken Olsen たちが起業を模索した時期には、大中小のコンピュータメーカーが技術開発でしのぎを削っている状況があり、その結果コンピュータ製造に関する急激な技術革新が起こり、「完成した瞬間から陳腐化する」ようなありさまで、投資家のあいだではすでにこの業界への投資に懐疑論が渦巻いていました。

Ken Olsen らの起業提案に耳を傾けた Georges Doriot（ジョージ・ドリオット）率いるベンチャーキャピタル ARDC[19] は技術開発競争に巻き込まれることを避け、しかるべき投資を集めるために「コンピュータメーカーではない偽装をする」とアドバイスしたそうです。たとえば、社名から「コンピュータ」の言葉を外すとか、（客先で組み立てればコンピュータになる）研究室向けのデジタルボードを販売する事業だと説明するとか……。その結果、当時すでに事業が軌道に乗っていた Hewlett–Packard[20] のような計測機器メーカーのイメージを投資家が抱くような工夫を凝らしました。この工夫の結果、DEC は 1960～1970 年代のコンピュータ業界の技術開発競争に巻き込まれずに、マイペースで自らの技術に磨きをかけることができました。

---

[10] IBM：https://en.wikipedia.org/wiki/IBM [Wikipedia]
[11] UNIVAC：https://en.wikipedia.org/wiki/UNIVAC [Wikipedia]
[12] Burroughs：https://en.wikipedia.org/wiki/Burroughs_Corporation [Wikipedia]
[13] Scientific Data Systems：https://en.wikipedia.org/wiki/Scientific_Data_Systems [Wikipedia]
[14] Control Data Corporation：https://en.wikipedia.org/wiki/Control_Data_Corporation [Wikipedia]
[15] General Electric：https://en.wikipedia.org/wiki/General_Electric [Wikipedia]
[16] RCA：https://en.wikipedia.org/wiki/RCA [Wikipedia]
[17] Honeywell：https://en.wikipedia.org/wiki/Honeywell [Wikipedia]
[18] BUNCH：https://en.wikipedia.org/wiki/BUNCH [Wikipedia]
[19] ARDC：https://en.wikipedia.org/wiki/American_Research_and_Development_Corporation [Wikipedia]
[20] Hewlett–Packard：https://en.wikipedia.org/wiki/Hewlett-Packard [Wikipedia]

付録 A Unix 関連のトピック

A.3 PDP（Programmed Data Processor）シリーズ

DEC が設計・製造・販売したコンピュータのシリーズです。シリーズ名である PDP（Programmed Data Processor）を直訳すると「プログラム可能なデータ処理機器」という計測機器のようになりますが、これも前述の「コンピュータではない」偽装のために採用されたものでした。

PDP–1

DEC が販売した最初のコンピュータは PDP–1[21] でした。1959 年にプロトタイプを製造されたこのマシンは商用バージョンの TX–0 で、18 ビットのワード長が踏襲されました。

最初の 1 台は、ARPANET でお馴染みの Bolt, Beranek and Newman（BBN）[22] に 1960 年 11 月に納入されました。J. C. R. Licklider（J・C・R・リックライダー）がタイムシェアリングの実験をしたマシンだと思われます。また、*Hackers*（『ハッカーズ』）に登場する MIT RLE の PDP–1 は、1962 年に DEC が MIT に寄贈したマシンだったようです。先に設置されていた TX–0 の隣の部屋に設置されたとのこと。

1969 年までに 53 台が販売されたそうですが、現存するのは Computer History Museum（CHM）[23] に寄贈された 3 台のみだそうです。CHM では、"PDP–1 Restoration Project"[24] で関連資料を公開しています。

PDP–1 の開発と並行して、同じ設計でワード長を広げた 24 ビットワードの PDP–2 と 36 ビットワードの PDP–3 の開発にも着手していましたが、PDP–2 は初期設計の段階でキャンセル、PDP–3 はプロトタイプ 1 台のみが完成し CIA に納入されたそうです。

1962 年 11 月には PDP–1 のローコストモデルである PDP–4 を発売し 54 台を販売しました。また 1964 年にはその後継モデルである PDP–7 を発売し 120 台を製造したそうです。第 2 章で紹介したようにこのマシンは Unix のプロトタイプが開発されたハードウェアですね。

以上、PDP–1、PDP–4、PDP–7 が DEC が販売した 18 ビットワードのアーキテクチャのマシンです。起業時の目論見どおり、Boston 州 Cambridge 界隈とそこからすぐにたどれる研究所などで比較的地味にブームになったマシン群ということになりますか。なお、後に同じアーキテクチャの後継機種として PDP–9、PDP–15 も販売されました。

PDP–8

次なる DEC の製品シリーズは、12 ビットワードのアーキテクチャのマシンです。このシリーズでは桁違いの販売実績をマークした PDP–8 が有名ですが、先行するマシンが存在します。

TX–0 と TX–2 を設計した Wesley Clark が国立衛生研究所（National Institutes of Health：NIH）[25] からの依頼を受けて設計した Laboratory Instrument Computer（LINC）[26] が、アーキテクチャの

---

[21] PDP–1：https://en.wikipedia.org/wiki/PDP-1 [Wikipedia]

[22] Bolt, Beranek and Newman（BBN）：https://en.wikipedia.org/wiki/BBN_Technologies [Wikipedia]

[23] Computer History Museum（CHM）：https://en.wikipedia.org/wiki/Computer_History_Museum [Wikipedia]

[24] PDP–1 Restoration Project：http://www.computerhistory.org/pdp-1/

[25] 国立衛生研究所（National Institutes of Health：NIH）：
https://en.wikipedia.org/wiki/National_Institutes_of_Health/ [Wikipedia]

[26] Laboratory Instrument Computer（LINC）：https://ja.wikipedia.org/wiki/LINC [Wikipedia]

A.3　PDP（Programmed Data Processor）シリーズ

ベースになっています。このマシンは MIT が設計し、コンピュータメーカーが製造したものでした。設計コンセプトは「研究室などで実験などに使用されるコンピュータ」というもので、今日では「パーソナルコンピュータの原型」といわれています。MIT が LINC の設計をパブリックドメインとしたこともあって、正確な製造台数は把握できないとのことですが、DEC 側でこのマシンの開発にかかわった Gordon Bell（ゴードン・ベル）によれば、1962 年 3 月にプロトタイプが完成し、1969 年までに 50 台が製造され、うち 21 台が製品として販売されたそうです。価格は、PDP–1 の 3 分の 1 の 40,000 ドルでした。

　LINC の成功で、さらに低コストなコンピュータの潜在的需要を確信した DEC は、LINC の低コストバージョンの製品化を Gordon Bell に委ねます。コストの高い入出力を取り外し、部品点数を減らすために回路を簡略し、その結果 LINC よりも小さなインストラクションセットとなった PDP–5 を 1963 年 8 月に発表しました。その価格は 27,000 ドルでした。PDP–5 は 1967 年までの 5 年間に 116 台販売されたそうです。

　さらなるコストダウンと汎用化を目指したのが、PDP–8 [27] でした。Edson DeCastro（エドソン・デカストロ）が回路の最適化を推し進めた結果、1965 年 3 月に発表した PDP–8 の価格は、18,500 ドルになりました。当時としては驚異の低価格を打ち出したおかげで、このクラスのコンピュータの需要を事実上独占した結果、最終的に DEC は 5 万台以上の販売実績を打ち立て、「ミニコン」という新しいコンピュータのカテゴリを確立し、DEC をその代表的なメーカーに押し上げました。

　PDP–8 は、1960 年代に最も普及していたコンピュータでした。この地位は、1970 年代中旬のマイクロプロセッサを使用したコンピュータが登場するまで維持されました。ロングセールスの製品になったため、多数の機種が製造されています。また、LINC との互換性問題を解決するため、LINC–8 や PDP–12 も製品化されました。

PDP–10

　さて、次は 36 ビットワードのアーキテクチャのマシンです。

　このシリーズは *Hackers*（『ハッカーズ』）に登場するもう 1 つの PDP マシン、PDP–6 から始まります。MIT の AI Lab 出身の Alan Kotok（アラン・コトック）がロジック設計アシスタントとして開発に参加した PDP–6 は、プログラマーに人気のあるアーキテクチャでした。しかし、複雑すぎるハードウェアを安定して動作させることは難しく、メインフレームのクラスに分類されたことから IBM などの製品と競合し、300,000 ドルというこのクラスでは破格の低価格にもかかわらず販売の難しいマシンでした。1963 年の発売以来、23 台（26 台という説もあります）というわずかな販売実績しかあげられませんでした。けっきょく、販売中止に追い込まれます。集積回路が存在しない 1960 年代初頭では、トランジスタで回路構成するには複雑すぎるコンピュータだったのでしょう。

　その後のハードウェアの実装技術の改善や半導体技術の向上により、36 ビットワードマシンは PDP–10 として復活します。1970 年代は、1966 年に登場した TTL[28] が普及したおかげで、コンピュータハードウェアは著しく進歩しましたが、特に PDP–10 の場合は KA10, KI10, KL10, KL20, KS10 など 2〜4 年のサイクルでインストラクションを踏襲する新たなプロセッサが登場しました。KL10 が登場した 1975 年からは DECSYSTEM–10 と改称され、さらに 1977 年には KL20 を搭載した DECSYSTEM–20 も発表されました。

---

[27] PDP–8：https://en.wikipedia.org/wiki/PDP-8 [Wikipedia]

[28] TTL：https://en.wikipedia.org/wiki/Transistor%E2%80%93transistor_logic [Wikipedia]

付録 A　Unix 関連のトピック

　PDP–10 は、発表された 1968 年から生産中止なる 1984 年までのあいだに約 700 台が導入されました。特に大学や研究機関で人気の高いマシンで、第 12 章で紹介したように ARPANET を構成するサイトでも数多く利用されていました。その人気の秘密はハッカー御用達のマシンだったからですが、その詳細は *Hackers*（『ハッカーズ』）をごらんください。

PDP–X

　次は PDP–11 ですが、その開発を語る前にまずは PDP–X の紹介から始めたほうがいいでしょう。PDP–X は、DEC の伝説的な失われた設計です。

　2000 年代になって見つかった DEC の技術メモランダム[29] によれば、PDP–X は 1967 年 6 月から 1968 年の 2 月まで検討され、当時の DEC の主力製品であった PDP–8 と PDP–9 の中間に位置する新製品の開発を目指していたようです。「PDP–9 の半分のコストで 2 倍の性能を実現する」という目標は、その当時の半導体技術の向上速度を考え合わせれば、それほど無茶な要求ではなかったと思われます。

　しかしながら、1968 年の春に DEC の経営陣によって PDP–X の開発はキャンセルされました。その際、経営陣は設計の評価を Carnegie Mellon University（CMU）へ依頼しました。PDP や後の VAX など DEC のコンピュータの設計に深くかかわった Gordon Bell が、当時 CMU の教壇に立っていたからです。けっきょく、Bell の指導を受けていた学生の Harold McFarland（ハロルド・マクファーランド）がこの評価作業に当たります。ちなみに、McFarland は PDP–11 で採用された Unibus[30] の開発者でもあります。

　McFarland の評価は、DEC が提示したすべての候補を却下し、まったく別のアーキテクチャを提示しました。これが、後の PDP–11 のアーキテクチャのベースとなったとされています。が、実はこの評価結果には裏があります。後年 Gordon Bell はインタビューに答えて、問題の評価依頼が CMU に持ち込まれた時点で、DEC の経営陣と DeCastro がすでに険悪な関係になっていたこと、Bell 自身が当初 PDP–X のアーキテクチャを支持し、DEC の首脳陣にその製品化を勧めたにもかかわらず、それを拒絶し、異なる評価結果を回答するように求められたことを語っています。

　プロジェクトがキャンセルされると、プロジェクトのリーダーだった Edson DeCastro と Henry Burkhardt（ヘンリー・バークハード）は、背任と知的財産権の盗用の嫌疑の渦中で、Data General（DG）を設立するため DEC を退社しました。このため、PDP–X は Nova と PDP–11 のどちらか、あるいは両方のプロトタイプではないかと世間ではうわさされました。

　DEC の創業者である Ken Olson は DeCastro の裏切りに激怒し、Nova は PDP–X の設計を盗み出したものであると長年にわたって主張しました。が、Gordon Bell をはじめ多くの技術者は、この主張が誤りであり、Nova のアーキテクチャが DG のオリジナルであることを認めています。後に、SIMH の開発者である Bob Supnik（ボブ・スプーニク）は、前述のメモランダムの調査報告である "What Was The PDP–X?"[31] において、PDP–X のアーキテクチャの詳細を説明し、Nova と PDP–11 のいずれともアーキテクチャ的な関係性は見られなかったことを報告しています。

---

[29] 技術メモランダム：`http://bitsavers.informatik.uni-stuttgart.de/pdf/dec/pdp-x/`
[30] Unibus：`https://en.wikipedia.org/wiki/Unibus` [Wikipedia]
[31] "What Was The PDP–X?"：`http://simh.trailing-edge.com/docs/pdpx.pdf`

PDP–11

　PDP–X のトラブルから、DEC は PDP–11 を可能な限り速やかに製品化する必要に迫られました。DeCastro が持ち出した（と思われていた）PDP–X の設計案に基づく新しいコンピュータが DEC に先んじて他社から販売されるような事態になると、ミニコン市場における DEC のシェアは大きな打撃を受けることは明らかだったからです。事実、Data General は 1968 年 5 月に設立され、初の製品である Nova は 1969 年に発売されました。DEC は DG に世界初の 16 ビットミニコンの座を奪われました。

　PDP–11 は、前述の Harold McFarland たちの突貫工事によって設計されました。このときの突貫工事の様子は、"How the PDP–11 Was Born" [32] に詳しいです。最初の製品である PDP–11/20 は 1970 年 1 月に発表されました。第 3 章で紹介したように、Bell Telephone Laboratory（BTL）の Ken Thompson（ケン・トンプソン）たちが最初の PDP–11 を手に入れたのは 1970 年 5 月だったので、発売直後だったということになります。その後、1970 年代の半導体技術の急速な性能向上の恩恵を受けてさまざまなバリエーションが誕生したのは、本編で紹介したとおりです。PDP–11 は、1970 年代だけでも 17 万台を販売しましたが、1970 年代からは LSI 化された製品も投入され、最終的に 1996 年の生産終了時点では 60 万台というミニコンとしては破格の販売実績を残しています。

---

[32] "How the PDP–11 Was Born"：http://hampage.hu/pdp-11/birth.html

付録 A Unix 関連のトピック

A.4 VAX–11

　ここまで説明してきたように、1960 年代の DEC は MIT で研究として取り組まれたコンピュータの設計案をベースに、主にその商業化を注力して製品ラインアップを確立しました。彼らがこの戦略で成功を収めたのは、1960 年代はコンピュータ設計の方法論が確立しておらずアカデミックな研究課題としての意義があったことと、DEC が既存製品をもたないベンチャー企業であったことに負うところが大きいと思います。

　しかし、1970 年代に突入し、ミニコンメーカーとして社会的な認知を得てくると、この戦略は相応の修正が求められるようになります。なぜなら、ヒットした製品を抱えるメーカーの新製品には、既存の製品との互換性や継続性を期待されるからです。その場合、開発担当者が解決すべき課題は格段に複雑化します。

　PDP–11 の開発では PDP–8 と PDP–9 の中間をいくマシンが設計目標となりましたが、VAX–11 の場合は、PDP–10 と PDP–11 というまったく異なるアーキテクチャを統合するという難題に挑むことになりました。

VAX–11 の開発

　1970 年に最初の製品が発表されて以来、PDP–11 は DEC のそれまでの製品の記録を塗り変える人気のミニコンとなっていました。しかし、その後の他社コンピュータの巻き返しにより、1975 年には抜本的な改善を迫られるようになっていました。特に問題になっていたのは、アドレス空間の制限です。16 ビットのシステムであった PDP–11 は、今日の IA–32 の Real Mode と同様に、アドレス空間に 64K バイトの上限をもっていました。ユーザーアプリケーションのプログラムサイズが肥大するに従って、この制限は致命的な問題になっていました。

　一説によれば、1973 年の段階で PDP–11 のアドレス問題を解決するため、既存の 36 ビットアーキテクチャをベースに PDP–11 と互換性をもつさらに広いワード長のアーキテクチャの検討が始められたとされています。しかし、実際に文献として確認できるのは、Gordon Bell が言及している 1974 年に始まった PDP–11 に対する仮想アドレス拡張の検討で、この検討結果は "PDP–11 Architecural Enhancement Strategy" [33] という名前でインターネット上に公開されています。このドキュメントの内容からもわかるように、こちらの検討では 32 ビットアーキテクチャを想定していました。まったく憶測の域をでないのですが、この時期の DEC の社内では 36 ビットアーキテクチャを支持するグループと 32 ビットアーキテクチャを支持するグループが存在したのではないかと私は思います。両者にとって、当時の DEC の最重要課題だった PDP–11 の後継シリーズ問題は、以降の社内での立場を左右する問題でもあったと思われます。

　1975 年 4 月に VAX Architecture Committee が組織されたことにより、PDP–11 の後継シリーズ問題は具体的なフェーズに突入します。新アーキテクチャを検討するため、UNICORN と STAR のプロジェクトが組織されました。

---

[33] "PDP–11 Architecural Enhancement Strategy"：
http://research.microsoft.com/users/GBell/Digital/PDP11_Arch_Enhance_Strategy_75.pdf

PDP–10 と PDP–11 の統合

　コードネーム UNICORN と呼ばれるプロジェクトは、36 ビットアーキテクチャ案を検討していました。

　もともと、DEC の 36 ビットアーキテクチャは、MIT の AI Lab の OB である Alan Kotok が設計したものです。第 5 章でも紹介したように、DEC の 36 ビットアーキテクチャが LISP との親和性の高い理由の 1 つは、LISP に習熟していた AI Lab 出身者が設計したものだからであると説明すると納得できるでしょう。

　1970 年代、DEC の 36 ビットアーキテクチャのシステムは、特に研究機関で高い評価を得ていました。しかし、DEC 社内での評価はそれとはかなり異なっていました。36 ビットアーキテクチャは、コストの高くつく、つまり儲からないシステムだったのです。36 ビットアーキテクチャの最初の製品であった PDP–6 は、あまりにもコストが高くつくため、たった 23 台製造されたところで製造中止に追い込まれました。その後、コストダウンに努力した結果、PDP–10 としてなんとか返り咲くことができましたが、常に社内でのコストダウン圧力にさらされていたようです。このあたりの事情は、TENEX/TOPS–20 の開発者であった Dan Murphy（ダン・マーフィー）による "Origins and Development of TOPS–20" [34] に詳しく説明されています。

　このときに UNICORN に求められた要求、すなわち「PDP–10 のアーキテクチャをベース」として、「PDP–11 との culturally compatible」「PDP–11 の最上位機種と同等程度のコスト」という条件は、もともとかなり無茶なものだったといえます。なぜなら、PDP–10 は PDP–11 の 10 倍以上の価格だったからです。Dan Murphy が語っているように、当時の UNICORN の迷走ぶりはかなりひどいものだったようです。1973 年の TENEX の買収によって始まった PDP–10 のための新しい OS（オペレーティングシステム）、TOPS–20 の開発は、この時期最終段階を迎えていました。が、「PDP–11 の後継シリーズとの整合性を保つ」との理由から、TOPS–20 の開発チームもまた UNICORN からの介入を受けました。ユーザーインターフェイスに定評のあった TENEX の優れた特性を犠牲にしてでも、自社の他の製品との整合を求める姿勢は、DEC に限らず、当時のコンピュータメーカーならばどこでも当然の態度と受け止められるものではありました。しかし、このような排他的な姿勢は新たな摩擦を生みます。

　Dan Murphy が語っているように、UNICORN は「もし安い 36 ビットアーキテクチャのマシンを開発できたとしても、それは PDP–11 のソフトウェアやアプリケーションとの "culturally compatible" といったものではなく、したがって要求は満たされないだろう」という結論にやがて到達します。

32 ビットアーキテクチャの設計

　コードネーム STAR と呼ばれるプロジェクトは、32 ビットアーキテクチャ案を検討していました。

　STAR は、UNICORN の検討が息詰まったところで組織されました。もちろん、UNICORN が要求条件をクリアできるアーキテクチャ案を取りまとめられたのであれば、そのほうが望ましかったでしょう。まったく新しいアーキテクチャの開発を手がけるよりは、ずっとリスクの少ない選択だからです。しかしながら、UNICORN が提示したアーキテクチャ案は、要求条件をクリアしたとは判断されませんでした。まったく新しいアーキテクチャの検討に着手せざる得ません。

---

[34] "Origins and Development of TOPS–20"：http://www.opost.com/dlm/tenex/hbook.html

付録 A　Unix 関連のトピック

　このようなリスキーな選択を DEC がした背景には、Gordon Bell の存在があったのではないかと思われます。DEC 初のミニコンである PDP–1 の設計者であり、その後の VAX に至るまで DEC のすべてのコンピュータ開発に何らかの形でかかわり続け、PDP–11 の事実上の生みの親でもあった Gordon Bell は、未知の目標を追わなければならないこのプロジェクトにとってたいへん強力な存在であったと思います。

　32 ビットアーキテクチャの設計は、特にスケジュール的に厳しい作業であったと思われます。というのも、UNICORN の検討のために多くの時間を費やしてしまっていたからです。限られた時間の中で実際に製品開発に着手できるようなアーキテクチャ案を取りまとめるのは、やはり厳しい作業といわざる得ません。Gordon Bell の方針により 32 ビットアーキテクチャは、前述の "PDP–11 Architecural Enhancement Strategy" の内容を踏まえた、極力シンプルにまとめるアプローチがとられたとされています。これが VAX Architecture の原型となります。

STAR と COMET

　VAX Architecture Committee が組織されてから 1 年。さまざまな模索を経て、1976 年春、Committee は STAR の案を採択し、UNICORN は正式にキャンセルされることとなりました。

　この後、STAR は VAX の初号機となる VAX–11/780 を開発するプロジェクトとなり、併せて VAX の 2 号機となる VAX–11/750 を開発するプロジェクト COMET も組織されます。早期の市場投入を目的として、可能な限り PDP–10 や PDP–11 などで開発された既存技術を流用する方針で開発が進められた 780 に対し、750 は当時最先端であった LSI 技術を活用して、コンパクトな筐体を実現することを目標としました。この結果、STAR は 1977 年に製品発表にこぎ着けましたが、750 の完成は 1980 年まで待たなければなりませんでした。

その後の DEC

　VAX–11 という新たなヒット製品を手にし、世界第 2 位のコンピュータメーカーとして 1980 年代に突入した DEC でしたが、業界 1 位の IBM を過剰に意識した「VAX による単一アーキテクチャ戦略」[35] などで足を引っ張られ「淘汰される側」に回ってしまうことになりました。第 17 章で紹介した "Unix Wars" により、DEC はその体力を大きく削がれることとなりました。

　もっとも、1980 年に著名なコンピュータメーカーとして認知されていた企業のうち、2016 年の今日でも存続しているのは IBM と HP くらいですから、DEC の経営陣を責めるのは酷なのかもしれません。

　1992 年 7 月に Ken Olsen は CEO を辞任します。このとき、Boston で生まれたハイテクベンチャー企業 Digital Equipment Corporation は消滅しました。

　なお、DEC の製品に深くかかわり続けた Gordon Bell は、次の書籍でそのハードウェア設計の概要を紹介しています。PDP シリーズや VAX に関心のある人には、必読の書でしょう。

- *Computer Engineering: A DEC View of Hardware Systems Design* [36]

---

[35] VAX による単一アーキテクチャ戦略：
　　`http://research.microsoft.com/en-us/um/people/gbell/digital/vax%20strategy%20c1979.pdf`
[36] *Computer Engineering: A DEC View of Hardware Systems Design*：
　　`http://bitsavers.informatik.uni-stuttgart.de/pdf/dec/_Books/Bell-ComputerEngineering.pdf`

A.4　VAX–11

DEC マシンの年表

年号	18	12	PDP–10	PDP–11	VAX–11
1956 年	(TX–0)				
1957 年					
1958 年					
1959 年					
1960 年	PDP–1				
1961 年					
1962 年	PDP–4	(LINC)			
1963 年		PDP–5			
1964 年	PDP–7		PDP–6		
1965 年		PDP–8			
1966 年		LINC–8			
1967 年	PDP–9				
1968 年			(KA10)		
1969 年	PDP–15	PDP–12			
1970 年				11/20	
1971 年					
1972 年				11/45	
1973 年			(KI10)		
1974 年					
1975 年			(KL10)	11/70	
1976 年					
1977 年			(KL20)		11/780
1978 年			(KS10)		
1979 年					
1980 年					11/750
1981 年					
1982 年					11/730
1983 年					
1984 年			CANCEL		8600
1985 年					
1986 年					8800

あとがき

　たいへんご無沙汰しております。おかげさまで 12 年あまり経ての再登板と相成りました。みなさま、いかがお過ごしでしょうか?

　本書は、ソフトバンククリエイティブ（現 SB クリエイティブ）発行の月刊誌『UNIX USER』に 2003 年 5 月から 2005 年 6 月まで掲載された連載記事「Truth of the Legend — Unix 考古学」を 1 冊にまとめたものです。はい、ごくごく一部の読者の方々には待望の（?）単行本化でございます（笑）。この「あとがき」では、本書までに至る、あまり普通ではない経緯を内訳話として紹介させていただきます。

　そもそも連載のキッカケとなったのは、私が当時の『UNIX USER』の人気連載だったよしだともこさんの「よしだともこのルート訪問記」のゲストになったことでした。ちなみに、この記事は現在インターネット上で読むことができます*1。

　記事にもあるように、当時の私は後先を考えずに会社を辞めてしまって、とにかく暇だった（笑）。で、よしださんの原稿が上がって校正段階のメールのやりとりも少し拝見していたのですが、特に CMU Mach の話について暇に任せて茶々を入れまくったのでした。でも、『UNIX USER』の当時の編集長だった渡辺真次さんの関心を引いたようで、後日「藤田さん、その話記事にしませんか?」というお誘いを受けました。さっそく情報収集を始めたのですが、やはり CMU Mach のネタは少なくて「これじゃあ、2〜3 回書いたら終わっちゃうじゃん」と考えた私は、唐突に「Unix の歴史モンじゃダメですか?」と逆提案をしまして、これが「Unix 考古学」の企画の始まりとなりました。結果的に 2 年間連載記事を書き続けることになったわけですが、ここでも私の後先を考えない性格が存分に発揮されたわけです（笑）。

　実は、私は 1992 年からしばらく UCB の CSRG が消滅していくプロセスをちょこっとだけ間近でのぞき見できたのでした。わずかばかりですが 4.4BSD の開発に加担していた当時の私にとって、1992〜1993 年の状況はイライラの連続でして、「Linux なんて叩きつぶしてしまえ」と本気で思っていたくらいです。ですが、後に "Redhat Linux" というか "Kondara MNU/Linux" を見るに至って「これはどうにもならない」と悟りの境地に至ったのでした。たぶん、そのときに「けっきょく Unix って何なの?」と容易には答の出ない懐疑的な思いが心の底の澱（おり）となってたまっていたのでした。2002 年に連載の話をもらったときにも、この澱はたまったままだったのだと思います。これが「そもそも Unix はなぜ作られたのか?」という疑問になり、「真実が知りたい」という意味で "Truth of the Legend" というタイトルを付けたことを覚えてます。

　タイトルに "Unix" とうたっておきながら、MIT の Multics の開発しか語らない第 1 回は、このようにして書き上げられました。その後、校正が終わり書店に並ぶようになったころには、いくぶん冷静

---

*1 2002 年 11 月号掲載 よしだともこのルート訪問記
　「第 73 回 UNIX にどっぷりはまった経験を新たな展開へ 〜藤田昭人さん〜」:
　http://www.tomo.gr.jp/root/new/root73.html

255

あとがき

さを取り戻していて「こんなオタッキーな話を誰が読むのだろう?」と急に不安になっていましたが、読者アンケートはそれほどひどい結果にはなっていなかったようです。連載が数回出たころ、大学の先生をやっている友人たちと食事に行った際に「複数の学生のレポートの中によく似た文言が多数目に付くので調べてみたら、君の記事が元ネタだったよ」と言われたときには、とっさに「えろう、すいません」と答えたものの、内心は「ウシッ!!」と思ったものです。そういった読者のみなさんは、今ごろそれぞれの職場で中堅どころになってらっしゃるんでしょうねぇ。

　当時、記事の執筆にはかなりの労力をかけていました。トピックを拾い起こすためにいくつかの書籍を参考にしまして、その事実確認とトピックの詳細を調べるために当事者のブログや論文をチェックするという作業で月に 2 週間ぐらいは執筆に時間を費やす、本当に暇でなければできない作業をしていました。Peter Salus（ピーター・サルス）の "A Quarter Century of UNIX"[2] も、その際に役に立った書籍の 1 つです。日本語版は、『UNIX の 1/4 世紀』[3] というタイトルで出版されていましたが、今は絶版になっているようです。この書籍、Unix 関係者の膨大なインタビューから構成されていて、トピックのソースとしてはたいへん重宝したのですが、おのおののインタビューのつながりがわかりにくく、翻訳だとまったく意味不明になることもしばしばでした。けっきょく、この書籍からは事実の断片を拾い出して、さらに関連する文献を調べてジグソーパズルのように事実を組み立てていく作業が必要でした。論文の調査では、Dennis Ritchie（デニス・リッチー）の Dennis Ritchie Home Page[4] が、論文として書かれた Unix 関連の情報が盛りだくさんでたいへんありがたかったです。彼らの論文には、研究テーマそのものだけでなく、周辺の情報、たとえば誰が開発したか？　とか、アイデアを出したのは誰か？　といった記述があります。現在の情報工学系の論文よりもずっと優雅で親しみやすい英語文書のように感じるのは、私だけではないでしょう。こういう道具立てで、連載の「読者を置き去りにして、どこまでも掘り下げていく」スタイルを維持していた······と執筆当時は思っていたのですが、書籍化に際して読み直してみるとかなり創作も入っていますねぇ。ともあれ、「真実が知りたい」という極めて個人的な動機が、この連載記事を書き続ける原動力となっていたのでした。

　けっきょく、連載は 26 回で終了しました。というのも、連載期間の途中から私は社会人大学院に進学しまして、暇ではなくなってしまったからです。それでも M1 のころはなんとか時間を作って執筆を続けていましたが、M2 に進級して修士論文が目前に迫ってくると、さすがに両立は難しく、編集長に相談して連載を終了させてもらうことになりました。執筆も時間に制約ができると、やはり掘り下げ方の甘さが目立つようになってきましたし、特に連載の終了を決めてからは「あと何回で終わらせなければならない」とのプレッシャーから、個々のトピックの書き込み自体にブレーキがかかってしまって悶絶することになりました。やはり、二兎を追うのは難しかったです。

　連載終了以降、今日に至るまでの 10 年間に、連載記事の単行本化の話は都合 3 回ありました。1 回目は連載終了直後にソフトバンククリエイティブから出版する企画でしたが、私の修士課程が修了するのを待ってもらって······、とダラダラしているうちに状況が激変しまして、『UNIX USER』は『オープンソースマガジン』に改題され、最終的に休刊になってしまい、編集部も解散してしまったので、単行本化の企画も立ち消えになりました。

　ですが、実は、連載終了直後より単行本出版の問い合わせはちょこちょこありました。驚いたこと

---

[2] "A Quarter Century of UNIX" :
http://wiki.tuhs.org/doku.php?id=publications:quarter_century_of_unix
[3] *A Quarter Century of UNIX*, Peter H. Salus, Addison–Wesley Professional, 1 edition, 1994. 『UNIX の 1/4 世紀』, QUIPU LLC 訳, アスキー, 2000 年。
[4] Dennis Ritchie Home Page : https://www.bell-labs.com/usr/dmr/www/

に、連載終了後の数年後に私のメールアドレスを探し当て直接尋ねてこられた方も何人かいらっしゃいました。また Google で『Unix 考古学』と検索してみると、単行本の待望論を目にすることもあったので「これはなんとかしなくっちゃなぁ……」とずっと考えていたのです。

2 回目は『UNIX USER』および『オープンソースマガジン』の掲載記事の版権を引き取ったとされる企業の方から連絡があったのですが、1～2 度メールのやり取りをしただけで音沙汰がなくなってしまい……。あれはなんだったんでしょうねぇ?

で、3 回目が本書というわけです。アスキードワンゴの編集長の鈴木嘉平さんとは以前からの顔なじみで、アスキードワンゴ編集部に移られた後に本書の企画の話をいただいて、「これは渡りに船」とばかりに乗ったのでした。文字どおり「3 度目の正直」です(笑)。

さて、本書ですが……。

連載時の記事の中から実習部分を取り除き、読み物部分だけを抽出して再構成しています。原稿は、私が個人的に保管していた入稿原稿を利用しました。連載時の校正作業前の原稿なので、連載記事をご存じの人には、「あれ?」と思われる箇所があるかもしれません。本書の前半部分、第 1 章～第 4 章と第 7 章～第 9 章は原則的に連載時の原稿をそのまま再掲しています。ただし、重複のあるトピックについては削除したり付録へ移動したりしました。また連載時の時事的な話題も削除してあります。

残る各章は、本書のために大幅な修正・追記、あるいは新たに書き下ろしました。

第 6 章は、実は 1 回目の単行本化の企画がもちあがったころに単行本の特典として書き下ろした記事でして、今回 12 年ぶりに日の目を見ることになりました。この記事は、修士課程に進学した際、大学の図書館で "Bell System Technical Journal Volume 57, Issue 6, July–August 1978" を発見して執筆を思い立ちました。第 10 章でも紹介していますが、この *BSTJ* UNIX 特集号では、"The UNIX time–sharing system"*5 を始めとする Unix にかかわるさまざまな論文が集められています。1978 年当時の AT&T の Bell Telephone Laboratories(BTL)以外での Unix 開発にかかわる情報が掲載されているところに私は興味をもったのですが、特に私自身それまで名前しか知らなかった Programmer's Workbench(PWB)について書かれた論文 "UNIX time–sharing system: The Programmer's Workbench"*6 を見つけたときには、ちょっと小躍りしてしまいました。実際、この論文を読んでみると、後に Bill Joy(ビル・ジョイ)が開発した C Shell のネタ元であった Mashey Shell の話や、今日のリビジョンコントロールシステムのルーツである SCCS の話を見つけてたいへんびっくりした記憶があります。ちなみに、今日 Programmer's Workbench のソースコードは、"The Unix Heritage Society" の "The Unix Tree" の PWB1*7 にあります。

第 10 章から第 14 章までの 5 つの章は、本書のためにおおむね新たに書き下ろしました。ご存じのとおり、連載時にもこれらの章のトピックを扱っていたのですが、私自身が連載記事の掘り下げの甘さを気にしていたこと、またコンピュータの歴史関連の情報の整備が近年大きく進んでいたこと、さらに連載時には発見できなかった新たな論文がいくつか見つけられたことから、「もう一度やり直す」決心をしたものです。

第 11 章では、Ozalp Babaoglu(オザルプ・ババオグル)の論文 "Converting a Swap–Based System

---

*5 "The UNIX time–sharing system" :
　http://www.tuhs.org/Archive/Documentation/Papers/BSTJ/bstj57-6-1905.pdf
*6 "UNIX time–sharing system: The Programmer's Workbench" :
　http://www.tuhs.org/Archive/Documentation/Papers/BSTJ/bstj57-6-2177.pdf
*7 Programmer's Workbench のソースコード :
　http://minnie.tuhs.org/cgi-bin/utree.pl?file=PWB1

あとがき

to do Paging in an Architecture Lacking Page–Referenced Bits"[8] を発見したことから、3BSD での仮想記憶のサポートについて掘り下げてみました。それに付随して、第 10 章の UNIX 32/V の話も大きく書き換え、また仮想記憶について先行していた TENEX を扱った第 5 章も大きく修正しました。

　第 12 章の ARPANET は、完全な書き下ろしです。近年、インターネットの歴史に関する情報がたいへん整備されたように私は感じていたので、その文献をたどって 4BSD 開発の契機となった DARPA funding がなぜ行われたのか？　を掘り下げたつもりなのですが、いかがでしょうか？

　そして、本書での最大の労作は第 13 章と第 14 章です。Oreilly の "Open Sources: Voices from the Open Source Revolution"[9] に収録された Kirk McKusick（カーク・マクージク）の "Twenty Years of Berkeley Unix"[10] を軸にして「4BSD がどのように成立していったのか？」に迫ってみたのですが、結果的に単なる「連載記事の単行本化」をはるかに超える大仕事になってしまいました。相変わらず私の「後先を考えない性格」は治っていません（笑）。

　と、まぁ、連載執筆時の熱量を取り戻せたかどうかはわからないのですけども、今できる最大限の努力を注ぎ込んで、過去の連載記事を本書として復活させました。はい。

　もっとも、特に Berkeley Unix の紹介への過剰な入れ込み方の犠牲になった、本書の企画当初に考えていた構想がいくつかあります。その 1 つは CMU Mach の紹介です。この「あとがき」の冒頭でも書いたように、私のこの著作はそもそも CMU Mach の紹介が目的だったので、本書を刊行するにあたり私は「当初の目的を果たす」つもりでいたのですけども、今回も断念せざるを得なくなりました。次の機会はあるのだろうか？

　もう 1 つ、私の連載には SIMH を使った実習編にも多くの関心をもっていただいていたのですが、結果的に本書では割愛することにしました。というのも、まずは実習編まで手を広げるといつ出版できるかわからないありさまであったこと。それから、ウェブがこれだけ高度化・一般化した今日に書籍にコードを掲載する意義は薄いであろうという考えもありました。そこで、本書の出版と連動して github を使って実習編の記事とソースコードを公開する計画に変更しました。実は、Dual VAX（ご存じですか？）とか、実装編に向けたネタ仕込みはしていたので……。その内容は、

```
https://github.com/asciidwango/TruthOfTheLegend
```

に随時公開していきます。

　最後に……。

　本書の企画に協力してくれた私の二人の友人に感謝します。P2P today こと横田真俊さんには「まえがき」をお願いしました。義理堅い彼のことだから本書の宣伝もしてくれるでしょう（笑）。それから、「ともちゃ」こと辰巳智さん。彼女には本書のレビューをお願いしました。実は二人ともじいさんの僕にしてはずいぶん若い友達なんですが、これも社会人大学院に進学したご利益 (?) というのでしょうか。普段彼らには、単なる老いぼれにしか見えてないだろうけども、今回ばっかりは僕の本気を見せられただろうか？

---

[8] "Converting a Swap–Based System to do Paging in an Architecture Lacking Page–Referenced Bits"：
http://www.cs.unibo.it/babaoglu/papers/pdf/sosp81.pdf
[9] "Open Sources: Voices from the Open Source Revolution"：
http://www.oreilly.com/openbook/opensources/book/
[10] "Twenty Years of Berkeley Unix"：
http://www.oreilly.com/openbook/opensources/book/kirkmck.html

それから、アスキードワンゴ編集部の鈴木嘉平さんと星野浩章さんに感謝します。鈴木さんにはほとんど忘れ去られていた私の記事に復活のチャンスを与えてくれたことに、星野さんには「いつまで待っても書き上げない」僕に何か月も付き合ってくれたことに。これに懲りずにまたチャンスをください（笑）。

　それから、まだ残っていらっしゃるのかどうかはわからないですが、単行本を待っててくれた連載記事の読者の皆さんに感謝します。やはり、みなさんのコメントが今回も僕を支えてくれました。

　そして、本書をこれから手にするかもしれない若い方々に。改めて本書を俯瞰すると、コンピュータが「計算する機械」から「対話するためのメディア」へと進化する具体的なプロセスを語ってきたような気がします。今、あなたが手にするスマートフォンはある意味では最終形態なのかもしれないですが、この形態に昇華する過程には、本書で語ったように実に多くの人がかかわった多くのドラマがありました。これらのストーリがあなたに新しい視野を提供してくれることを私は期待しています。

藤田昭人

初出一覧

1. Truth of the Legend—Unix 考古学、第 1 回 UNIX 誕生前夜、
   『UNIX USER』、2003 年 5 月号、ソフトバンク クリエイティブ
2. Truth of the Legend—Unix 考古学、第 2 回 PDP-7 UNIX、
   『UNIX USER』、2003 年 6 月号、ソフトバンク クリエイティブ
3. Truth of the Legend—Unix 考古学、第 3 回 UNIX First Edition、
   『UNIX USER』、2003 年 7 月号、ソフトバンク クリエイティブ
4. Truth of the Legend—Unix 考古学、第 4 回 Second/Third/Fourth Edition、
   『UNIX USER』、2003 年 8 月号、ソフトバンク クリエイティブ
5. Truth of the Legend—Unix 考古学、第 5 回 UNIX の公式デビューとライバル、
   『UNIX USER』、2003 年 9 月号、ソフトバンク クリエイティブ
6. Truth of the Legend—Unix 考古学、第 6 回 Fifth/Sixth/Seventh Edition、
   『UNIX USER』、2003 年 10 月号、ソフトバンク クリエイティブ
7. Truth of the Legend—Unix 考古学、第 7 回 Seventh Edition Unix を体験する、
   『UNIX USER』、2003 年 11 月号、ソフトバンククリエイティブ
8. Truth of the Legend—Unix 考古学、第 8 回 Seventh Edition での環境構築、
   『UNIX USER』、2003 年 12 月号、ソフトバンククリエイティブ
9. Truth of the Legend—Unix 考古学、第 9 回 Seventh Edition Unix で学ぶ、
   『UNIX USER』、2004 年 1 月号、ソフトバンク クリエイティブ
10. Truth of the Legend—Unix 考古学、第 10 回 Unix at Berkeley、
    『UNIX USER』、2004 年 2 月号、ソフトバンク クリエイティブ
11. Truth of the Legend—Unix 考古学、第 11 回 Berkeley Software Distribution、
    『UNIX USER』、2004 年 3 月号、ソフトバンククリエイティブ
12. Truth of the Legend—Unix 考古学、第 12 回 Second Berkeley Software Distribution、
    『UNIX USER』、2004 年 4 月号、ソフトバンククリエイティブ
13. Truth of the Legend—Unix 考古学、第 13 回 2BSD の ex/vi、
    『UNIX USER』、2004 年 5 月号、ソフトバンク クリエイティブ
14. Truth of the Legend—Unix 考古学、第 14 回 Berkeley Pascal System、
    『UNIX USER』、2004 年 6 月号、ソフトバンク クリエイティブ
15. Truth of the Legend—Unix 考古学、第 15 回 プライド — VAX と UNIX/32V、
    『UNIX USER』、2004 年 7 月号、ソフトバンククリエイティブ
16. Truth of the Legend—Unix 考古学、第 16 回 Third Berkeley Software Distribution（3BSD）、
    『UNIX USER』、2004 年 8 月号、ソフトバンククリエイティブ
17. Truth of the Legend—Unix 考古学、第 17 回 Fourth Berkeley Software Distribution（4BSD）、
    『UNIX USER』、2004 年 9 月号、ソフトバンククリエイティブ
18. Truth of the Legend—Unix 考古学、第 18 回 4.2BSD、
    『UNIX USER』、2004 年 10 月号、ソフトバンク クリエイティブ
19. Truth of the Legend—Unix 考古学、第 19 回 4.3BSD、
    『UNIX USER』、2004 年 11 月号、ソフトバンク クリエイティブ

初出一覧

20. Truth of the Legend—Unix 考古学、第 20 回 4.3BSD の TCP/IP、
    『UNIX USER』、2004 年 12 月号、ソフトバンク クリエイティブ
21. Truth of the Legend—Unix 考古学、第 21 回 4.3BSD 時代のアプリケーション導入、
    『UNIX USER』、2005 年 1 月号、ソフトバンク クリエイティブ
22. Truth of the Legend—Unix 考古学、第 22 回 AT&T と Unix ライセンス、
    『UNIX USER』、2005 年 2 月号、ソフトバンククリエイティブ
23. Truth of the Legend—Unix 考古学、第 23 回ワークステーションのコンセプト、
    『UNIX USER』、2005 年 3 月号、ソフトバンク クリエイティブ
24. Truth of the Legend—Unix 考古学、第 24 回 統合化 Unix 計画、
    『UNIX USER』、2005 年 4 月号、ソフトバンク クリエイティブ
25. Truth of the Legend—Unix 考古学、第 25 回 PC Unix 誕生、
    『UNIX USER』、2005 年 5 月号、ソフトバンク クリエイティブ
26. Truth of the Legend—Unix 考古学、第 26 回 End of Computer Science Research Group、
    『UNIX USER』、2005 年 6 月号、ソフトバンククリエイティブ

索引

■ 数字・記号

/dev/tcp, 157
3BSD（Third Berkeley Software Distribution）, 131, 135, 151
3M（3M computer）, 212
4BSD, 153, 156, 157
　　パフォーマンスチューニング, 164
4.1BSD, 165
　　命名方法, 165
4.1a, 181
4.1b, 183
4.1c, 196
4.2BSD, 169, 196, 223
4.2BSD System Manual, 172, 177
4.3BSD, 169, 198, 201
4.3BSD Reno, 236
4.3BSD Tahoe, 233
4.4BSD, 242
4.4BSD–Encumbered, 242
4.4BSD–Lite, 242
50 Bugs, 104, 105
70 年戦争, 218

■ A

a.out, 28
ACCESS–T, 187
ACE（Automatic Computing Engine）, 144
ACM（Association for Computing Machinery）, 59
Adams, Duane, 171
Aho, Al, 51
AI Lab, 19
AI（Artificial intelligence）, 63
AIX, 227
ALGOL, 30, 57
ALGOL–W, 114
Allegro Common Lisp, 132
Allen, Paul, 23
ALOHAnet, 147
Alto, 42, 192, 205, 207
Amdahl UTS, 126
Amdahl, Gene, 126
Ancient UNIX, 128
Anderson, Harlan, 244
ANSI C, 100
APL, 136
Apollo Domain, 212
Apple Computer, 221
ARDC, 245
ARPA（Advanced Research Projects Agency）, 16, 137, 142, 143
ARPANET, 137
　　拡大, 146
　　構成図, 154
　　構築, 140

デモンストレーション, 143
AT&T, 11, 216
　　70 年戦争, 218
　　Unix ライセンス, 216, 219
　　vs. 連邦政府, 217
　　ライセンスポリシー, 74, 93, 219
AT&T/Sun 連合, 229
auto, 89
awk, 85

■ B

Backus, John, 20
Baker, Bob, 171
Baran, Paul, 144
Barden, Bob, 148
BASIC, 221
BBN（Bolt, Beranek and Newman）, 17, 62, 138, 151, 170, 246
BBN BSD TCP, 157, 158, 163, 165, 168, 173, 177
BBN Pager, 66, 67
BBN TCP/IP, 157
BBN VAX TCP/IP, 166
BCPL（Basic CPL）, 30, 36
Bechtolsheim, Andy, 192, 213
Bell System, 216
Bell Telephone Company, 216
Bell, Gordon, 247
Bell, Graham, 11, 216
Bemer, Bob, 15
Berkeley Timesharing System, 66, 67
Berknet, 170
bg, 156
bison, 29
BISP（Business Information Systems Programs）, 73, 77
Bobrow, Daniel, 63
Bostic, Keith, 234, 239, 241
Bourne Shell, 80
Brin, Sergey, 23
Brooks, Frederic, 25, 169
BSD（Berkeley Software Distribution）, 111, 121
BSD Unix, 111, 148
　　クローン化, 241
BSD ライセンス, 235
BSTJ UNIX 特集号, 123
bstreams, 194
BTL（Bell Telephone Laboratories）, 11, 23, 74, 85, 218
BUNCH, 245
Burroughs, 245
Bush, Vannevar, 12
B 言語, 30, 39

263

索引

C

C Shell, 80, 81, 135
C/70, 157
CACM（Communications of the ACM）, 60
Canady, Rudd, 36
Carter, Jimmy, 218
CCI（Computer Consoles Inc.）, 233
CCITT, 150
cd, 100
Cerf, Vint, 147, 183
chalk file system, 24, 28
char, 56
chdir, 100
CHM（Computer History Museum）, 246
Cisco Systems, 213, 235
Clark, Wesley, 14, 244
CLI, 48
CMU（Carnegie Mellon University）, 237
COBOL, 57
Codd, Edgar, 99
Cointment, Joe, 29
Comer, Douglas, 190
COMET, 252
Control Data Corporation, 245
copy-on-write, 134
Corbató, Fernando J., 18, 134
COSE（Common Open Software Environment）, 231
Coulouris, George, 117
CPL（Combined Programming Language）, 30
Cray, Seymour, 114
CSAIL（MIT Computer Science and Artificial
         Intelligence Laboratory）, 19
CSRG（Computer Systems Research Group）, 147,
         151, 156, 169, 233, 236
CTSS（Compatible Time-Sharing System）, 18
CVS, 79
Cygwin, 164
C 言語, 56
C コンパイラ, 87, 100
         オリジナル, 100

D

DARPA（Defense Advanced Research Projects
         Agency）, 16, 142, 143
Davies, Donald, 144
DB2, 99
dc, 32
DEC（Digital Equipment Corporation）, 14, 25, 227,
         244
DeCastro, Edson, 247
DECSYSTEM-10, 247
DECSYSTEM-20, 247
Denning, Peter J., 67
Deutsch, Peter, 63
DG（Data General）, 38, 248
Dijkstra, Edsger, 113
Doriot, Georges, 245
double, 56
DSG（Distributed Systems Group）, 152
DTI（Digital Technology Incorporated）, 187
dump, 183
Dutsch, Peter, 40, 205
Dynabook, 42, 205

E

Early PL/I, 20, 36
ECAD（Electronic Computer Assisted Design）, 213
Eclipse MV, 125
ed, 40, 117
Editor for Mortals, 117
Eighth Edition Unix, 194
ELIZA, 63
Ellison, Larry, 99
em, 117
Emacs, 40
End-to-End Principle, 149
Engelbart, Douglas, 142
ENIAC, 12
Enigma, 12
Ethernet, 176
Eunice, 164
ex, 119, 135
exec, 41

F

Fabry, Bob, 94, 151, 171, 198
Fano, Robert, 19
Farver, Dave, 36
Fateman, Richard J., 131
Ferrari, Domenico, 133
FFS（Fast File System）, 181
FIFO（First-In-Firtst-Out）, 134
Fifth Edition Unix, 100
First Edition Unix, 35, 45
float, 56
FMS（FORTRAN Monitor System）, 18
Ford, Gerald R., 218
fork, 41, 80, 134
FORTRAN, 20, 113
         —問題点, 113
Fourth Edition Unix, 73, 93, 100, 219
FPA（Floating Point Accelerator）, 53
Franz Lisp, 132, 136
fsck, 182

G

Galactic Network Concept, 17
Gates, Bill, 23, 156
GE（General Electric）, 19, 245
GE-635, 20
GE-645, 20, 25
GECOS, 26
Gilmore, John, 241
Gimpel, Jim, 21, 36
GNU Project, 19, 215, 241, 243
Google, 171
GRAPHIC-II, 27
Gray, Bob, 165
groff, 44
GUI 競争, 230
Gurwitz, Rob, 157, 170, 172, 173, 199

H

Haley, Chuck, 117
Hamilton Group, 229
Hamilton Meeting, 229
Haverty, Jack, 157
Hewlett, William, 23

264

Hewlett–Packard, 245
Hibler, Mike, 238
Honeywell, 245
HP (Hewlett–Packard), 25, 228
HP–UX, 228, 238
HPBSD, 238

■ I

IBM, 14, 227, 245
IBM 7094, 18
IBM PC, 209
IBM RT/PC, 227
IBM System/360, 89
IBM VM/370, 125
Idris, 220
IEN (Internet Experiment Note), 150, 151
IMP (Interface Message Processor), 138, 139, 244
Informix, 100
Ingres, 99
int, 56
Intel, 230
Interdata 7/32, 126
Interdata 8/32, 89, 90, 126
Interim Dynabook, 205
INWG (International NetworkWorking Group), 150
IPTO (Information Processing Techniques Office),
     17, 137
IP ネットワーク, 235
ITU–T, 150

■ J

Job Control, 156
Jobs, Steve, 23
Johnson, Lyndon, 141
Johnson, Steve, 51, 87
Joy, Bill, 81, 110, 111, 116, 133, 156, 164, 170, 171,
     174, 192, 226, 234

■ K

K&R C, 100
KA10, 67
Kahn, Bob, 139, 143, 146
Karels, Mike, 234, 241
Kashtan, David, 164
Katz, Lou, 96
Kay, Alan, 42, 205, 207
Kennedy, John F., 141
Kernighan, Brian, 36, 45, 115, 221
Kessler, Peter, 135
Khosla, Vinod, 192, 214
KL10, 247
KL20, 247
Kleinrock, Leonard, 145
Knuth, Donald, 52
Kotok, Alan, 65, 247
Kulp, Jim, 156

■ L

Lampson, Butler, 40, 42, 205
Lantz, Keith, 152, 172
LCS (Laboratory of Computer Science), 19
Leagus, Dolores, 21
Leffler, Sam, 171, 198, 234
Lesk, Mike, 102

Levy, Steven, 243
lex, 171
Licklider, J. C. R., 17, 137, 246
Lilith, 210
LINC (Laboratory Instrument Computer), 14, 246
Lincoln Laboratory, 14, 138, 244
lint, 88
『Lions' Commentary on UNIX』, 220
Lions, John, 220
LISP, 15, 63, 210
LISP 1.5, 63
Liszt, 136
LOCUS, 172
London, Thomas B., 127, 136
LRU (Least–Recently–Used), 134
Lynch, Dan, 172
Lyon, Tom, 125

■ M

Mach, 237
Mach Operating System, 152
Mach VM, 237
MacKlem, Rick, 239
MACLISP, 131
Macsyma, 131, 132, 136
MAD (Michigan Algorithm Decoder), 43
make, 85, 100, 223
makefile, 100
malloc, 134
Mansfield, Michael, 142
Markovitch, James, 63
Mashey Shell, 80
Mashey, John, 80
Massbus, 53
MAXC, 207
Maxima, 132
mbuf, 158, 177
McCarthy, John, 15, 63
McClure, Bob, 21, 29
McIlroy, Doug, 20, 29, 48
McKusick, Kirk, 135, 151, 165, 170, 234, 241
McNealy, Scott, 192, 214
MERT (Multi–Environment Real Time), 223
Microsoft, 221, 230
Miller, Richard, 126
MINIX, 191, 220
Minsky, Marvin, 19
MIT (Massachusetts Institute of Technology), 12
mmap, 182, 193, 234
MMU (Memory Management Unit), 53
Modula–2, 210
Morris, Bob, 20, 29, 43
MOTIF, 230
MTC (Memory Test Computer), 14
Multibus, 213
Multics, 11, 18, 21, 67
Multics Project, 24
MultiLisp, 172
Murphy, Dan, 40, 64, 251
Muuss, Mike, 173, 200
mv, 28

■ N

NASA (National Aeronautics and Space
     Administration), 16

265

NCP（Network Control Program），147
Nemeth, Alan, 172
NeumannPeter, 36
NFS（Network File System），239
Nixon, Richard, 141, 218
NMC（Network Measurement Center），146
Nova, 38
Novell, 128, 231
NPL（National Physical Laboratory），144
NR1（BSD Networking Software, Release #1），234
NR2（BSD Networking Software, Release #2），239
nroff, 43
NSF（National Science Foundation），99

■ O
O'Brien, Mike, 104
Olsen, Ken, 14, 244
Open Look, 230
OpenSSH, 181
Oracle, 99
OSF（Open Software Foundation），229
OSF/1, 229
OSI（Open Systems Interconnection），150
Ossanna, Joe, 36
OS 移植, 86
Ozalp Babaoglu, 133

■ P
Packard, David, 23
Page, Larry, 23
PARC（Palo Alto Research Center），42, 205
Pascal, 36, 112, 114
　　—弱点, 115
Pascal 6000, 114
Pascal, Blaise, 36, 112
Pascal–S, 114
PC（Personal Computer），204
PCC（Portable C Compiler），58, 87
PDP（Programmed Data Processor），246
PDP–1, 17, 246
PDP–1 LISP, 63
PDP–10, 25, 66, 89, 154, 247
PDP–11, 74, 94, 248, 249
PDP–11 Unix, 39, 43
PDP–11/20, 38
PDP–11 シリーズ, 52
PDP–6, 65, 247
PDP–7, 27
PDP–7 Unix, 23, 28, 33, 35
PDP–8, 246, 247
PDP–X, 248
PDP シリーズ, 246
Pease, Cleam, 21
PERQ, 210
Petersen, Tom, 88
pi（Pascal interpreter code translator），121
ping, 201
pipe, 50
PL/I, 20, 57
Plan 55 Switching Center, 145
Plauger, P. J., 45, 220
PMAP レイヤー, 238
Popek, Jerry, 172
portal, 195

POSIX, 180
PostgreSQL, 99
Power 6/32, 233
Project GENIE, 41, 42
Project MAC, 19, 24
Project Whirlwind, 12
ptrace, 67
PWB Shell, 80
PWB（Programmer's Workbench），73, 77, 223
PWB/UNIX, 223
px（Pascal interpreter），121, 135

■ Q
QED, 40

■ R
RAND（Random），134
Rashid, Rick, 152, 172, 237
RCA, 245
rcp, 181
RCS（Revision Control System），79
Reagan, Ronald, 218
RECORD 型, 57
Reddy, Raj, 212
regcomp, 41
regexec, 41
Reiser, John F., 127
restore, 183
rf, 43
RFC, 140
Richards, Martin, 30
Ritchie, Dennis, 23, 35, 56, 57, 74, 85, 93, 100, 172, 220
　　newgear メモ, 102
RJE（Remote Job Entry），78
RLE（Research Laboratory of Electronics at MIT），244
Roberts, Lawrence, 138, 139, 244
roff, 37, 43
　　man page, 44
RSTS（Resource Sharing Timesharing System），98
RUNOFF, 37, 43
Russell, Andrew L., 148
Russell, Steve, 63
r シリーズ, 181

■ S
SAGE（Semi–Automatic Ground Environment），14, 144
Saltzer, Jerry, 43
SCCS（Source Code Control System），79
Schmidt, Eric, 171
Scientific Data Systems, 245
SCO（Santa Cruz Operation），128, 222
scp, 181
sdb, 136
SDS 930 Time–sharing System, 40
Second Edition Unix, 50
Seventh Edition Unix, 85, 123, 220
Shannon, Bill, 157
SIG（Special Interest Group），59
Silicon Graphics, 213
Sixth Edition Unix, 75, 85, 100, 123, 222
Small is Beautiful, 47, 79

Snyder, Al, 87
socket, 170, 176, 177, 181
Software Tools, 50
SOSP（Symposium on Operating Systems
　　　Principles）, 60
Space Travel, 26
Space War, 26
SPARC, 237
Stallman, Richard, 19, 40, 210, 215, 241, 243
STAR, 251
Star, 208
Steele Jr., Guy L., 40
Stettner, Armando, 156
Stonebraker, Michael, 99
STREAMS, 194
struct, 57
Subversion, 79
Sun Microsystems, 132, 192, 213, 214, 226
Sun OS 1.0, 193
Sun View, 230
SUN workstation, 192, 213
Sun–1, 192, 214
Sun–2, 193
SUNet（Stanford University Network）, 212
SunOS, 201
Supnik, Bob, 63
Sutherland, Ivan, 138
SVID（System V Interface Definition）, 230
SVR2, 225
SVR3, 228
SVR4, 228
Sybase, 100
Symbolics, 132, 210
System R, 99
System/360, 18
System/370, 88

■ T
Tanenbaum, Andrew, 191, 220
tar, 90, 100, 227
Tatum, Ron, 29
Taylor, Robert, 138
TCP/IP, 147, 170
　　移行作業, 153
　　実装, 157, 166
　　普及, 149
TCP/IP Digest, 173
『TCP/IP ダイジェスト』, 173
TCP/IP ネットワーク, 235
TECO, 40
TENEX, 62
terminfo, 226
Test Driver, 78
Thacker, Chuck, 42, 205, 207
THE BBN–LISP SYSTEM, 64
The Internet, 235
Third Berkeley Software Distribution, 135
Third Edition Unix, 47, 216, 219
Thompson Shell, 81
Thompson, Ken, 23, 36, 57, 74, 81, 85, 93, 96, 104,
　　　111, 136
TI（Texas Instruments）, 21
TMG, 21, 29
TOPS–10, 67

TOPS–20, 62
tp, 100
troff, 43
Tsiolkovskiy, Konstantin E., 16
ttcp, 201
TTL, 247
tty, 156
tty raw mode, 119
tty ドライバ, 119
Turing Award, 42
Turing, Alan, 12, 43, 144
TX–0（Transistorized Experimental computer zero）,
　　　14, 244
TX–2, 14
typedef, 89
TYPSET, 43

■ U
UCB（University of California Berkeley）, 41, 93, 111,
　　　131, 137, 147, 151, 233
UFS（Unix File System）, 181
UI（Unix International）, 230
Ultrix, 157, 227
Unibus, 53, 248
UNICORN, 251
union, 57
UniPlus, 192
UNIVAC, 245
UNIVAC I, 244
Univel, 231
Unix, 11
　　3BSD, 131, 151
　　4BSD, 153, 156, 157
　　4.1BSD, 165
　　4.1a, 181
　　4.1b, 183
　　4.1c, 196
　　4.2BSD, 169, 196, 223
　　4.3BSD, 169, 198, 201
　　4.3BSD Reno, 236
　　4.3BSD Tahoe, 233
　　4.4BSD, 242
　　4.4BSD–Encumbered, 242
　　4.4BSD–Lite, 242
　　BSD Unix, 111
　　Eighth Edition Unix, 194
　　Fifth Edition Unix, 100
　　First Edition Unix, 35, 45
　　Fourth Edition Unix, 73, 93, 100, 219
　　GUI 競争, 230
　　HPBSD, 238
　　NR1（BSD Networking Software, Release #1）,
　　　　234
　　NR2（BSD Networking Software, Release #2）,
　　　　239
　　PDP–11 Unix, 39
　　PDP–7 Unix, 23, 28, 33, 35
　　PWB（Programmer's Workbench）, 73, 77, 223
　　PWB/UNIX, 223
　　Second Edition Unix, 50
　　Seventh Edition Unix, 85, 123, 220
　　Sixth Edition Unix, 75, 85, 100, 123, 222
　　SVR2, 225
　　SVR3, 228

267

索引

SVR4, 228
Third Berkeley Software Distribution, 135
Third Edition Unix, 47, 216, 219
UNIX 32/V, 123, 127
UNIX System III, 166, 223
UNIX System V, 166
UNIX System V Release 2, 225
UNIX System V Release 3, 228
UNIX System V Release 4, 228
Unix Wars, 225
　実用化, 222
　デビュー, 59
　統合化, 223
　表記, 11
　標準化の争い, 230
　ポータビリティ, 125
　ユーザーコミュニティ, 74
UNIX 32/V, 123, 127
Unix Heritage Society, 57, 157
UNIX Pascal System, 116
Unix Steering Committee, 171, 198
UNIX System III, 166, 223
UNIX System V, 166, 225
UNIX System V Release 2, 225
UNIX System V Release 3, 228
UNIX System V Release 4, 228
Unix クローン, 220
Unix コミュニティ, 241
Unix ライセンス, 215, 216, 219
　改定, 220
　価格表, 225
　対価, 220
USDL（UNIX System Development Laboratory）, 225
USG（UNIX Support Group）, 130, 223
USL（UNIX System Laboratory）, 225
ustat, 79
uvm, 134

■ V
V Operating System, 152
Van Vleck, Tom, 35
VAX–11, 90, 250
VAX–11/750, 156, 252
VAX–11/780, 125, 127, 132, 252
VAX–UNIX, 152, 173
vb（Virtual B）, 32
Version 1 Unix, 35, 45
Version 2 Unix, 50
Version 3 Unix, 47, 216, 219
Version 4 Unix, 73, 93, 100, 219
Version 5 Unix, 100
Version 6 Unix, 75, 85, 100, 123, 222
Version 7 Unix, 85, 123, 220
Version 8 Unix, 194
vfork, 134
vi, 119, 135
Virtual UNIX, 131
Virtual VAX/UNIX, 135
virtual-fork, 134
visual mode, 119
VLSI, 213
vmunix, 133, 135
VM レイヤー, 237

■ W
Walsh, Robert, 157
WE（Western Electric）, 216
Whirlwind, 12, 244
Whirlwind II, 14
Whitesmiths C コンパイラ, 220
Windows 3.0, 230
WINTEL, 231
Wirth, Niklaus, 36, 112, 210
Wong, Eugene, 99
Wozniak, Steve, 23, 25
wrap, 194

■ X
X Window System, 230
X.25, 190
XENIX, 221
Xinu, 191
xxstat, 199

■ Y
yacc, 29, 51, 87

■ あ
アポロ 11 号, 141

■ い
インターネット, 143
　誕生日, 149
　コンセプト, 147
インタープリタ方式, 32

■ え
エディタ, 40
エンディアン, 90

■ お
オープンソース, 215
オープンソースソフトウェア, 93, 241
音響カプラ, 96

■ か
開発機, 27
仮想記憶, 64
仮想記憶機能, 133, 236
　デマンドページング方式, 133
　ページ置換アルゴリズム, 133
型, 56
型構造, 56
『伽藍とバザール, 216
カリフォルニア大学バークレー校, 41, 151

■ き
キャンパスネットワーク, 212

■ く
組み合わせた型, 56
グラフィックターミナル, 27
クロス開発, 27
グローバルクロック, 134

■ こ
構造化プログラミング, 113
構造体, 57

268

構文チェッカー, 88
構文パーサー, 88
国防総省高等研究計画局, 16, 137
コマンドラインインターフェイス, 48
『コンパイラ』, 52

■ し
シェル, 80
磁気コアメモリ, 14
実機, 27
状態遷移表, 158
人工知能, 63
シンボリックデバッガ, 136

■ す
スクリーンエディティング, 117
スーパーミニコン, 125
スプートニクショック, 16
スワッピング, 32
スワップアウト, 32
スワップイン, 32

■ せ
正規表現, 41
セカンドシステム症候群, 42, 169

■ そ
『ソフトウェア作法』, 45, 115, 221
ソフトウェアの再利用, 50

■ た
タイムシェアリング, 15
対話型コンピューティング, 12, 15, 137
対話的コンピューティング, 244
ターミナル, 27
ターミナルインターフェイス, 156
ターミナルネットワーク, 78

■ ち
チューリング賞, 42

■ て
テキストエディタ, 117
デスクトップ, 230
データベース, 99
デマンドページング方式, 133

■ と
独占禁止法訴訟, 217
ドミノ理論, 142
ドラゴンブック, 51
トロイの木馬, 97

■ に
『人月の神話』, 25, 169

■ は
パイプ, 48
パケット, 143
パケット交換, 144
パケットスイッチング, 144
パーソナルコンピュータ, 204
『ハッカーズ』, 243, 244, 246–248
パラダイム, 203

パラダイムシフト, 203

■ ひ
ビッグエンディアン, 90
ビデオターミナル, 117
標準 C ライブラリ, 102
標準化の争い, 230

■ ふ
ファイルシステム, 181
ブートストラップ方式, 29
フリーソフトウェア, 215
フルスクリーンエディタ, 119
『プログラミング言語 C』, 36
フロントエンドコンピュータ, 77, 78
文書処理システム, 37
文書整形システム, 43

■ へ
ページ置換アルゴリズム, 133
ベトナム戦争, 141
ベル研, 21

■ ほ
ポータビリティ, 85
ポータブル C コンパイラ, 87
本物のプログラマは PASCAL を使わない, 114

■ ま
マイクロコンピュータ, 221
マイクロプロセッサ, 125, 204
マサチューセッツ工科大学, 12
マップドファイル, 182, 193

■ み
ミニコン, 27, 77

■ め
メッセージ交換, 145
メッセージスイッチング, 145

■ ゆ
ユーザーコミュニティ, 74, 94

■ ら
ラインエディティング, 117

■ り
リアルタイムフライトシミュレータ, 12
リダイレクション, 48
リトルエンディアン, 90
リビジョンコントロールシステム, 79
リモートログイン, 97
リレーショナルデータベース, 99

■ わ
ワークステーション, 203, 207

269

●本書に対するお問い合わせは、電子メール（info@asciidwango.jp）にてお願いいたします。
但し、本書の記述内容を越えるご質問にはお答えできませんので、ご了承ください。

Unix考古学
Truth of the Legend

2016 年 4 月 28 日　初版発行

著　者	藤田 昭人
発行者	川上量生
発　行	株式会社ドワンゴ

　　　　　〒 104-0061
　　　　　東京都中央区銀座 4-12-15 歌舞伎座タワー
　　　　　編集 03-3549-6153
　　　　　電子メール info@asciidwango.jp
　　　　　http://asciidwango.jp/

発　売	株式会社 KADOKAWA

　　　　　〒 102-8177
　　　　　東京都千代田区富士見 2-13-3
　　　　　営業 0570-002-301（カスタマーサポート・ナビダイヤル）
　　　　　受付時間 9：00～17：00（土日 祝日 年末年始を除く）
　　　　　http://www.kadokawa.co.jp/

印刷・製本　　株式会社リーブルテック

Printed in Japan

Copyright ©2016 Akito Fujita

本書（ソフトウェア／プログラム含む）の無断複製（コピー、スキャン、デジタル化等）並びに
無断複製物の譲渡および配信は、著作権法上での例外を除き禁じられています。また、本書を代
行業者などの第三者に依頼して複製する行為は、たとえ個人や家庭内での利用であっても一切認
められておりません。
落丁・乱丁本はお取り替えいたします。下記 KADOKAWA 読者係までご連絡ください。
送料小社負担にてお取り替えいたします。
但し、古書店で本書を購入されている場合はお取り替えできません。
電話　　049-259-1100（9:00-17:00/土日、祝日、年末年始を除く）
〒354-0041　埼玉県入間郡三芳町藤久保 550-1
定価はカバーに表示してあります。

ISBN: 978-4-04-893050-5

表紙イラスト　クニメディア株式会社

アスキードワンゴ編集部
編　集　　星野浩章